Manfred Beike

Berühmte Seeschlachten
1862–1945

Manfred Beike

Berühmte Seeschlachten 1862–1945

 Militzke Verlag

Die Zitate wurden nicht in die neue Rechtschreibung übertragen,
um die Authentizität zu wahren.

Die Abbildung auf der Einbandvorderseite zeigt die »Scharnhorst«,
auf der Einbandrückseite ist die schwer beschädigte »Bismarck« abgebildet.

Bibliografische Information Der Deutschen Bibliothek
Die Deutsche Bibliothek verzeichnet diese
Publikation in der Deutschen Nationalbibliografie;
detaillierte bibliografische Daten sind im Internet über
http://dnb.ddb.de abrufbar.

ISBN 3-86189-286-3

1. Auflage
© Militzke Verlag, Leipzig 2003
Lektorat: Siegfried Kätzel, Matthias Hübel
Bildlektorat: Diana Ruscher
Satz und Gestaltung: Dietmar Senf
Druck und Bindung: Jütte-Messedruck Leipzig GmbH

Als Grundschrift wurde die 10/13,5 pt Meta Plus verwendet.

Inhaltsverzeichnis

Vorwort

Militärische Auseinandersetzungen auf See hatten schon immer eine besondere Faszination. Leichter als die an Land ließen und lassen sie sich für die Verherrlichung von Heldentum, Mut, Tapferkeit und Manneszucht ge- und missbrauchen.

Die Frage, in wessen Interesse und für die Durchsetzung welcher Politik sie vorbereitet und durchgeführt wurden, konnte sehr häufig sowohl in der mündlichen als auch in der schriftlichen Überlieferung in den Hintergrund gedrängt oder gar ausgeklammert werden.

Das war umso leichter möglich, als die Zivilbevölkerung von ihnen weitestgehend ausgeschlossen blieb. Nur die unmittelbar beteiligten Kräfte und Mittel wurden in Mitleidenschaft gezogen. Einwirkungen auf Nichtbeteiligte, wie Plünderungen, Brandschatzungen, Zerstörungen von Städten, Dörfern und landwirtschaftlicher Nutzfläche traten in der Regel nicht auf. Das Blut, das an Land vor den Augen der Bevölkerung die Erde tränkte, wuschen auf See die Wellen unbemerkt von den Schiffsplanken. Die zurückkehrenden Seeleute berichteten, nicht immer wahrheitsgemäß, fast nur von ihren Heldentaten. So erregten die Gesunden staunende Bewunderung und die Verwundeten Mitleid. Die Toten, längst der See übergeben, waren – von den Angehörigen abgesehen – bald vergessen. Ebenso vergessen, wenn auch nur zeitweise, waren die Schindereien und unmenschlichen Lebensbedingungen an Bord.

Hinzu kam noch, dass die Rückkehrenden nicht nur interessante Neuigkeiten, sondern auch klingende Münzen mitbrachten. Davon profitierten außer Dirnen und Schankwirten, auch Händler und andere Kreise. Schon vor den Kampfhandlungen auf See brachten der Bau und die Ausrüstung von Kampfschiffen neben Arbeit für das einfache Volk Profit für die Werftbesitzer und Ausrüster. Romantische Darstellungen taten ein Übriges, um die Schrecken des Krieges auf See in den Augen des Volkes zu verharmlosen und um ihn mit einem Glorienschein zu versehen.

Die Seekriegsgeschichte berichtet von unzähligen Kampfhandlungen auf See oder im Küstenbereich. Nur die größten und spektakulärsten sind der Allgemeinheit bekannt. Kleinere, und das auch nicht im vollen Umfang, kennen nur die Seekriegshistoriker. Doch gerade die kleineren machen die überwiegende Mehrzahl der bewaffneten Auseinandersetzungen aus. Aber was sind große und was sind kleine kriegerische Ereignisse auf See? Ist ein Piratenüberfall, der mit dem Raub großer Goldschätze endete und sich sogar auf die Finanzpolitik eines Staates auswirkte, als klein zu bezeichnen? Ist eine militärische Auseinandersetzung, an der auf beiden Seiten viele Schiffe teilnahmen, die aber keinerlei Auswirkung hatte, als groß zu bezeichnen? Diese Fragen lassen sich nicht sicher beantworten, denn erst gegen Ende des 19. Jahrhunderts begann die Militärwissenschaft mit der Definierung solcher Kategorien wie Treffen, Gefecht, Schlacht, Operation, Blockade usw. An Versuchen, sie auf vergangene Geschehnisse auf See anzuwenden, fehlte es nicht. Bisher schlugen sie fehl und werden wohl nie zu einem befriedigenden Ergebnis führen. Somit ist der Interessierte gut beraten, wenn er die durch die Geschichte überlieferten, fest an ein Ereignis gebundenen Begriffe weiterverwendet, auch wenn sie oftmals nicht mit unseren heutigen Vorstellungen übereinstimmen. Viele Ereignisse auf See sind als Kampfhandlungen im heutigen Sinne kaum einzuordnen, hatten aber Auswirkungen, die die mancher »Seeschlacht« bei weitem übertrafen.

Dieses Problem erschwerte die Auswahl der Kampfhandlungen auf See für das vorliegende Buch. Eine Unterteilung nach Seeschlachten, Seegefechten, materiellen oder strategischen Auswirkungen, Beginn oder Ende einer Entwicklungsetappe oder anderen Merkmalen muss deshalb immer unvollkommen bleiben. Zu viele Ereignisse lassen sich unter diesen Aspekten zusammenfassen, zu viele sind nicht eindeutig zu klassifizieren.

Deshalb habe ich solche Ereignisse ausgewählt, die dem Leser zumindest dem Namen nach bekannt sein dürften und die bestimmte maritime und politische Entwicklungen in den einzelnen Perioden der Geschichte am besten illustrieren. Historische Hintergründe, Mittel und Methoden sowie Vorbereitung, Verlauf und Ergebnisse der verschiedenen Auseinandersetzungen stehen dabei im Mittelpunkt.

Um auch dem Laien die Möglichkeit zu geben, Vergleiche zwischen den einzelnen Entwicklungsetappen zu ziehen, habe ich eine chronologische Auswahl getroffen.

Im November 2002   Manfred Beike

Die Seeschlacht in den Hampton Roads
(8. – 9. März 1862)

»Vor ungefähr dreieinhalb Monaten, am 8. März, schloß die Seeschlacht zwischen dem ›Merrimac‹ und den Fregatten ›Cumberland‹ und ›Congress‹ in den Hampton Roads die lange Ära der hölzernen Kriegsschiffe. Am 9. März eröffnete die Seeschlacht zwischen ›Merrimac‹ und ›Monitor‹ in denselben Wässern die Ära des Krieges zwischen eisenbepanzerten Schiffen.« So schrieb am 3. Juli 1862 die österreichische Zeitung »Die Presse«.

Was hat den von ihr beschriebenen grundlegenden Umschwung in der materiell technischen Basis des bewaffneten Kampfes auf See, der bei Sinope (Seeschlacht zwischen Russen und Türken am 30. November 1853) eingeleitet und in den Hampton Roads beschleunigt wurde, hervorgerufen?

Bezüglich Hampton Roads war die Ursache dafür der amerikanische Bürgerkrieg, auch Sezessionskrieg genannt, der von 1861 bis 1865 dauerte. In diesem Krieg wurde ein Ausgleich der disproportionalen wirtschaftlichen Entwicklung in den USA gesucht. Während in den Nordstaaten die Industrialisierung rasch voranschritt, blieb der hauptsächlich auf Baumwoll-, Tabak- und Zuckerrohranbau spezialisierte Süden ökonomisch zurück.

Ein Bevölkerungspotential von 19 Millionen Menschen, 81 Prozent der Industriebetriebe, 90 Prozent der Rohstoffe und 80 Prozent der Banken und Kreditinstitute in den 17 Nord- sowie den zwei so genannten Grenzstaaten verschafften dem Norden eine erdrückende wirtschaftliche Überlegenheit. Dem hatte die elf Südstaaten mit ihren 9 Millionen Einwohnern, von denen allein 3,5 Millionen Sklaven waren, relativ wenig entgegenzusetzen. Selbst vorhandene Bodenschätze konnten aufgrund der schwach entwickelten Infrastruktur kaum ausgebeutet werden. Die einseitige Orientierung auf landwirtschaftliche Produkte machte den Süden der USA stark von Industrieimporten abhängig, ermöglichte aber auch einen umfangreichen Agrarexport. Dabei spielte die besonders an Großbritannien und Frankreich verkaufte Baumwolle eine dominierende Rolle. Als billige Arbeitskräfte arbeiteten auf den Plantagen hauptsächlich Negersklaven. Aber auch in Haus und Hof der Plantagenbesitzer wurden sie ausgebeutet. Sie bauten Deiche und hatten sogar auf den Handelsschiffen der Südstaaten Profit zu bringen.

Obwohl wirtschaftliche Gründe bestimmend waren, traten die moralischen immer mehr in den Vordergrund. In weiten Kreisen der Bevölkerung des Nordens, die ständig durch vor Verfolgung und Ausbeutung in Europa fliehende Menschen ergänzt wurde, richtete sich das moralische Gewissen gegen die Sklaverei. Bereits 1807 musste der Kongress der USA die Einfuhr von Sklaven und 1820 die Sklaverei nördlich von 36 Grad 3 Minuten nördlicher Breite und westlich des Missouris verbieten.

Mit der am 6. November 1860 erfolgten Wahl Abraham Lincolns zum Präsidenten der USA brachen die Gegensätze offen aus. Nach Meinung der Südstaatler trat er zu sehr für die Befreiung der Sklaven ein. South Carolina erklärte am 20. Dezember die Trennung (Sezession) von den Vereinigten Staaten. In den nächsten fünf Monaten vollzogen zehn weitere Staaten den gleichen Schritt. Sechs von ihnen gründeten im Februar 1861 die »Konföderierten Staaten von Amerika«. Die Nordstaaten erkannten diese einseitige Trennung nicht an. Trotz zögernder Haltung beider Seiten war der Bürgerkrieg nicht mehr aufzuhalten. Am 12. April 1861 um 4.30 Uhr fielen die ersten Schüsse.

Die Entscheidung in diesem Krieg fiel an der Landfront, aber auch die Flotten hatten wichtige Aufgaben zu erfüllen. Für die der Konföderation kam es darauf an, den Export von Baumwolle sowie den Import von Waffen sicherzustellen. Die Flotte der Union, wie die Nordstaaten in diesem Krieg genannt wurden, hatte im Gegenzug eine Blockade der Küste der Konföderierten zu gewährleisten. Aber das war, obwohl der größte Teil der Flotte der USA zur Union übertrat, leichter gesagt als getan. Die zu blockierende Küste erstreckte sich von der Chesapeake Bay bis zur mexikanischen Grenze und hatte immerhin eine Länge von über 3.000 sm. Diese Aufgabe trug strategischen Charakter, da nur durch eine Blockade die Konföderation von jeglicher Zufuhr abgeschnitten, wirtschaftlich erdrosselt und letztlich militärisch besiegt werden konnte.

Die Marine der USA war materialmäßig weit hinter den modernsten Flotten Europas zurückgeblieben. Während Großbritannien 1860 bereits über sechs und Frankreich über vier hochseefähige gepanzerte Kampfschiffe verfügten, fehlten solche Einheiten in den USA völlig. Jeweils sechs Schraubenfregatten und Schraubenkorvetten sowie zehn kleinere Schraubenschiffe waren die modernsten Einheiten. Hinzu kamen noch sechs Schiffe, die einen Schaufelradantrieb besaßen. Sieben Segellinienschiffe sowie 15 Segelfregatten bzw. -korvetten komplettierten die Flottenliste. Zusätzlich befanden sich 15 gemietete Sloops zeitweilig im Dienst. Alle 463 Geschütze der Dampfkriegsschiffe waren Vorderlader. Von ihnen verfügten lediglich fünf über ein gezogenes Rohr. Die Geschützkaliber schwankten zwischen 25,4 cm und 20,3 cm, wobei die 22,8-cm-Kanone am häufigsten vertreten war. Nur die Geschütze mit gezogenem Rohr blieben mit Kalibergrößen zwischen 16,2 cm und 9,4 cm darunter. Das 25,4-cm-Geschütz verschoss Vollkugeln mit einem Gewicht von 51,4 kg. Das Geschossgewicht der anderen Kaliber war entsprechend geringer.

Auch das für 1861 beschlossene Schiffbauprogramm sah keine Modernisierung der Flotte vor. 14 hölzerne Schraubenfregatten, 23 Schraubenkanonenboote sowie zwölf Schaufelradkanonenboote sollten gebaut werden. Ende 1862 waren erst neun Fregatten aber alle Kanonenboote fertig.

Am 19. April 1861 verhängte Lincoln eine Seeblockade gegen die Südstaaten. Sie blieb anfangs ineffektiv und kleine Boote liefen nachts fast unbehelligt in die Häfen und versteckten Buchten der Konföderation ein. Im ersten Kriegsjahr gelang es der Unionsflotte lediglich 20 bis 30 Prozent der Blockadebrecher aufzubringen. Um diese Situation zu verändern, war es für die Union notwendig, gegnerische Küstenplätze zu zerstören oder zu besetzen. Dadurch sollten den Blockadebrechern einerseits die Anlaufpunkte genommen und andererseits das eigene Stützpunktsystem erweitert werden.

Mit dieser Zielstellung nahm die Unionsflotte am 29. August 1861 die Forts Clark und Hatteras ein. Am 7. November folgte die Besetzung von Port Royal Sound.

Abraham Lincoln ging völlig zu Recht als Sklavenbefreier in die Geschichte der USA ein. Aber Befreiung war für ihn nicht identisch mit Gleichberechtigung. So konnte er es sich nicht vorstellen, dass Schwarze Ämter bekleiden und Weiße heiraten dürfen. Seiner Meinung nach verbot der körperliche Unterschied, dass beide »Rassen« in einem Verhältnis der sozialen und politischen Gleichheit leben.

Die amerikanische Schraubenkorvette »Hartfort« lief 1858 vom Stapel und verdrängte 2.550 ts. Sie erreichte eine Geschwindigkeit von 9,5 kn und war mit 20 22,8-cm-Glattrohrgeschützen bestückt.

Die Eisenbahnschienen wurden im Bündel zu je drei Stück zusammengeschraubt.

Bereits am 20. April 1861 gelang es den Konföderierten den wichtigen Hafen Norfolk mit einigen Schiffen und Werften in die Hand zu bekommen. Kurz vor ihrer Flucht verbrannten die Unionssoldaten die 1855 vom Stapel gelaufene und 4.636 ts verdrängende Schraubenfregatte »Merrimac«. Das Schiff sank noch ehe es vollständig ausbrannte. Die an Schiffen nicht gerade reich gesegnete Flotte der Konföderierten hob den noch völlig intakten Rumpf und baute ihn aus. Der Marineminister Stephen R. Mallory schrieb zur damaligen Zeit: »Die zahlenmäßige Überlegenheit des Gegners muß durch Unverletzlichkeit auf unserer Seite ausgeglichen werden. Wirtschaftlichkeitserwägungen und Erfolgsstreben zwingen uns zu der Erkenntnis, daß es zweckmäßig ist, mit Eisen gegen Holz zu kämpfen.«

Entsprechend dieser Zielstellung begann unter der Leitung von Commander Brook und Ingenieur J. Porter der Umbau der »Merrimac« zum Panzerschiff. Die ohnehin unbrauchbaren Aufbauten wurden bis knapp über der Wasserlinie abgeschnitten. Auf dem Oberdeck entstand eine 52 m lange Kasematte, die eine Höhe von 2,13 m über dem Deck hatte, aber auch noch 0,60 m unter die Wasserlinie reichte. Dieser kastenförmige Aufbau bestand aus 50 cm starken Fichtenholzbohlen, über denen nochmals 10 cm starke Bohlen aus Eichenholz angebracht waren. Darauf wurden je eine horizontale und vertikale Lage von Eisenbahnschienen befestigt. Der anfangs geplante Einsatz von Panzerplatten musste aufgrund mangelnder Industriekapazitäten aufgegeben werden. Der Neigungswinkel der Seitenwände betrug ca. 45 Grad. Das Schiff verfügte über je zwei 17,8-cm- und 16,2-cm-Geschütze mit gezogenem Rohr sowie über sechs 22,8-cm-Dahlgren-Geschütze mit glattem Rohr. Hinzu kamen noch zwei abnehmbare 7,5-cm-Haubitzen, die auf dem Dach der Kasematte standen. Der Bug hatte die Form eines angedeuteten Rammsporns.

Nach dem Umbau der »Merrimac« erhielt das Schiff den Namen »Virginia«. Trotzdem ging es als »Merrimac« in die Seekriegsgeschichte ein.

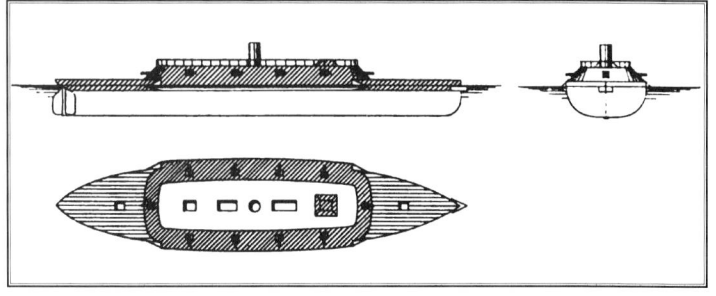

Sein Anblick war für die damalige Zeit furchterregend, konnte aber über wesentliche Unzulänglichkeiten nicht hinwegtäuschen. Die »Merrimac« verfügte von Anfang an über eine sehr störanfällige Maschine, und es gelang nicht, diesen Mangel zu beheben. Obwohl sie vier Kessel besaß, sank aufgrund der hohen Wasserverdrängung die Geschwindigkeit von ursprünglich 8,7 kn auf 7,5 kn. Das Schiff war so schwerfällig, dass es für einen Wendekreis volle 30 Minuten benötigte. Als Nachteil ist auch der relativ große Tiefgang anzusehen, denn das Schiff sollte in Küstengewässern handeln. Insgesamt gesehen war die »Merrimac« ein langsames und schlecht zu manövrierendes Schiff, das nur bei ruhigem Wetter zum Einsatz kommen konnte.

Die mehrmonatige Bautätigkeit an der »Merrimac« blieb der Union natürlich nicht verborgen. Gideon Welles, ihr Marineminister, vergab daraufhin gleich mehrere Aufträge zum Bau von gepanzerten Schiffen. Am 30. Januar 1862 lief als erstes die »Monitor« vom Stapel. Kurz vorher erstattete der leitende Ingenieur John Ericsson folgenden Bericht, der hier im Original wiedergegeben wird und bei dem, der besseren Verständlichkeit wegen, die Maße modernisiert wurden: »Den Bestimmungen des mit der Regierung abgeschlossenen Contractes gemäss, wird die zu Greenpoint unter der Leitung des Captain Ericsson von C. S. Bushnel et Comp. gebaute schwimmende Batterie in der Mitte dieses Monats (Januar 1862) vollendet werden. Der untere Schiffskörper ist an beiden Enden scharf gebaut; der Bug geht in einem Winkel von 80 Grad zum Boden; die Seiten haben eine Neigung von 51 Grad zur Vertikallinie; der Unterkörper hat einen flachen Boden, ist oben 37,8 m lang und 10,4 m breit, bei einer Tiefe von 1,98 m, und ist mit 0,95 cm starkem Eisen bekleidet. Auf dem Unterkörper ruht ein Oberkörper mit ebenfalls scharfen Enden, dessen Seitenwände jedoch senkrecht stehen. Dieser Oberkörper ist 1,52 m hoch, 12,20 m breit und 53,04 m lang und dient, indem er an den Seiten über 0,91 m und an den Enden je 7,62 m über den Unterkörper hervorragt, zum Schutze für die Schraube, des Steuerruders und des Ankers. Die Seitenwände des Oberkörpers sind zusammengesetzt aus einer Binnenhaut von Eisen, ferner einer 76,2 cm starken Masse von Eichenholz und zuletzt aus 15,24 cm starken Panzerplatte. Wenn das Schiff völlig ausgerüstet ist, so ist der Unterkörper völlig unter Wasser und der Oberkörper sinkt noch 1,07 m tief ein, so dass derselbe nur 45,72 cm über dem Wasser hervorragt. Der innere Raum ist bis zum Deck eins wie bei einer Jacht, das Deck des Oberkörpers bildet also das einzige Deck für das ganze Schiff und dieses Deck ist mit 2,54 cm starken schmiedeeisernen Platten belegt. Kein Geländer oder Bollwerk irgendeiner Art ragt über dem Deck hervor; die einzigen exponirten Teile bestehen aus dem Thurm oder der Citadelle, dem Steuerhause und dem Dampfschornstein.« Der Turm saß auf einer Mittelspindel und wurde durch Dampfantrieb gedreht. In ihm befanden sich zwei 28-cm-Dahlgren-Geschütze mit glattem Rohr, die Vollkugeln mit einem Gewicht von 68 kg verschossen. Der vor dem Turm befindliche Kommandostand konnte drei Personen aufnehmen. Von hieraus wurde das Schiff gesteuert.

Die hier wiedergegebene Darstellung der »Merrimac« ist nicht ganz exakt, denn sie führte dicht neben dem Schornstein zwei Windhutzen, hinter ihm ein Flaggstock sowie an Backbord und Steuerbord jeweils ein Rettungsboot. Die Länge des Schiffes betrug 83,81 m, die Breite 11,73 m und der Tiefgang 6,7 m. Die Besatzung bestand aus 320 Mann.

Die letzte Möglichkeit zur Rettung des Port Arthur-Geschwaders wurde am 10. August 1904 durch die japanische Flotte zunichte gemacht. Es entwickelte sich anfangs ein Kampf um die Einnahme einer günstigen Feuerposition, der aufgrund der Geschwindigkeitsüberlegenheit von Togo gewonnen wurde. Als dann die Geschütze sprachen, wurde das russische Geschwader vollständig zerschlagen.

Das Linienschiff »Petropawlowsk« lief 1894 vom Stapel und verfügte über vier 30,5-cm- sowie zwölf 15-cm-Geschütze. Sechs Torpedorohre komplettierten die Bewaffnung. Zu Beginn des Russisch-Japanischen Krieges war das Schiff bereits veraltet, da es keinen vollen Panzergürtel besaß. Am 12. April 1904 lief das Linienschiff mit Vizeadmiral Makarow an Bord aus Port Arthur aus, um japanische Kreuzer zu vertreiben. Zum Verband gehörten noch zwei weitere Linienschiffe, vier Kreuzer und sechs Torpedoboote. Als der Gegner Verstärkung bekam, zog sich der Verband unter den Schutz der Küstenbatterien zurück. Dabei lief das Linienschiff in eine Minensperre. Drei bis vier Explosionen zerstörten den Bug so stark, dass die »Petropawlowsk« innerhalb von zwei Minuten sank. Kurz darauf lief auch das Linienschiff »Pobjeda« auf eine Mine. Trotz großer Beschädigungen konnte das Schiff aber mit eigener Kraft einlaufen.

Der russische leichte Kreuzer »Nowik« wird in der Bucht von Korsakow durch den japanischen Kreuzer »Tichitose« gestellt. Die Selbstversenkung rettete das Schiff vor der schmachvollen Übergabe.

Die Seeschlacht bei Tsushima am 27. Mai 1905 in einer Darstellung des Japaners Shotaro Tojo. Das Bild zeigt das erste Geschwader, geführt von Admiral Togo, auf der »Mikasa«. Diese Schlacht, in der die russische Flotte vernichtet wurde, zeigte wiederum die Überlegenheit der in Türmen aufgestellten schweren Artillerie und führte zur Entwicklung des Schlachtschiffs mit einheitlicher schwerer Bewaffnung, die mit der »Dreadnought« (1906) begann.

Der Schlachtkreuzer »Moltke«, am 30. September 1911 in Dienst gestellt, besaß gegenüber der »Von der Tann« einen 28 cm Turm mehr. Als Besonderheit verfügte das 24.999 ts verdrängende und 25,5 kn laufende Schiff über zwei hintereinander aufgehängte Ruder.

Das Linienschiff »Deutschland« wurde am 3. August 1906 in Dienst gestellt. Die Schiffe dieser Klasse unterschieden sich lediglich durch eine stärkere Panzerung von den Schiffen der Braunschweig-Klasse. Das Geschossgewicht einer Breitseite betrug 1.690 kg. In der Skagerrakschlacht verfeuerte das Schiff eine 28-cm- und fünf 8,8-cm-Granaten. Der Kommandant, Kapitän zur See Meurer, führte sein Schiff unbeschädigt in den Hafen zurück.

Das Linienschiff »Kaiser«, hier auf der Reede von Kiel, wurde am 1. August 1912 in Dienst gestellt. Durch eine verbesserte Turmaufstellung konnten, obwohl gegenüber der Vorgängerklasse ein Turm weniger vorhanden war, fünf, also einer mehr beim Breitseitenfeuer, zum Einsatz kommen. Das Schiff verfeuerte in der Skagerrakschlacht 224 30,5-cm- und 41 15-cm-Granaten. Obwohl das Schiff zwei Treffer der gegnerischen schweren Artillerie erhielt, blieb es einsatzklar und hatte nur einen Verwundeten zu beklagen.

Der Schlachtkreuzer »Von der Tann« war die deutsche ›Antwort‹ auf den Bau der britischen »Invincible«. Am 1. September 1910 in Dienst gestellt, verfügte das Schiff über acht 28-cm-, zehn 15-cm- und 16 8,8-cm-Geschütze. Wie die Skagerrakschlacht zeigte, war die Standfestigkeit der »Von der Tann« wesentlich höher als die ihrer britischen Gegenstücke. Mit einer Wasserverdrängung von 21.802 ts erreichte der Schlachtkreuzer eine Geschwindigkeit von 24,8 kn. Die Stärke der Panzerung betrug bis zu 250 mm.

Das Linienschiff »Nassau« wurde am 1. Oktober 1909 in Dienst gestellt und war das erste deutsche »Dreadnoughtschiff«. Die Aufstellung der 28-cm-Geschütze konnte aufgrund der viel Raum beanspruchenden Kolbendampfmaschinen nicht optimal gelöst werden. Beim Breitseitenfeuer, das ein Geschossgewicht von 2.676 kg besaß, konnten zwei Türme nicht mitfeuern. In der Skagerrakschlacht verschoss das Schiff 106 15-cm-Granaten. Es erhielt zwei Treffer von der gegnerischen Mittelartillerie.

Das Linienschiff »Thüringen« wurde am 1. Juli 1911 in Dienst gestellt. Der Bau kostete rund 46 Millionen Goldmark. Die Turmaufstellung glich jener der Nassau-Klasse, allerdings konnte das Geschossgewicht einer Breitseite aufgrund der größeren Hauptkaliber auf 3.442 kg gesteigert werden. In der Skagerrakschlacht verschoss das Schiff 107 30,5-cm-, 115 15-cm- und 20 8,8-cm-Granaten. Treffer erhielt es nicht.

Zur Verherrlichung des Sieges bei Coronel und zur Hebung der Moral der Bevölkerung wurden der Flut maritimer Postkarten weitere hinzugefügt. Hier ist, von der »Scharnhorst« aus links, die »Gneisenau« und in der Mitte die brennende »Monmouth« zu sehen. Der tatsächliche Verlauf der Seeschlacht entspricht nicht dieser Darstellung.

Selbst im dunklen Teil des Horizonts liegend, feuerte die »Scharnhorst« auf die gut sichtbaren britischen Schiffe, die in der Reihenfolge »Good Hope«, »Monmouth« und »Glasgow« laufen.

So stolz wie hier sah die »Scharnhorst« kurz vor ihrem Untergang nicht mehr aus. Der dritte Schornstein fehlte und die anderen waren stark zerschossen. Die Takelage hing in Fetzen herab und der Bug lag so tief, dass die 15-cm-Kasemattgeschütze unter Wasser standen. Unter der Brücke und auf dem Achterschiff brannte es, die Krängung nach Backbord nahm immer mehr zu und der überall ausströmende Dampf hüllte das Schiff in eine weiße Wolke. Einer der letzten Sprüche, den Admiral Spee an den Kommandanten der »Gneisenau« gab, lautete: »Sie haben doch recht gehabt!« Dabei bezog er sich auf die Bedenken über die Zweckmäßigkeit des Angriffes auf Port Stanley.

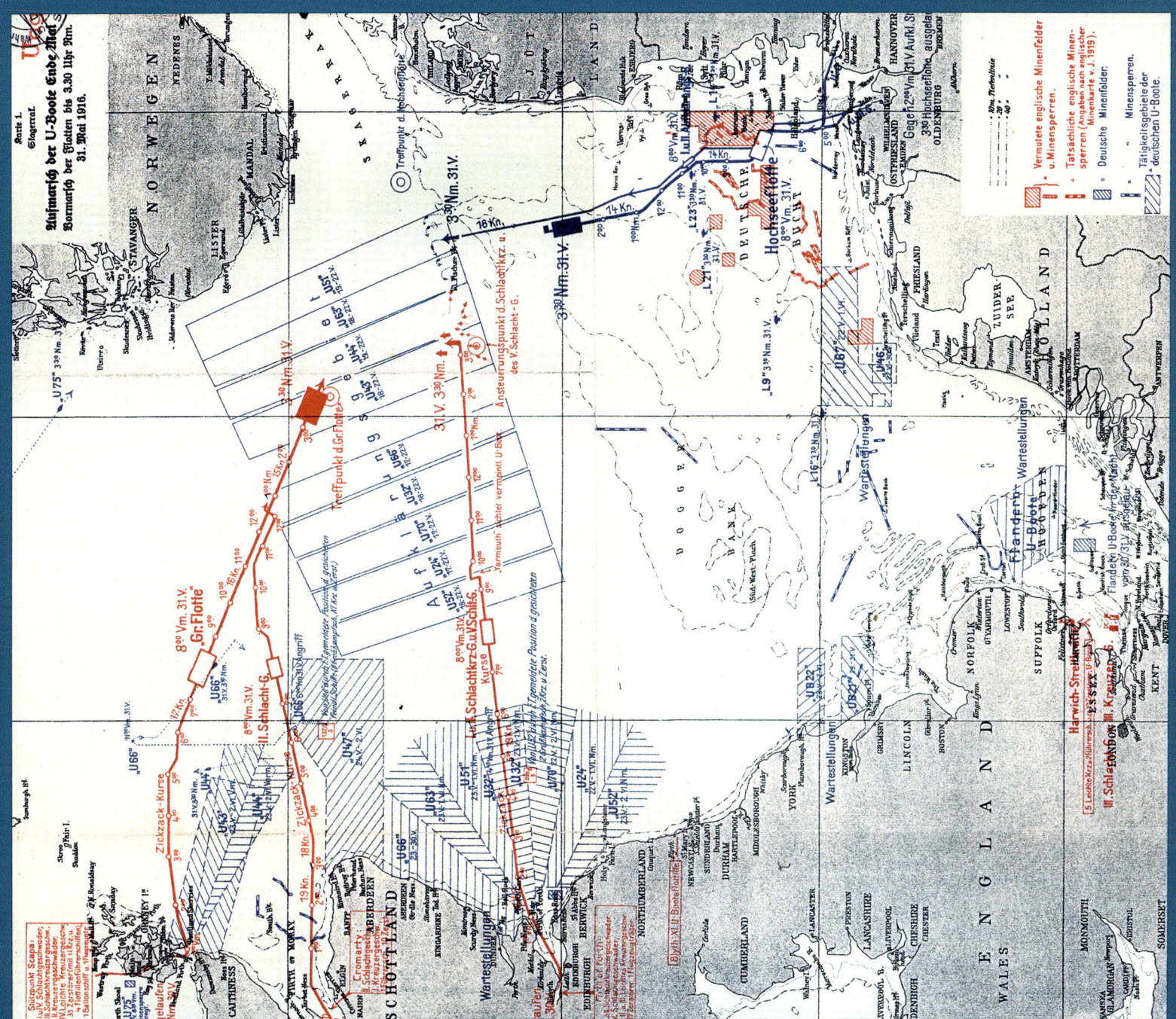

Die Skagerrak-Schlacht 31. Mai – 1. Juni 1916: Darstellung des Aufmarsches beider Seiten im deutschen Admiralstabswerk von 1929.

Die »Black Prince« verglüht im Feuer der deutschen Linienschiffe »Thüringen«, »Ostfriesland«, »Nassau« und »Friedrich der Große«. Die Granaten jagten von achtern nach vorn durch das abdrehende Schiff, bevor eine gewaltige Explosion das Schiff zerriss. Überlebende gab es nicht.

Die Linienschiffe »Westfalen« (oben)
und »Thüringen« (unten) vom
I. Geschwader im Gefecht

"Prinz Eugen
Gotenhafen
8. Juni 43

NACHLASS CLAUS BERGEN

Der schwere Kreuzer »Prinz Eugen«
überlebte als eine der wenigen
deutschen schweren Überwassereinheiten voll einsatzfähig den
Zweiten Weltkrieg. Nach seinem
Einlaufen in Brest durchbrach das
Schiff gemeinsam mit der »Scharnhorst« und der »Gneisenau« den
Englischen Kanal. 1943 aus Mangel
an Aufgaben in der Ostsee als Schul-
schiff eingesetzt, handelte sie 1944
gegen die in Küstenrichtung vor-
rückenden Truppen der Roten Armee.
Im Mai 1945 in Kopenhagen den
Alliierten übergeben, diente die »Prinz
Eugen« 1946 als Zielschiff bei Atom-
bombenversuchen der Amerikaner im
Bikini-Atoll. Stark beschädigt, wurde
sie im November 1947 in Kawajalein
versenkt.

Dem Untergang geweiht,
liegt die »Bismarck« mit starker
Backbordschlagseite in der See.
Rechts im Hintergrund wurde durch
den Maler Charles E. Turner die
»Dorsetshire« dargestellt.

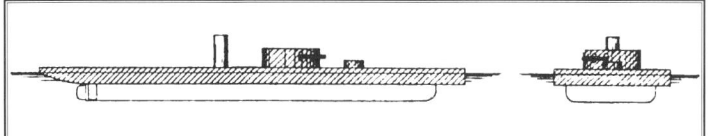

Die »Monitor« hatte eine Wasserverdrängung von 987 ts. Eine Ericsson Balanciermaschine mit 235 KW (320 PS) verlieh dem Schiff eine Geschwindigkeit von 6 kn. Die Besatzungsstärke betrug 49 Mann.

Die Indienststellung der »Monitor« erfolgte am 25. Februar 1862, acht Tage nach der der »Merrimac«.

Am 8. März lief die »Merrimac« unter dem Befehl des Commodore Franklin Buchanan zur Probefahrt in den Elizabeth River aus. Gewöhnlich erfolgt eine Probefahrt unter friedlichen Bedingungen. Diesmal sollte die erste Fahrt auch gleich die Feuertaufe werden. Die gegnerische Blockadeflotte lag nur wenig entfernt in der Mündung des Elisabeth River, in den Hampton Roads, auf Lauer. Sie bestand aus den Segelfregatten »Congress« (50 Geschütze) und »St. Lawrence« (50 Geschütze), der Segelkorvette »Cumberland« (24) sowie den Schraubenfregatten »Minnesota« (zwei 25,4-cm-, 28 22,8-cm-Geschütze) und »Roanoke« (zwei 25,4-cm-, 28 22,8-cm-, 14 20,3-cm-Geschütze).

Die Besatzung des längsseits der »Cumberland« liegenden Schleppers »Zoave« machte als erste die Rauchwolken der »Merrimac« aus, welche sich mit zwei kleinen Kanonenbooten annäherte. Der Schlepper lief sofort zur Aufklärung ab und eröffnete das Feuer auf das Panzerschiff. Alle Unionsschiffe machten überhastet see- und gefechtsklar und die Küstenbatterien begannen mit der Beschießung der »Merrimac«. Die ersten Schüsse trafen, aber die Kugeln prallten ohne Schaden anzurichten ab.

Verlauf der Kampfhandlungen am 8. März 1862

....　Ungefährer Verlauf der 2 m-Tiefenlinie

-----　Ungefährer Verlauf der 5 m-Tiefenlinie

⅄　Küstenbatterie der Konföderation

⅄　Küstenbatterie der Union

◁　Segelfregatte

◁　Segelkorvette

◁⊢　Schraubenfregatte

⬡　»Merrimac«

⬭　Dampfkanonenboote

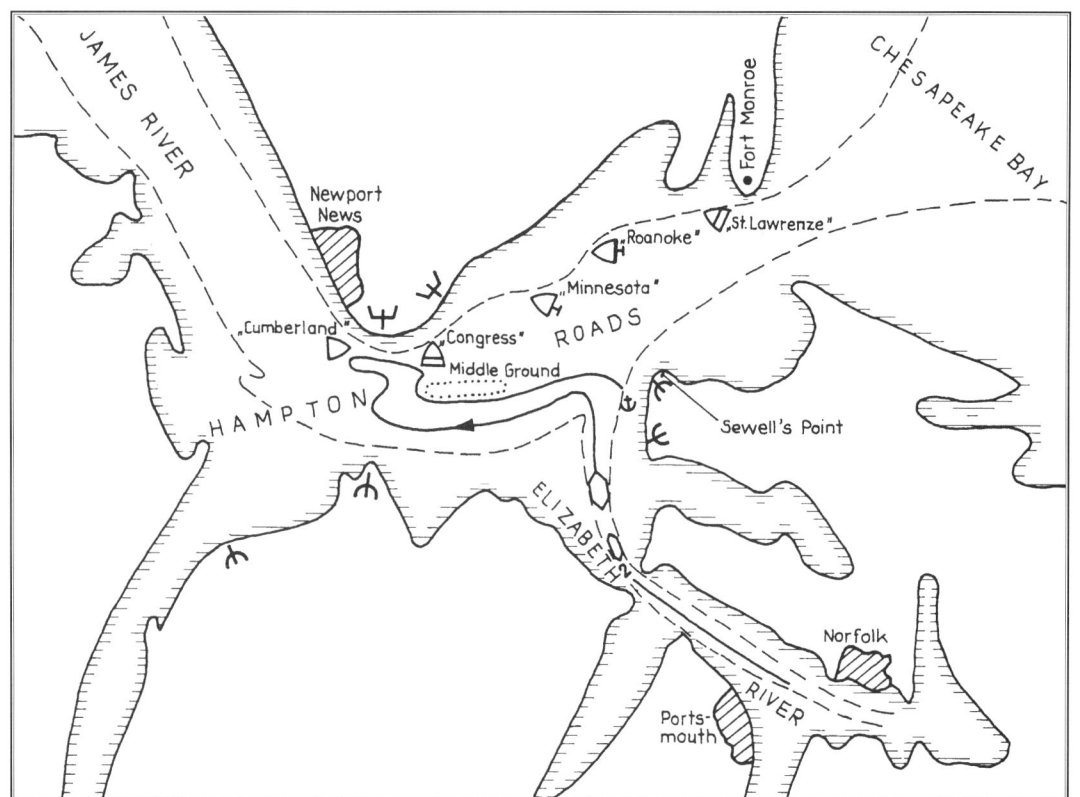

Noch ließ Buchanan nicht zurückschießen. Er wollte so nah wie möglich an seinen Gegner heran. Erst bei einer Distanz von rund 500 m erfolgte der Feuerbefehl und das Buggeschütz erzielte sofort Treffer auf der »Cumberland«. Das hölzerne Segelschiff antwortete mit heftigem Breitseitenfeuer. Aber vergeblich, seine Geschosse durchschlugen die Panzerung der »Merrimac« nicht.

In der Zwischenzeit hatten die Kanonenboote die »Congress« angegriffen. Dabei wurden sie durch die Steuerbordgeschütze der »Merrimac« unterstützt. Aber das Hauptziel des Panzerschiffes blieb vorläufig die »Cumberland«. Buchanan ließ voll auf die Korvette zuhalten. Dem folgenden Rammstoß der »Merrimac« konnte sie nicht standhalten. Durch ein riesiges Leck strömte Wasser ein, so dass das Schiff nach wenigen Minuten versank.

Nun konzentrierte sich die »Merrimac« voll auf die »Congress«. Die Fregatte hatte inzwischen Fahrt aufgenommen und versuchte nach Osten zu entkommen. Aber die Flucht dauerte nicht lange, denn das Schiff lief auf eine Untiefe. Völlig bewegungsunfähig bot die »Congress« ein ideales Ziel. Trotz heftiger Gegenwehr musste sie die Flagge streichen. Das Schiff brannte an mehreren Stellen und explodierte gegen 23.00 Uhr.

Das nächste Ziel der »Merrimac« war die »Minnesota«, welche inzwischen auch in den Kampf eingegriffen hatte. Aber hereinbrechende Dunkelheit machte dem Gefecht ein Ende. Das Panzerschiff

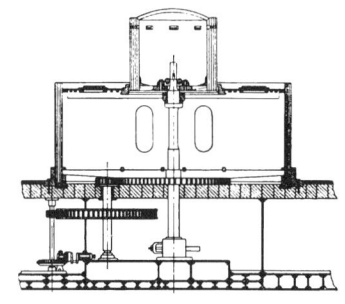

Ein von Ericsson konstruierter Geschützturm. Bei dem auf der »Monitor« eingebauten wurde die Kommandokuppel weggelassen.

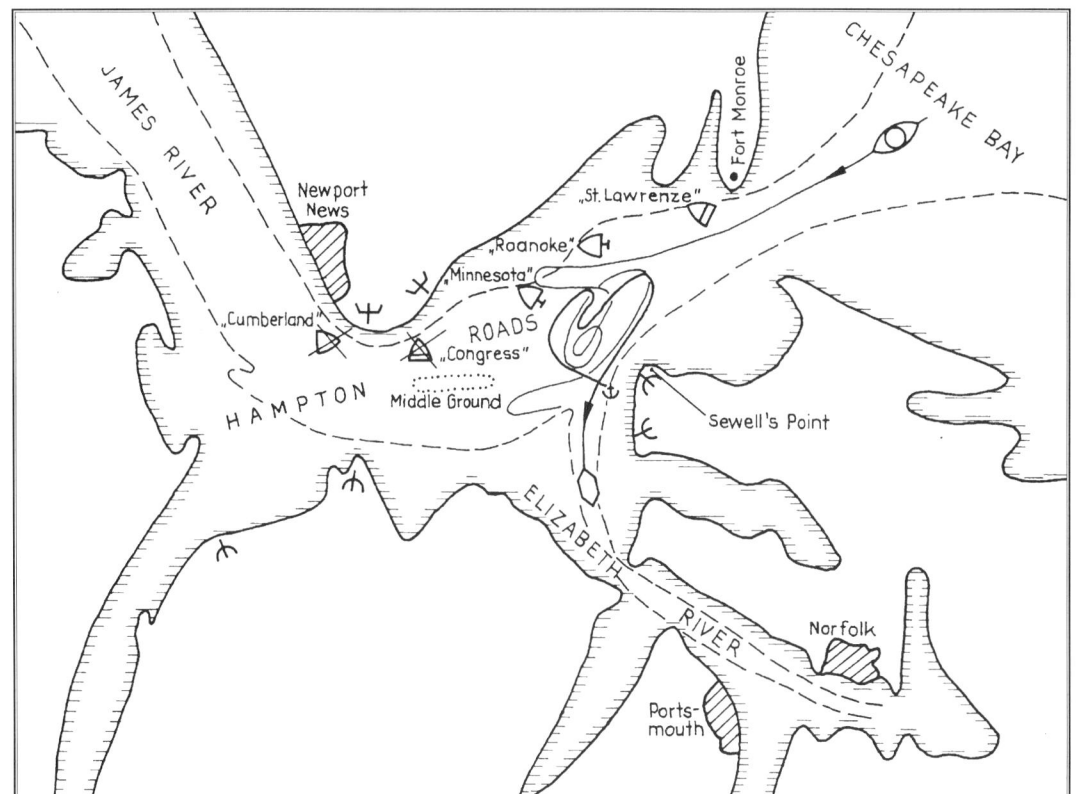

Verlauf der Kampfhandlungen am 9. März 1862

.... Ungefährer Verlauf der 2 m-Tiefenlinie

- - - - - Ungefährer Verlauf der 5 m-Tiefenlinie

⚓ Küstenbatterie der Konföderation

⚓ Küstenbatterie der Union

👁 »Monitor«

⬡ »Merrimac«

⊠ vernichtete Schiffe

Die »Merrimac« rammt die »Cumberland«, auf der noch die Wäsche der Besatzung zwischen den Masten hängt. Rechts im Hintergrund kämpfen die Kanonenboote gegen die »Congress«.

lief ab und legte sich unter den Batterien von Sewell's Point vor Anker. Beschädigungen hatte es kaum erhalten. Dafür war Buchanan verwundet, so dass er das Kommando an Leutnant Catesby Jones abgeben musste.

Die Schraubenfregatte »Roanoke« griff wegen Maschinenschaden ebenso wenig in den Kampf ein, wie die Segelfregatte »St. Lawrence«, die ohne Schlepperhilfe den Liegeplatz nicht verlassen konnte.

Der Tag war für die Konföderierten recht erfolgreich. Zwei gegnerische Schiffe wurden vernichtet und rund 200 Gegner getötet. Dem stand der Verlust von nur 21 Mann gegenüber.

Der nächste Tag sollte für die Ausweitung des Erfolges genutzt werden. Gegen 7.00 Uhr verließ die »Merrimac« ihren Ankerplatz, um die auf Grund sitzende »Minnesota« zu vernichten. Aber diesmal war die Situation völlig verändert. Hinter der Schraubenfregatte lag nämlich die »Monitor«, von deren Existenz die Konföderierten kaum etwas und von deren Ankunft sie überhaupt nichts wussten.

Das Panzerschiff hatte am 6. März New York im Schlepp verlassen. Die Überfahrt zu den Hampton Roads verlief nicht problemlos, denn die Aufbauten waren undicht und das Schiff nahm Wasser. Nur unter großen Anstrengungen gelang es dem Kommandanten, Leutnant John Worden, den Kampfplatz zu erreichen.

Als die »Merrimac« gegen die »Minnesota« anlief, befahl er Fahrt aufzunehmen und kam so mit seinem Schiff für die Konföderierten in Sicht. Diese hielten das Panzerschiff der Union im ersten Moment für einen Wassertank, und es dauerte geraume Zeit, bis sie den Ernst der Lage begriffen. Die »Merrimac« begann zu feuern. Kurz darauf antwortete die »Monitor«. Ihr Salventakt betrug sieben Minuten. Die ersten Kugeln krachten auf die Panzerung aus Eisenbahnschienen, richteten aber keinen Schaden an.

Die »Merrimac« brauchte zum Nachladen 15 Minuten. Auch sie erzielte Treffer, die aber ebenfalls kaum Wirkung zeigten. Leutnant Jones erkannte nun, dass er einen ebenbürtigen Gegner vor sich hatte. Da ein Großteil seiner Munition bereits am Vortage verbraucht worden war, musste er sparen und entschloss sich, die hölzerne »Minnesota« zu vernichten. Er kam aber, als er sie anlief, auf Grund und konnte sein Schiff nur mit Mühe wieder flott bekommen. Nun hatte sich auch die »Monitor« wieder angenähert. Der Nahkampf zwischen beiden Schiffen ging weiter. Jones versuchte die »Monitor« zu rammen. Die Berichte über diesen Moment sind unterschiedlich. Die einen behaupten, dass der Stoß ins Leere ging, die anderen, dass sich die »Merrimac« im Bereich des bereits im Kampf mit der »Cumberland« verloren gegangenen Rammsporns selbst beschädigte. Einig sind sich alle darin, dass die »Monitor« keinen Schaden erlitt. Jones ließ nun das Feuer auf den Kommandostand seines Gegners verlegen. Durch ein direkt vor ihm einschlagendes Geschoss verlor Leutnant Worden ein Auge. Für mehrere Stunden konnte er sein Schiff nicht führen.

Mittlerweile war es 14.00 Uhr geworden. Die Panzerschiffe hatten fünf Stunden unmittelbar gegeneinander gekämpft. Beide Besatzungen waren erschöpft. Die »Merrimac« nahm ständig Wasser und war aufgrund ihres großen Tiefganges bei der nun eingetretenen Ebbe in ihrer Bewegungsfreiheit stark eingeschränkt. Leutnant Jones entschloss sich, die Kampfhandlungen abzubrechen und führte sein Schiff zurück nach Norfolk.

Das erste Gefecht zwischen Panzerschiffen forderte nicht einen einzigen Toten und kaum Beschädigungen. Die »Monitor« erhielt zwei Treffer am Kommandostand, neun am Turm, acht an der Seitenpanzerung und drei an Deck. Auf der »Merrimac« wurden 99 Treffer gezählt, zwanzig davon erzielte die »Monitor«.

Obwohl das direkte Aufeinandertreffen der »Merrimac« und »Monitor« unentschieden ausging, zog die Union doch Nutzen daraus. Aufgrund ihrer wirtschaftlichen Überlegenheit war sie in der Lage, eine große Zahl weiterer Monitore, wie dieser Schiffstyp jetzt genannt wurde, zu bauen. Schon 1862 liefen acht vom Stapel. 1863 folgten zehn, 1864 achtzehn und 1865 weitere vierzehn. Dem hatten die Südstaatler nur zwei Stapelläufe entgegenzusetzen, den der »Tennessee II« 1863 und der »Virginia II« 1864.

Unter solchen Bedingungen konnte sich die »Merrimac« natürlich nicht behaupten. Hinzu kam noch die sich ungünstig entwickelnde Landlage. Am 10. Mai mussten die Konföderierten Norfolk aufgeben. Einen Tag später sank die »Merrimac« zum zweiten Mal. Diesmal für immer. Zuvor hatte sie am 11. April der »Monitor« ein weiteres Gefecht angeboten, was allerdings nicht angenommen worden war.

Auch die »Monitor« erlebte das Jahr 1863 nicht mehr. Am 31. Dezember 1862 wurde sie nach Charleston geschleppt. Auf der Höhe von Kap Hatteras geriet sie in einen Sturm und sank. Es wird angenommen, dass sich der obere Schiffskörper vom unteren gelöst hatte.

Die zwei Tage auf den Hampton Roads waren tatsächlich Ende einer vergehenden und Beginn einer neuen Etappe in der Seekriegsgeschichte. Sie demonstrierten zusammen mit den Erfahrungen aus der Seeschlacht bei Sinope, dass die Zeit des Holzschiffes endgültig vorbei war. Nur ein Eisen- und später Stahlschiff hatte noch reale Chancen, im Seekrieg erfolgreich eingesetzt zu werden. Dieser Tendenz vermochten vorerst nur die entwickeltsten Staaten wie Großbritannien, Frankreich und die USA zu folgen. Erst später traten weitere in den beginnenden Rüstungswettlauf ein.

Die »Monitor« nach dem Gefecht mit der »Merrimac«. Gefechtsschäden sind kaum zu erkennen, dafür aber die Stärke der Panzerung.

Die Seeschlacht bei Lissa
(20. Juli 1866)

Durch die Niederlage der bürgerlichen Revolutionen von 1848/49 blieben in Europa eine Reihe von angestauten politischen und wirtschaftlichen Problemen ungelöst. So gelang es weder aus den Klein- und Mittelstaaten Italiens und Deutschlands jeweils einen einheitlichen Nationalstaat zu schaffen, noch den reaktionären habsburgischen Vielvölkerstaat zu zerschlagen. Die daraus resultierenden Spannungen trugen sowohl nationalen als auch internationalen Charakter.

In Italien hatte in den nördlichen Landesteilen die industrielle Revolution bereits vor der politischen Revolution eingesetzt und beschleunigte sich nach ihr nicht unwesentlich. Demgegenüber herrschten im Süden, im Königreich beider Sizilien und im Kirchenstaat, noch halbfeudale Verhältnisse. Die Beschleunigung der kapitalistischen Entwicklung im Norden erforderte gebieterisch die Schaffung eines einheitlichen italienischen Binnenmarktes. Der war aber nur durch die politische Einigung aller Teilstaaten zu erreichen. Zu dieser Erkenntnis kamen nicht nur die revolutionär-demokratischen, sondern auch die gemäßigt-liberalen Kräfte. Letztere strebten eine Einigung von »oben« an, wobei sie ihre Hoffnungen besonders auf Sardinien-Piemont richteten. Dieses konstitutionelle Königreich unter Viktor Emanuel II. hatte in Italien den höchsten ökonomischen und militärischen Entwicklungsstand erreicht. Hauptmittel zur Verwirklichung der Einheit Italiens sollten diplomatische Verhandlungen sein.

Die demokratischen Kräfte hingegen wollten durch die Kraft des Volkes eine Republik schaffen.

Besonders die Liberalen waren der Meinung, dass zur Einigung Italiens die Großmächte einen Beitrag zu leisten hätten. Im Juni 1858 kam es deshalb zu einer Abmachung zwischen dem französischen Kaiser Napoleon III. und dem Ministerpräsidenten des Königreiches Sardinien-Piemont, Cavour, die im Falle eines siegreichen Krieges gegen Österreich gegenseitig vorteilhafte Gebietsverteilungen festlegte. Der im April 1859 beginnende Krieg führte in Italien zu einer Stärkung der patriotischen Gefühle und beschleunigte das Heranreifen einer revolutionären Krise. Absolutistische Regierungen wurden gestürzt und provisorische eingesetzt. Immer mehr Gebiete schlossen sich Sardinien-Piemont an. Der Krieg mit Österreich wurde am 8. Juli 1859 siegreich beendet. Sardinien-Piemont erhielt die Lombardei. Venetien konnte jedoch nicht gewonnen werden.

Das im März 1861 in Turin proklamierte Königreich Italien umfasste außer Venetien und den von französischen Truppen besetzten Restgebieten des Kirchenstaates ganz Italien.

In Österreich gelang es den reaktionären Kräften fast alle Errungenschaften der Revolution von 1848/49 zu liquidieren und das absolutistische Regime zu restaurieren. Jede Äußerung nationaler Gefühle wurde unterdrückt. Polizeiterror, Pressezensur und wachsender klerikaler Einfluss kennzeichneten das öffentliche Leben. Auch in diesem Land entwickelte sich der Kapitalismus ungleichmäßig. Während in Niederösterreich und in den tschechischen Gebieten seine Entwicklung rasch voranschritt, blieben die anderen Landesteile zurück. Spannungen zwischen den Klassen und Nationen, die Wirtschaftskrise von 1857 sowie die Niederlage im Krieg von 1859 schwächten die Donaumonarchie innen- und außenpolitisch.

Auch in den deutschen Klein- und Mittelstaaten begann sich nach der Revolution die Industrialisierung zu beschleunigen. Die nationale Einigung stand auf der Tagesordnung. Über den Weg dahin gab es unterschiedliche Ansichten, die sich generell gesehen in dem Wunsch einer Revolution von »oben« oder von »unten« äußerten. Als spezieller Faktor wirkte dabei die Auseinandersetzung zwischen Preußen und Österreich über die Hegemonie in einem zukünftig geeinten Deutschland. Ein Ausdruck dessen war die Haltung Preußens während des Krieges von 1859, die zusammengefasst lautete: »Keine Neutralität gegenüber Frankreich, keine Hilfe für Österreich.«

Eine besondere Situation ergab sich 1863. Am 30. März dieses Jahres erließ der dänische König Friedrich VII. eine Verordnung, durch die Schleswig mit Dänemark vereinigt und Holstein faktisch zu einer tributpflichtigen Provinz gemacht werden sollte. Damit verstieß er gegen das im Jahre 1852 von England, Frankreich, Russland, Österreich, Preußen, Schweden und Dänemark unterzeichnete Londoner Protokoll, das eine staatliche Sonderstellung dieser beiden Herzogtümer vorschrieb. Gleichzeitig setzte es eine besondere Thronfolge für Dänemark fest und beseitigte die Erbfolgeordnung für Schleswig-Holstein.

Preußen und Österreich protestierten angesichts der Gefahr des vollständigen Verlustes dieser Gebiete für Deutschland sofort gegen die dänische Verordnung. Auch der Deutsche Bund, Nichtunterzeichner des Protokolls, reagierte ablehnend. Als Friedrich VII. am 15. November 1863 kinderlos starb und Christian IX. protokollgemäß die Regentschaft übernahm, spitzte sich die Lage weiter zu. Die schleswig-holsteinischen Soldaten in der dänischen Armee begannen den Gehorsam zu verweigern. Die meisten holsteinischen Beamten lehnten den Eid auf den neuen König ab. Die Losung »Los von Dänemark!« erschallte in allen deutschen Ländern. In vielen von ihnen entstanden Schleswig-Holstein-Vereine. Junge Männer ließen sich in Freiwilligenlisten für eine schleswig-holsteinische Armee eintragen.

In dieser angespannten Situation meldete sich Friedrich von Augustenburg, Sohn des letzten Herzogs von Schleswig-Holstein, der 1852 auf den Thron verzichtet hatte, zu Wort und erklärte, dass er den Thronverzicht seines Vaters niemals anerkannt habe und nun rechtmäßiger Herzog von Schleswig-Holstein sei.

Für Preußen wurde die Lage immer prekärer. Es konnte sich an die Spitze der nationalen Bewegung stellen oder aber einen Waffengang wagen. Bismarck, Ministerpräsident des Landes, entschloss sich zu Letzterem, weil dadurch die national-patriotische Bewegung am besten unter Kontrolle gehalten werden konnte. Um aber die Kampfhandlungen ohne die Einmischung der Großmächte führen zu können, musste er sie auseinander dividieren. Darüber hinaus kam es darauf an, wenigstens eine von ihnen als Partner gewinnen. Österreich, um seine Stellung im späteren Deutschland fürchtend, war nur allzu gern bereit, mit seinem größten Widersacher zusammenzugehen.

Herzog Friedrich von Augustenburg konnte sich auf die Unterstützung der Schleswig-Holsteiner sowie der deutschen Klein- und Mittelstaaten stützen. Als preußische Truppen am 7. Juni 1865 in Holstein einrückten, verließ er unter Protest sein Land. Dafür durfte seine Tochter Auguste Victoria am 25. Januar 1881 den späteren deutschen Kaiser Wilhelm II. heiraten.

Die Düppeler Schanzen, gegenüber der Insel Alsen gelegen, beiderseits von der See begrenzt und mit 88 Geschützen bestückt, bedrohten ernsthaft die rechte Flanke der preußisch-österreichischen Truppen. Deshalb beschlossen die Verbündeten am 1. März 1864 ihre Liquidierung. Nach sorgfältiger Vorbereitung wurden sie gestürmt. Hier dringen preußische Truppen in die Schanze 1 ein.

Der Krieg Preußens und Österreichs gegen Dänemark begann am 1. Februar 1864. Mit der Erstürmung der Düppeler Schanzen am 18. April errangen die preußisch-österreichischen Truppen einen strategischen Sieg. Die sich anschließende Kampfpause wurde durch die europäischen Mächte zur Suche nach einer Kompromisslösung genutzt. Aber alle Versuche scheiterten an der dänischen Halsstarrigkeit. Die Kampfhandlungen wurden am 28. Juni wieder aufgenommen. Die Insel Alsen fiel und am 14. Juli konnten die Fahnen der Verbündeten am Kap Skagen gehisst werden.

Dänemark musste um Frieden bitten und trat am 30. Oktober im Friedensvertrag von Wien Schleswig-Holstein sowie Lauenburg bedingungslos an Preußen und Österreich ab. Die Siegermächte übernahmen gemeinsam die Verwaltung, wobei sie die Augustenburgische Herrschaft nicht anerkannten.

In diesem Krieg kamen auch die Seestreitkräfte beider Seiten zum Einsatz. Österreich entsandte unter der Führung des Linienschiffskapitäns Wilhelm von Tegetthoff die Fregatte »Schwarzenberg« mit 50 Kanonen, die »Radetzky« mit 31 Kanonen sowie das Kanonenboot »Seehund« mit 6 Kanonen in die Nordsee.

Am 23. Dezember 1827 geboren, trat Tegetthoff 1840 in die Marineakademie Venedig ein. 1848 zum Offizier ernannt, befuhr er vor allem die Levante und lernte so den östlichen Teil des Mittelmeeres kennen. Im Zusammenhang mit dem geplanten Bau des Suez-Kanals erkundete er das Rote Meer. Die erfolgreiche Lösung dieser Aufgabe brachte ihm 1858 die Beförderung zum Korvettenkapitän ein. Während des Winters 1859/60 leitete Tegetthoff eine fünfmonatige Expedition, die bis an die Küste Brasiliens vordrang. Dafür zum Fregattenkapitän befördert, erhielt er schon Ende 1861 den Dienstgrad eines Linienschiffskapitäns (Kapitän zur See). 1862 übernahm er das Kommando über die Schraubenfregatte »Schwarzenberg« und gleichzeitig den Befehl über die österreichische Flottenabteilung in der Levante. Ende Februar 1864 traf der Befehl ein, sich in die Nordsee zu begeben.

Am 1. Mai vereinigte sich das österreichische Geschwader in Helder mit einem preußischen, das ebenfalls aus dem Mittelmeer kam und unter dem Befehl von Korvettenkapitän Klatt stand. Ihm unterstanden der eiserne Raddampfer »Preußischer Adler« sowie die beiden Kanonenboote »Blitz« und »Basilisk«. Alle Schiffe verfügten über eine Artilleriebewaffnung von je zwei Kanonen. Die Kampfkraft war also gering und ihre Teilnahme trug mehr oder weniger symbolischen Charakter.

Unter dem Befehl von Tegetthoff versegelte das vereinte Geschwader, die havarierte »Seehund« zurücklassend, nach Cuxhaven. Nach Kohlenübernahme liefen die Schiffe am Abend des 6. Mai aus, um den Gegner zu suchen. Erst am 9. Mai um 13.30 Uhr tauchten nördlich von Helgoland die Fregatten »Niels Juel« mit 42 und »Iylland« mit 44 sowie die Korvette »Heimdal« mit 16 Kanonen am Horizont auf. Der Geschwaderchef, Orlogkapitän Suenson, hatte seine Flagge auf der »Niels Juel« gesetzt. Beide Seiten suchten sofort das Gefecht, welches um 13.45 Uhr auf einer Distanz von 3.500 m begann.

Aufgrund des geringen Seegangs konnten auch die Kanonenboote ihre Waffen ohne Beschränkungen einsetzen. Nach ca. 30 Minuten laufenden Gefechts, wobei die Schussdistanz bis auf 300 m sank, durchbrach Tegetthoff mit der »Schwarzenberg« die gegnerische Kiellinie zwischen den beiden Fregatten. Sein Ziel bestand im Entern der »Niels Juel«. Nachdem die Dänen seine Absicht durchschauten, führten ihre Schiffe ein konzentriertes Feuer auf das österreichische Flaggschiff. Trotz brennendem Vormarssegel kämpfte die »Schwarzenberg« mit Unterstützung der anderen Schiffe weiter. Als der Brand immer mehr um sich griff, musste Tegetthoff gegen 15.30 Uhr das Gefecht abbrechen. Er lief nach Süden und sein Gegner nach Norden ab.

Beide Seiten beanspruchten den Sieg für sich. Tegetthoff hatte 36 und Suenson vermutlich 49 Tote zu beklagen. Die Dänen mussten die Blockade der Elbe aufgeben.

Bereits in diesem Gefecht zeigte Tegetthoff Mut und Entschlossenheit. Beide Eigenschaften, gepaart mit der Fähigkeit zur gründlichen Analyse der Lage und dem Vermögen, daraus richtige Schlussfolgerungen zu ziehen, sollten ihn zwei Jahre später weltberühmt machen.

Der Krieg gegen Dänemark war siegreich beendet worden, konnte aber nicht die Widersprüche zwischen Österreich und Preußen lösen. Im Gegenteil, sie spitzten sich noch zu. Ernste Reibereien entstanden bei der Verwaltung der Herzogtümer. Österreich duldete mehr oder weniger den Augustenburger und die Tätigkeit seines Ministeriums. Preußen suchte diese Tätigkeit zu unterbinden. Die endgültige Bestimmung der Zukunft Schleswig-Holsteins wurde immer dringender. Am 22. Februar 1865 teilte Bismarck dem Wiener Hof die Bedingungen mit, unter denen ein selbständiger Mittelstaat entstehen könne. Sie waren bereits so konzipiert, dass sie unannehmbar waren und die österreichische Ablehnung herausfordern sollten. Diese erfolgte – wie erwartet – am 5. März.

Im Juli äußerte Bismarck gegenüber dem französischen Botschafter in Wien: »Ich fürchte einen Krieg mit Österreich nicht nur nicht, sondern ich wünsche ihn vielmehr. Preußen wird die Herzogtümer und die Hegemonie in Deutschland mit Güte oder Gewalt erlangen.« Die Wiener Regierung trat den Rückzug an. Zerrüttete Staatsfinanzen, ein ungerüstetes Heer und die inneren Spannungen machten das Land kriegsunfähig.

Am 14. August kam es zum Abschluss der Konvention von Gastein. Preußen erhielt allein die Regierung über Schleswig, Österreich über Holstein. Lauenburg wurde für 2,5 Millionen Taler von Preußen gekauft, die preußische Besatzung verblieb in Kiel.

Tegetthoff mit seinem Stab und den Schiffskommandanten, die an der Seeschlacht bei Lissa teilnahmen.

Otto von Bismarck. Für seine Verdienste um die »Konvention von Gastein« wurde er von Wilhelm I. am 16. September 1865 in den Grafenstand erhoben.

Auch dieser Kompromiss konnte die Spannungen zwischen den beiden Parteien nicht mindern. Es musste eine Entscheidung, die nach Lage der Dinge nur durch einen Krieg gefunden werden konnte, fallen. Bismarck selbst war klar, dass die entscheidende Auseinandersetzung mit Österreich nur vertagt worden war. Er tat sowohl innen- als auch außenpolitisch alles, um eine schnelle Entscheidung herbeizuführen. Sein Ziel bestand nicht vorrangig in der Regelung der Schleswig-Holstein-Frage, sondern hauptsächlich in der politischen Neugestaltung Deutschlands. Viel Unterstützung fand er dabei nicht. Die deutschen Mittelstaaten stellten sich, wenn auch oft halbherzig, an die Seite Österreichs. Lediglich einige deutsche Kleinstaaten hielten zu Preußen.

In dieser Situation tauchte mit Italien ein willkommener Verbündeter auf. Dieses Land hatte vergeblich versucht, Venetien von Österreich durch Kauf zu erwerben. Nun bot sich eine günstige Gelegenheit, dieses Problem mit Waffengewalt zu lösen. Am 8. April wurde ein geheimer Bündnisvertrag mit Preußen unterzeichnet, der eine Gültigkeitsdauer von nur drei Monaten hatte. Preußen musste also schnell handeln. Die wichtigsten Vertragsbedingungen sahen die Unterstützung Preußens durch Italien sowie im Falle eines Sieges die Übergabe Venetiens an Italien vor.

Als Präludium des Krieges besetzte Preußen am 7. Juni 1866 das von Österreich verwaltete Holstein. Laute Proteste Wiens waren die Antwort.

Ganz Europa erwartete aufgrund der Kräftekonstellation eine rasche Niederlage Preußens. Kaum jemand beachtete die Ausrüstung der preußischen Armee mit dem Dreyseschen Zündnadelgewehr, das dreimal so schnell schoss wie die österreichischen Vorderlader. Unbeachtet blieben auch die hervorragenden Führungsqualitäten des preußischen Generalstabchefs Helmut von Moltke und die bessere Ausbildung seiner Armee.

Am 16. Juni begann der Krieg mit Kampfhandlungen gegen Sachsen, Hannover und Kurhessen. Drei Tage später fielen deren Hauptstädte. Am 3. Juli wurde bei Königgrätz die nach der Völkerschlacht bei Leipzig größte Landschlacht des 19. Jahrhunderts geschlagen. Bei Königgrätz trafen 221.000 Preußen mit 702 Geschützen auf 184.000 Österreicher, die insgesamt über 650 Geschütze verfügten. Als nach ausgeglichenem Kampfverlauf die 2. Armee Preußens die rechte Flanke und damit die Rückzugsmöglichkeiten bedrohte, befahl der österreichische Befehlshaber gegen 16.00 Uhr den Rückzug. Trotz massiertem Einsatz der Reserven ging er in eine chaotische Flucht über. Nur mit Mühe gelang es der österreichischen Nordarmee, einer vollständigen Niederlage zu entgehen.

Im Süden entwickelte sich die Lage für die Österreicher günstiger. Am 24. Juni trafen sie bei Custozza auf die weit überlegenen Italiener, die sich durch eine schlechte Truppenführung selbst um den Sieg brachten. Nach dieser Schlacht trat in Oberitalien eine Waffenruhe ein.

Der österreichische Kaiser Franz Joseph bat am 4. Juli Napoleon III. um Vermittlung. Dieser setzte sich mit den Preußen in Verbindung und bot Italien die Abtretung Venetiens an. Aber beide Partner stellten Bedingungen. Preußen verlangte eine Bürgschaft für den künftigen Frieden und Italien wollte Venetien nicht aus der Hand des französischen Kaisers erhalten. Trotz beginnender Verhandlungen setzte Preußen die Kampfhandlungen fort und begann einen energischen Vormarsch auf Wien. Prag fiel am 8. Juli und Brünn am 12. Juli in preußische Hände. Pressburg rettete eine für den 22. Juli 12.00 Uhr ausgehandelte Waffenruhe.

Mit dem Signal »Unsere Truppen haben Siege erfochten, tun wir das Gleiche!« begann Tegetthoff das Seegefecht nördlich Helgolands. Links ist das dänische Geschwader zu erkennen. Die »Radetzky« erwidert das Feuer. Die »Schwarzenberg« ist mit brennendem Fockmast dargestellt. Die kleinen preußischen Einheiten unterstützen die Österreicher im Gefecht.

Die Waffenruhe war das Resultat ernsthafter Auseinandersetzungen zwischen dem preußischen König Wilhelm I. und seinem Ministerpräsidenten. Wilhelm I. wäre gern an der Spitze seiner Truppen in Wien eingeritten. Annexion und Kriegskontributionen waren seine Ziele. Bismarck dachte weiter. Er strebte keine Bestrafung der Habsburger Monarchie, sondern die Ausschaltung ihrer Hegemonie im zukünftigen Deutschland an. Die Erhaltung Österreichs als Großmacht erschien ihm für eine spätere Zusammenarbeit zweckmäßiger. Eine Besetzung Wiens hätte eine Demütigung der Habsburger bedeutet und für seine weiteren Pläne unabsehbare Folgen gehabt. Schließlich setzte sich der Ministerpräsident durch.

Der Grundstock der Königlichen Marine Italiens entstand aus der Vereinigung der sardinischen mit der neapolitanischen Flotte. Schöpfer und Förderer war Cavour, der hoffte, mit ihr die Seeherrschaft in der Adria zu erringen und damit dem habsburgischen Widersacher einen Schlag zu versetzen.

Zur Erfüllung dieser Aufgabe reichte der vorhandene Schiffsbestand nicht aus. Es war auch klar, dass eine völlig neue, eine Panzerschifflotte benötigt wurde.

Als Schiffsantrieb setzte sich mehr und mehr die Dampfmaschine durch. Als Vortriebsmittel kamen Schaufelräder und Propeller zum Einsatz.

In der Artillerie vollzog sich der Übergang vom glatten zum gezogenen Geschütz. Das glatte Geschütz hatte mit der Bombe, einer mit einer Sprengladung versehenen Kanonenkugel, den Gipfelpunkt seiner Entwicklung erreicht. Mit Langgeschossen, wie die Granaten zur damaligen Zeit genannt wurden, erzielte man eine größere Reichweite und Treffergenauigkeit. Da sie sich aber in der

Luft überschlugen, mussten sie einen Drall zur Stabilisierung erhalten. Diesen Drall verliehen ihnen die gezogenen Rohre. Da die Granaten über eine höhere Durchschlagskraft verfügten, mussten die Schiffe wiederum besser gepanzert werden.

Diese Übergänge vollzogen sich nicht schlagartig. Entsprechend den finanziellen und wirtschaftlichen Möglichkeiten rüsteten die einzelnen Staaten ihre Flotten stufenweise um. Alte und neue, erprobte und unerprobte Einheiten gaben den Flotten der damaligen Zeit ein buntes Aussehen.

Es war nur natürlich, dass die italienische Marine bemüht war, sich mit dem neuesten Material zu versehen. Allerdings musste noch vorwiegend die Hilfe ausländischer Werften in Anspruch genommen werden. Bereits 1860 wurden die Panzerkorvetten »Terribili« und »Formidabile« in Frankreich bestellt. Das erste Schiff lief Anfang Februar 1861 in La Seyne vom Stapel. Als wichtigste Schiffe folgten 1863 die Panzerfregatte »Re di Portogallo« und 1864 die Panzerfregatte »Re di Italia«. Bis zum Sommer 1866 erreichte die italienische Flotte einen Bestand von zwölf gepanzerten und 19 ungepanzerten Kampfschiffen der unterschiedlichsten Typen sowie 23 Transportschiffen, wovon sieben armiert waren.

Übersichtskarte über den Seekriegsschauplatz in der Adria

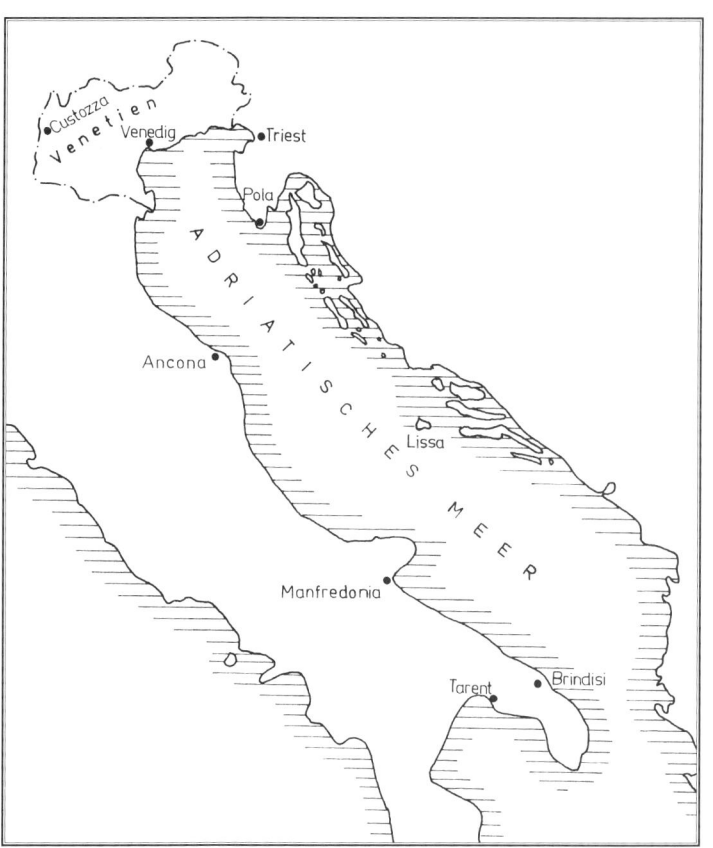

Die Artillerie bot ein ebenso buntes Bild wie der Schiffsbestand. Als modernstes Geschütz galt die 25 cm gezogene Amstrong-Kanone, welche Granaten mit einem Gewicht von 300 englischen Pfund verschoss. Eine Granate der ebenfalls vorhandenen 20 cm gezogene Amstrong-Kanone wog 150 englische Pfund. Das am meisten vorhandene Geschütz war die bereifte gezogene Kanone mit einem Kaliber von 16 cm. Es konnte wahlweise 107 englische Pfund schwere Stahlprojektile oder 74 englische Pfund schwere Langgeschosse verschießen. Auch glatte Kanonen des Kalibers 20 cm und 16 cm sowie 20-cm-Haubitzen befanden sich in der Bewaffnung der Schiffe.

Das entsprechend dem damaligen Entwicklungsstand als modern zu bezeichnende Material bedurfte einer gut ausgebildeten Bedienung und Führung. Aber gerade hier gab es Schwierigkeiten und Unzulänglichkeiten. Mangelndes fachliches Können der Besatzungen konnte nicht durch patriotische Begeisterung kompensiert werden. Führungsschwächen waren nicht durch Befehle zu beseitigen. Unter diesem Blickwinkel ist auch die auf königlichen Befehl vom 3. Mai 1866 erfolgte Bildung von drei Geschwadern einzuschätzen. Unsicherheit über die Richtigkeit des Entschlusses gestattete dem gleichzeitig ernannten Oberbefehlshaber der Flotte, Admiral Conte di Persano, nach eigenem Gutdünken diese Struktur zu verändern. Persano, selbst kein Mann der Tat, beließ alles so wie es war und verfügte damit über jeweils ein Schlacht-, Hilfs- und Belagerungsgeschwader, in denen Schiffe annähernd gleichen Typs zusammengefasst waren.

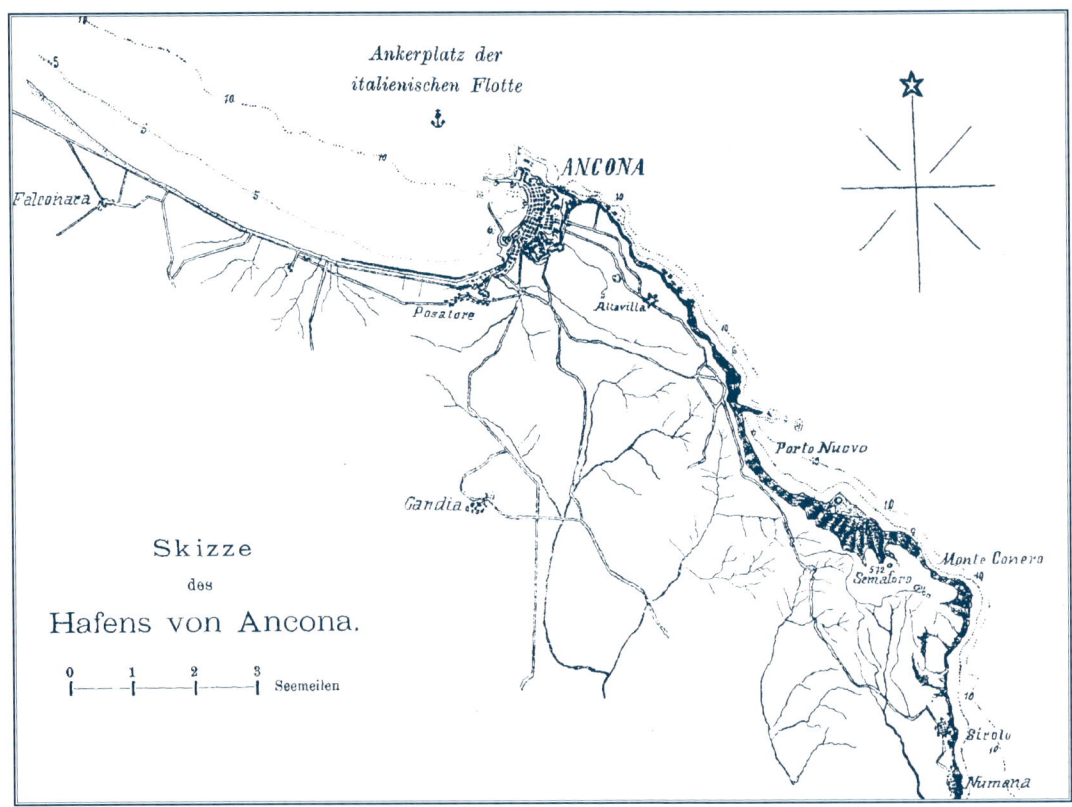

Skizze
des
Hafens von Ancona.

Der Stützpunkt der italienischen Flotte Ancona in einer zeitgenössischen Darstellung. Im durch Ketten gesperrten Hafen lagerten 27.000 t Kohlen. Die Arsenale waren mit allem Notwendigen versehen und Reparaturkapazität ausreichend vorhanden.

Der Entschluss zur Bildung dieser Struktur fiel umso leichter, da es noch keinen Plan zur Führung der Kampfhandlungen gab. Dafür konnte aber der ständige Zulauf von Kampf- und Hilfsschiffen für die Flotte gewährleistet werden.

Gleichzeitig wurden die landseitigen Einrichtungen vervollkommnet. Kohle lag ausreichend bereit, die Minen waren klar zum Verlegen und die Hafensperren einsatzbereit. Als Hauptstützpunkt diente Ancona, 86 sm von Pola, dem österreichischen Haupthafen und 115 sm von der österreichischen Insel Lissa entfernt. In Ermangelung weiterer geeigneter Stützpunkte in der Adria musste auch Tarent genutzt werden. Manfredonia und Brindisi dienten als so genannte Fluchthäfen.

Am 16. Mai traf Persano in Tarent ein. Von den dort befindlichen fünf Panzerschiffen wählte er die »Re di Italia« als sein Flaggschiff.

Die sich zuspitzende Situation veranlasste den italienischen Marineminister am 10. Juni die erste Gefechtsinstruktion an Persano zu erlassen. Ziel war der sofortige angriffsorientierte Einsatz der Flotte bei Beginn der Kampfhandlungen. Allerdings sollten Triest und Venedig, mit deren späteren Einnahme fest gerechnet wurde, nur auf Befehl angegriffen werden.

Persano seinerseits erarbeitete daraufhin einen Gefechtsbefehl, der sich hauptsächlich mit Marsch- und Gefechtsformationen beschäftigte.

Die Nachricht über die Kriegserklärung erreichte die Flotte am 20. Juni, gleichzeitig mit der Information, dass die Kampfhandlungen nicht vor dem 23. Juni beginnen werden. Nun wurde es langsam Zeit, von Tarent nach Ancona zu laufen. Aber der Oberbefehlshaber verließ den Hafen erst am 21., nicht ohne vorher die Kommandanten über die Handlungen beim Manöver »Mann über Bord« zu instruieren.

Mit 5 kn laufend, erreichte die Flotte am 25. Juni abends endlich Ancona. 24 Schiffe blieben auf der Reede, das Panzerschiff »Ancona« lief wegen Maschinenschadens ein.

Die Stellung der österreichischen Flotte im Gesamtsystem der Streitkräfte war schon aufgrund der unbedeutenden Seegrenzen wesentlich geringer als die der italienischen. So besaß die Kaiserliche Marine im Jahre 1848 drei Fregatten und eine Korvette. Im Jahre 1859 waren es nur noch drei kleine 30-Kanonen-Schraubenfregatten und zwei 22-Kanonen-Schraubenkorvetten. Das schien ausreichend, fehlte doch bis März 1861 ein realer Seegegner. Die italienischen Teilstaaten waren kräftemäßig nicht in der Lage, ernsthafte maritime Aktionen gegen Österreich zu unternehmen. Österreich hoffte, das vereinte Italien durch seine Landstreitkräfte zu neutralisieren. Mehr subjektiven Gründen war es zu verdanken, dass die österreichische Flotte nicht vollständig verfiel. Als nämlich der kaiserliche Bruder, Erzherzog Ferdinand Max, den Befehl über die Flotte übernahm, konnten durch seine Macht finanzielle und ökonomische Mittel in Bewegung gesetzt werden, an die vorher nicht zu denken war. Er war es, der entgegen den militärischen Absichten und der öffentlichen Meinung den Baubeginn einer Panzerflotte durchsetzte. Als aber 1864 der Erzherzog durch Napoleon III. unter dem Namen Maximilian zum Kaiser von Mexiko gemacht wurde, stand sein Schützling Tegetthoff mit wesentlich weniger Macht und Einfluss vor der Aufgabe, den Ausbau der Flotte allein durchzusetzen.

Der Lauf der Geschichte wollte es, dass der dem mexikanischen Volk aufgezwungene Maximilian durch aufständische Truppen am 19. Juni 1867 in Queretaro standrechtlich erschossen wurde. Tegetthoff überführte im gleichen Jahr seinen Leichnam in die Heimat. Zu dieser Zeit war er schon weltberühmt.

Vorerst musste er moderne Schiffe beschaffen und gut ausgebildete Besatzungen heranziehen. Ersteres konnte aufgrund vieler Hemmnisse kaum beschleunigt werden. Es war abzusehen, dass die kaiserliche Flotte materialmäßig schwächer als die königliche blieb. Aber die Ausbildung der Besatzungen und die Vorbereitung der vorhandenen langsam laufenden Schiffe konnte durch die eigene Initiative ein höheres Niveau erreichen.

Als Hauptstützpunkt für die Flotte wurde Pola und als Liegeplatz der nördlich des Hafens befindliche Kanal von Fasana bestimmt.

Ein glücklicher Entschluss war das nicht. Zwar konnten die Schiffe hier, nicht weit von der Flottenbasis, relativ geschützt liegen, aber der Grund war felsig und zum Ankern ungeeignet. Das machte sich auch bald bemerkbar, denn eine ganze Reihe von Schiffen konnte sich nicht vor Anker halten. Erst das Ausbringen von speziellen Festmachtonnen schaffte für die größeren Schiffe Abhilfe.

Am 1. Mai 1866 hatten sich hier erst drei Schraubenfregatten versammelt. Bis zum 4. Juli wuchs der Bestand auf sieben Panzerschiffe, sieben große Holzschiffe und 13 weitere Einheiten an. Die nun doch recht ansehnliche Flotte war aber nicht etwa das Resultat einer wohl durchdachten Planung,

Persano in lässiger Pose. Nach der Seeschlacht von Lissa traute er sich nicht von Bord seines Schiffes. Seine Karriere endete vor dem Kriegsgericht.

sondern das Ergebnis zwingender Umstände, welche hauptsächlich durch Zeitnot bestimmt waren. Das drückte sich nicht nur durch die erst Ende Mai genehmigte Ausrüstung der kampfstärksten Schiffe, sondern auch durch die daraus resultierende provisorische materielle Gefechtsvorbereitung aus. Um Geld zu sparen, sollte nach dem Willen Wiens nur das unbedingt Notwendige getan werden. Dass mehr getan wurde, ist vor allem dem unermüdlichen Wirken Tegetthoff und seiner Unterstellten zu danken. Alle Schiffe gingen ins Dock. Durch die Reinigung der Unterwasserschiffe sollte eine Geschwindigkeitserhöhung erreicht werden.

Bereits in dieser Phase der Vorbereitung zeichnete sich ab, dass die Entscheidung mit der italienischen Flotte im Nahkampf gesucht werden musste. Selbst an Geschwindigkeit, Ausrüstung und Anzahl unterlegen, konnten diese Nachteile nur in einem Kampf auf geringe Distanz und mit konzentrierten Lagen der Artillerie mit einiger Aussicht auf Erfolg kompensiert werden. Entsprechend den konkreten Bedingungen waren diese Lagen aber nur auf eine Schussdistanz von ca. 200 m effektiv. Deshalb durchliefen die Besatzungen der nach und nach eintreffenden Schiffe vor allem eine gründliche artilleristische Ausbildung. Dabei stand das Feuern in konzentrierten Lagen im Mittelpunkt. Der bewusste Übergang vom bis dahin üblichen Einzelfeuer zum Lagenfeuer stellte den Beginn der modernen Feuerleitung dar.

Der Kanal von Fasana mit den Liegeplätzen der österreichischen Flotte in einer zeitgenössischen Darstellung. Die Schiffe liegen in Divisionseinteilung teilweise außerhalb der Reichweite der 48-Pfünder von Fort Brioni. Lediglich die Mörser deckten die gesamte Reede ab.

Zum Schutz der eigenen Schiffe und Besatzungen wurden außenbords an den gefährdetsten Stellen Ankerketten angebracht. Die Schraubenfregatte »Novara« erhielt sogar eine Panzerung aus Eisenschienen. Splitternetze, nasse Segel, eine Erfahrung aus dem Gefecht bei Helgoland, und schwarzer Außenanstrich, um dem Gegner das Zielen zu erschweren, dienten der weiteren Erhöhung des Schutzes.

Die hölzerne Schraubenfregatte »Erzherzog Friedrich«, die eine Wasserverdrängung von knapp 1.500 t und eine 230 PS-Maschine hatte, mit Kettenpanzer. Die Ketten wurden zwischen den Stückpforten gespannt, um die Batteriedecks vor feindlichen Geschossen zu schützen. Obwohl der Nutzen dieser Panzerung als gering angesehen wurde, wollte man aus moralischen Gründen nicht auf sie verzichten.

Am 6. Juni begann die praktische Ausbildung auf See. Allerdings konnte sie wegen eines akuten Kohlenmangels nur mit geringen Geschwindigkeiten durchgeführt werden. Zwischen dem Flottenchef und den Wiener Behörden entstand ein regelrechter Streit um Kohlen, der nicht immer zugunsten der Bedürfnisse der Flotte ausging.

Bemerkenswert ist, dass bei diesen Übungen die kaiserliche Flotte erstmals in Divisionen unterteilt handelte. Während die I. Division aus den Panzerfregatten bestand, setzte sich die II. aus den großen Holzschiffen und die III. aus den kleineren Fahrzeugen zusammen. Da bisher eine solche Einteilung nicht vorgesehen war, musste Tegetthoff die entsprechenden Manöverregeln ausarbeiten und die notwendigen Ergänzungen in das Signalbuch einarbeiten.

Bereits ab 13. Juni hielt es Tegetthoff für notwendig, durch drei Schiffe einen nächtlichen Patrouilliendienst zum Schutz der Liegeplätze durchführen zu lassen. Am 20. Juni detachierte er den Dampfer »Stadium« zur Aufklärungsfahrt der italienischen Küste von Ancona bis Bari. Am 23. kehrte das Schiff mit der Meldung zurück, dass keine Ansammlung feindlicher Schiffe ausgemacht werden konnte. Das war nur natürlich, denn Persano lief ja erst am 25. in Ancona ein.

Am Tag dieser Meldung verfügte Tegetthoff vor Pola über sechs Panzerschiffe, vier Schraubenfregatten, eine Schraubenkorvette, sechs Schraubenschoner und zwei Raddampfer. Fast die Hälfte der anwesenden Schiffe konnte sich nur vier oder noch weniger Wochen materiell und personell auf den zu erwartenden Gefechtseinsatz vorbereiten. Trotz aller Bemühungen und Erfolge keine beruhigende Situation, denn der Gegner war rein nominell gesehen stärker.

Die Lage auf dem Seeschauplatz blieb für Tegetthoff vorerst unklar. In dieser Situation traf die Meldung vom Sieg bei Custozza ein, und am 26. Juni bekam der Flottenchef die Genehmigung, nach freiem Ermessen bis Höhe Lissa zu handeln.

Noch am gleichen Abend ging Tegetthoff mit 13 Einheiten in See, um das Seegebiet bei Ancona aufzuklären. Am Morgen des nächsten Tages sichtete der österreichische Raddampfer »Elisabeth« den italienischen Raddampfer »Exploratore«. Die 14 von ihm abgegebenen Schüsse waren die ersten zwischen den beiden Flotten, richteten aber kaum Schaden an. Dafür alarmierten sie die auf Reede liegende italienische Flotte. Ein Angriff auf sie schien Tegetthoff zu gewagt, denn sie war zahlenmäßig stärker, lag im Schutz der Küstenbatterien von Monte Conero und vermutlich auch im Schutz von Minensperren. Letzteres erwies sich später als Fehleinschätzung.

Persano löste gegen 5.00 Uhr Gefechtsalarm aus und befahl als Gefechtsformation die Kiellinie. Nach und nach sammelte sich seine Flotte unter dem Monte Conero. Nachdem nun endlich alle beisammen waren, ließ Persano auf Gegenkurs gehen und um 8.00 Uhr die Anker auf dem vorher verlassenen Ankerplatz fallen. Mehr als zwei Stunden lagen sich die beiden Flotten in einer Entfernung von 2 sm gegenüber, ohne dass es zur Gefechtsberührung kam. Die erlittene moralische Schlappe führte zu einer großen Erregung in der italienischen Flotte und in der Bevölkerung. Persano, der die vorteilhaftere Stellung besaß, rechtfertigte sein Verhalten mit dem schlechten Zustand der italienischen Schiffe.

Für Tegetthoff hingegen war dieser Vorstoß in mehrfacher Hinsicht ein Erfolg. Er hatte vor seinen Besatzungen Mut gezeigt, die gegnerischen verunsichert und vor allem wusste er nun endlich, wo sich sein Gegner befand.

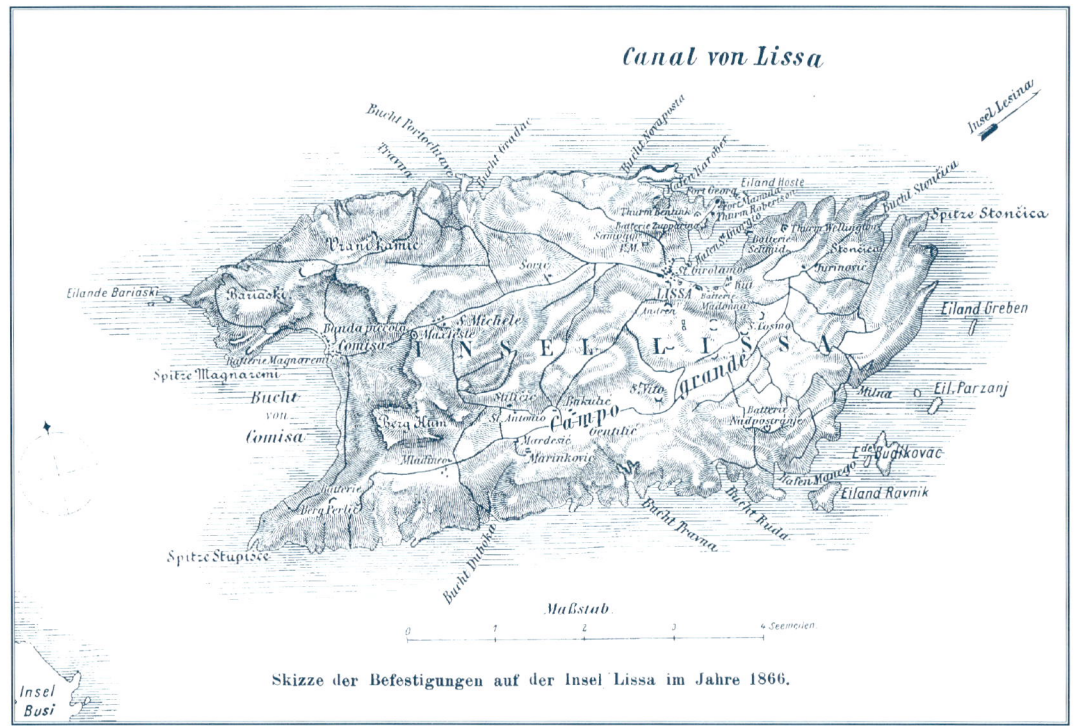

Skizze der Befestigungen auf der Insel Lissa im Jahre 1866.

Die 85,5 km² große Insel Lissa (heute Vis) in einer Kartendarstellung aus dem Jahre 1866. Aufgrund ihrer zentralen Lage besaß sie für die Adria strategische Bedeutung. Das erkannten auch die Engländer. Im März 1811 versuchte ein französisch-venezianisches Geschwader unter Dubourdien, den Briten die Insel wegzunehmen. Diese Absicht konnte durch ein britisches Geschwader vereitelt werden. Die Österreicher, 1815 in den Besitz der Insel gelangt, bauten die bereits vorhandenen Befestigungen aus. Am 18. Juli 1866, dem Tag des Angriffsbeginns auf die Insel, bestand die Garnison aus 1.833 Mann mit 88 Geschützen der unterschiedlichsten Kaliber. Eine optische und eine Drahtverbindung gewährleisteten den Nachrichtenverkehr mit dem Festland.

Daraus schlussfolgernd wurden nach der Rückkehr auf der heimatlichen Reede die Schutzmaßnahmen drastisch verstärkt. Die Hälfte aller Kessel blieb unter Dampf und alle Geschütze, außer den gezogenen, waren scharf geladen. Alle unnützen Segel und Teile der Takelage der Schiffe übernahm das Arsenal von Pola.

Auch die Ausbildung in See lief weiter. Am 6. Juli, zwei Tage nach dem Eintreffen der Nachricht über die Niederlage von Königgrätz, übte die gesamte Flotte in See. Am 10. Juli stieß der Raddampfer »Vulkan« als letztes noch fehlendes Schiff zum Verband und meldete Lissa, dass 21 Schiffe in 25 sm Entfernung gesichtet wurden. Es handelte sich um die Flotte Persanos.

Die Panzerfregatte III. Klasse »Drache« verdrängte 3.065 t und hatte eine Besatzung von 343 Mann. Die Geschwindigkeit betrug 10 kn. Die Bewaffung bestand aus 16 24-pfündigen gezogenen Hinterladern und zehn 48-pfündigen glatten Geschützen.

Die italienische Panzerfregatte »Ancona« verdrängte 4.250 t und hatte eine Besatzung von 484 Mann. Die Geschwindigkeit betrug 14 kn. Die Bewaffung bestand aus 23 16 cm gezogenen eisenbereiften und vier 20 cm glatten Geschützen.

Nach relativer Ruhe erhielt Tegetthoff am 17. Juli die Meldung, dass bei Lissa ein englisches Kriegsschiff gesichtet worden sei. Am 18. gegen 11.00 Uhr wurden neun Kriegsschiffe ohne Flaggen, Stunden später zehn unter französischer gemeldet. Tegetthoffs Unruhe wuchs. Noch glaubte er an ein Täuschungsmanöver der Italiener, um von Triest, ihrer Hauptrichtung, abzulenken. Nun überschlugen sich die Meldungen. Lissa, die Hauptstadt der gleichnamigen Insel, und Comisa wurden von See aus angegriffen. Gegen 16.00 Uhr fiel die telegrafische Verbindung aus. Über optische Nachrichtenverbindungen kam die Meldung über 19 bis 20 Schiffe, die gegen 20.30 Uhr nach Nordwesten abliefen. Über der Insel loderten sogar vom Festland aus sichtbare Brände.

Am folgenden Tag traf gegen 9.35 Uhr die Meldung ein, dass die italienische Flotte den Beschuss der Insel wieder aufnahm. Nun gab es für Tegetthoff kein Zögern mehr. Endlich erkannte der Flottenchef, dass es sich nicht um Demonstrationshandlungen, sondern um eine ernstzunehmende Aktion handelte. Um 13.30 Uhr lief Tegetthoff an Bord seines Flaggschiffes, der »Erzherzog Ferdinand Max«, mit der Flotte aus. In der Tasche hatte er das letzte Telegramm seines Vorgesetzten: »Auf Allerhöchsten Befehl nach eigenem Ermessen handeln, wegen Demonstration nicht auslaufen.« Die Verantwortung war geschickt nach unten abgewälzt.

Warum griff die italienische Flotte ausgerechnet die Insel Lissa an? Ihr Hauptziel hätte doch die gegnerische Flotte sein müssen, um nach deren Vernichtung die Seeherrschaft in der Adria auszuüben. Danach wären ungestörte Handlungen in diesem Seegebiet und eine wesentlich leichtere Besetzung der Insel Lissa möglich gewesen.

Eine solche Zielstellung beinhaltete auch die Instruktion des italienischen Marineministers vom 5. Juli. In 22 Punkten wird dort Persano eindeutig dargelegt, dass er anzugreifen sowie zu ver-

nichten oder zu blockieren hat. Alle nur denk-
baren Lagevarianten wurden berücksichtigt,
so dass nach menschlichem Ermessen auch
ein unfähiger Kommandeur nichts mehr
falsch machen konnte. Von einer Besetzung
der Insel Lissa war in keinem Punkt die Rede.
Dafür sollten nach Erringung der Seeherrschaft küstennahe Eisenbahn- und Telegra-
fenverbindungen des Gegners unterbrochen
werden. Zur Erfüllung dieser Instruktion waren eigentlich alle Voraussetzungen gegeben.

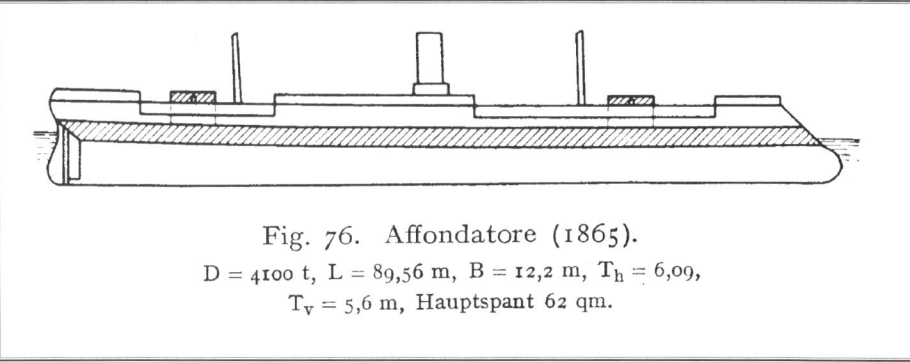

Fig. 76. Affondatore (1865).
D = 4100 t, L = 89,56 m, B = 12,2 m, T_h = 6,09,
T_v = 5,6 m, Hauptspant 62 qm.

Es fehlte lediglich ein entschlossener Flottenchef. Zögerlich bat Persano noch die Ankunft der
»Affondatore« abwarten zu dürfen. Der Marineminister blieb hart. »Auslaufen. Nach Instruktionen
handeln!«, lautete seine Antwort.

Am 8. Juli abends verließ die Flotte Ancona und handelte immer in der Mitte der Adria. Dass sie
dabei in die Nähe von Lissa geriet, war wohl mehr Zufall als Absicht. Ohne auch nur den geringsten
Versuch eines Angriffs unternommen zu haben, ging die Flotte am 13. abends wieder bei Ancona vor
Anker.

Der Marineminister fuhr nach Ancona und redete auf Persano ein. Der Ministerpräsident schrieb
einen Brief und forderte die Vernichtung der feindlichen Flotte innerhalb einer Woche und der am 14.
Juli tagende Ministerrat verlangte, dass die Flotte sofort nach der Ankunft der »Affondatore« in See
zu gehen habe. Bei weiterer Inaktivität wurde Persano die Amtsenthebung angedroht.

Auf dieser Tagung wurden auch die gedanklichen Voraussetzungen zur Besetzung Lissas gelegt,
denn man verlangte von der Flotte einen solchen Erfolg zu erringen, der im Falle von Friedensverhandlungen weitergehende Forderungen ermöglichte. Friedensverhandlungen waren tatsächlich
schon in Sicht, hatte doch Österreich bereits am 5. Juli die Abtretung Venetiens angeboten. Zudem
rückte Preußen im Norden zügig vor.

Der endgültige Entschluss zur Besetzung Lissas wurde am 15. Juli durch den Marineminister und
Persano gefasst. Diese Aufgabe entsprach schon eher dem Charakter des Flottenchefs. Die ihm zusätzlich zugeteilten 600 Mann Landungstruppen schienen sie erfüllbar zu machen, zumal Tegetthoff
weit weg war.

Am 16. Juli lief die Flotte mit Generalkurs Lissa aus. Die »Affondatore« fehlte immer noch.

Der Angriff auf die Insel war durch schlechte Vorbereitung und schleppende Durchführung
gekennzeichnet. Spezielle Karten fehlten, die genaue Lage der Küstenbatterien war vielfach unbekannt. Oft konnten die in den Bergen liegenden Batterien aufgrund ihrer Höhe über dem Meeres-
spiegel durch die Schiffsartillerie nicht erreicht werden. Dafür waren die Landbatterien in der Lage,
die italienischen Schiffe unter Beschuss zu nehmen. Vereinzelte Landungsversuche wurden nicht
energisch durchgeführt und die Kampfhandlungen nachts unterbrochen. So konnten die Österreicher
in Ruhe die entstandenen Schäden beheben. Insgesamt blieben die erreichten Resultate bescheiden.

Die große Hoffnung Persanos war das
Turmschiff »Affondatore«. Das hier im
Seitenriss wiedergegebene Schiff
hatte eine Panzerung (gestrichelte
Fläche) im Gürtel von maximal 127
mm und an den beiden Türmen von
130 mm. Am 4. November 1865 in
London vom Stapel gelaufen, verdrängte sie 4.070 t. Die Bewaffnung
bestand aus zwei 25-cm-Amstrong-
Ringkanonen. Von einer kaum ausgebildeten Besatzung gefahren und
von Persano schlecht geführt, hatte
das Schiff bei Lissa keine besonderen
Gefechtserfolge erzielt. Nach der
Schlacht sank die »Affondatore« am
6. August 1866 auf der Reede von
Ancona, konnte aber am 26. Oktober
wieder gehoben werden.

»Kaiser« (rechts) und »Affondatore« (links) im Gefecht. Ein Treffer eines 300-Pfund-Geschosses des Turmschiffes tötete und verwundete auf der »Kaiser« sechs Mann und zerstörte ein Deckgeschütz sowie den Kompass und den Maschinentelegrafen. Die Kampfdistanz war so gering, dass auf beiden Seiten Handfeuerwaffen zum Einsatz kamen.

Am 19. Juli erging gegen 21.00 Uhr der Befehl, die Angriffshandlungen zu unterbrechen und sie erst am nächsten Morgen fortzusetzen.

Persano befand sich in einer wenig beneidenswerten Lage. In sie hatte er sich allerdings durch seine nicht genügend energischen Handlungen selbst hineinmanövriert. Einerseits wollte er den Angriff auf die Insel nicht aufgeben, andererseits musste er sich auf ein mögliches Eingreifen Tegetthoffs vorbereiten. Beides war für sich allein genommen schon kompliziert, aber zusammen nicht mehr lösbar. Mehrere tausend Granaten fehlten in den Munitionslasten, der Kohlenvorrat schmolz zusammen, 16 Tote und 96 Verwundete waren zu beklagen und einige Schiffe hatten Gefechtsschäden oder Havarien erlitten. Darüber hinaus verschlechterte sich das Wetter.

Indessen dampfte Tegetthoff nach Südosten. Seine Flotte hatte entsprechend der Divisionseinteilung die Marschformation »Keil vorwärts« eingenommen. Diese Formation konnte gewählt werden, weil mit größeren Kursänderungen kaum zu rechnen und bei der geringen Geschwindigkeit eine eventuell notwendige Umformierung in kurzer Zeit zu realisieren war. Sie musste gewählt werden, um kurz vor Beginn der Kampfhandlungen eine Umformierung in die Gefechtsformation zu vermeiden. Der »Keil vorwärts« sollte gewährleisten, dass sehr schnell eine große Anzahl von Einheiten bei der gewünschten kurzen Gefechtsdistanz an den Gegner herankam. Daraus erklärt sich auch, dass die stärksten Schiffe an der Spitze einer jeden Division liefen. Die konkrete Situation gestattete es, die Marsch- und Gefechtsformation fast identisch zu gestalten.

Am 19. Juli schloss sich gegen 17.00 Uhr der Raddampfer »Stadium« dem Verband an und lief als Aufklärer außerhalb der Formation mit. Auftretende Schwierigkeiten einzelner Schiffe beim Halten

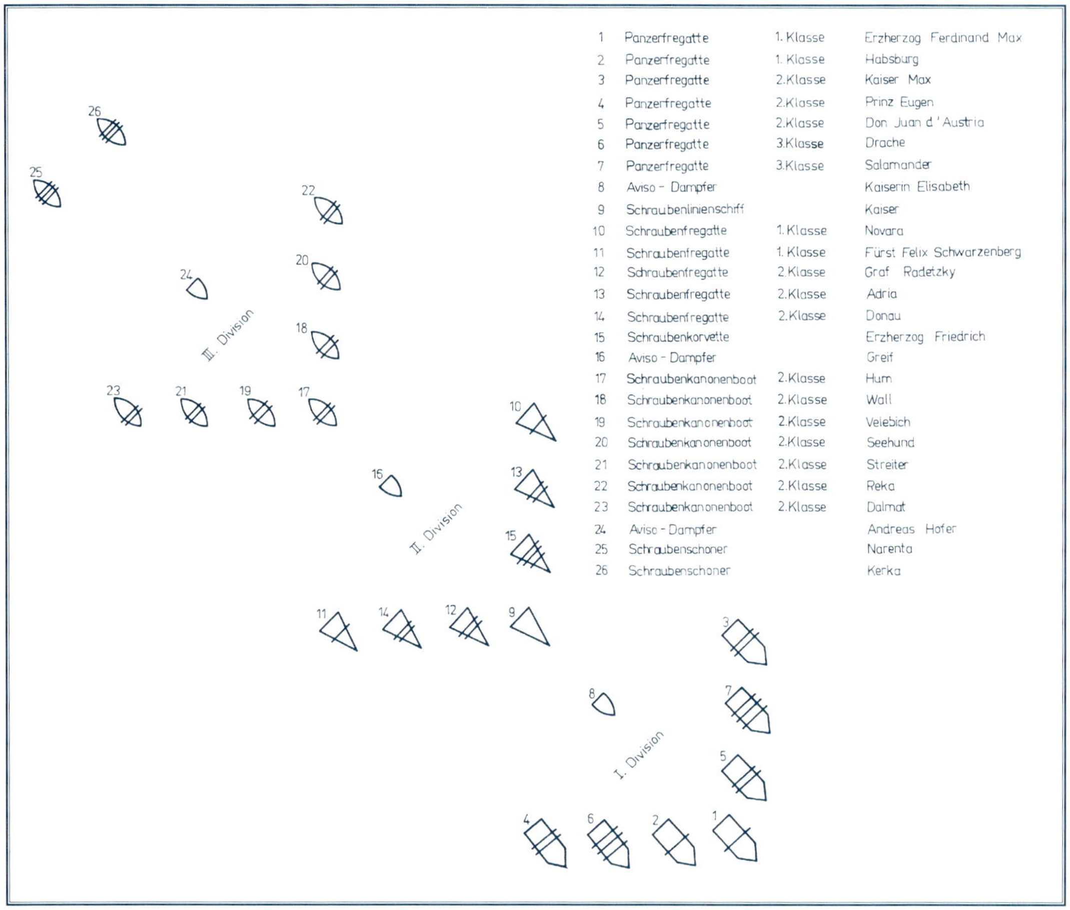

1	Panzerfregatte	1. Klasse	Erzherzog Ferdinand Max
2	Panzerfregatte	1. Klasse	Habsburg
3	Panzerfregatte	2. Klasse	Kaiser Max
4	Panzerfregatte	2. Klasse	Prinz Eugen
5	Panzerfregatte	2. Klasse	Don Juan d'Austria
6	Panzerfregatte	3. Klasse	Drache
7	Panzerfregatte	3. Klasse	Salamander
8	Aviso - Dampfer		Kaiserin Elisabeth
9	Schraubenlinienschiff		Kaiser
10	Schraubenfregatte	1. Klasse	Novara
11	Schraubenfregatte	1. Klasse	Fürst Felix Schwarzenberg
12	Schraubenfregatte	2. Klasse	Graf Radetzky
13	Schraubenfregatte	2. Klasse	Adria
14	Schraubenfregatte	2. Klasse	Donau
15	Schraubenkorvette		Erzherzog Friedrich
16	Aviso - Dampfer		Greif
17	Schraubenkanonenboot	2. Klasse	Hum
18	Schraubenkanonenboot	2. Klasse	Wall
19	Schraubenkanonenboot	2. Klasse	Velebich
20	Schraubenkanonenboot	2. Klasse	Seehund
21	Schraubenkanonenboot	2. Klasse	Streiter
22	Schraubenkanonenboot	2. Klasse	Reka
23	Schraubenkanonenboot	2. Klasse	Dalmat
24	Aviso - Dampfer		Andreas Hofer
25	Schraubenschoner		Narenta
26	Schraubenschoner		Kerka

III. Division

II. Division

I. Division

Marschformation der österreichischen Flotte am 19. und 20. Juli 1866

Konteradmiral Tegetthoff (Mitte) und der Kommandant der »Erzherzog Ferdinand Max«, Linienschiffskapitän Max Freiherr von Sterneck zu Ehrenstein (links) auf der Brücke des Flaggschiffes kurz vor den Rammen.

der Position veranlassten Tegetthoff, die Geschwindigkeit auf 5,5 kn herabzusetzen. In der Nacht tagte der letzte Kriegsrat. Viel gab es nicht mehr zu besprechen. Ebenso wie für Persanos Flotte verschlechterten sich die Wetterbedingungen auch für die Tegetthoffs.

Am 20. Juli gegen 7.00 Uhr glaubte »Kaiser Max« sechs Dampfer zu sichten. Aber Nebel und Regen verhinderten eine genaue Klassifizierung. Ebenso erging es der »Esploratore«, die gegen 7.50 Uhr verdächtige Schiffe in WNW meldete.

Gegen 10.00 Uhr klarte es plötzlich auf. Beide Flotten bekamen sich in Sicht. Die italienische war beim Sammeln und Formieren, die österreichische lief mit altem Kurs und alter Formation auf ihren Gegner zu.

Tegetthoff führte 27 Einheiten ins Gefecht. Die Gesamtwasserverdrängung betrug 57.344 t. 532 Geschütze, darunter nur 115 24-pfündige gezogene Hinterlader, waren feuerbereit. 7.871 Mann warteten gespannt auf den Beginn der Kampfhandlungen.

Persano konnte 34 Einheiten mit einer Gesamtwasserverdrängung von 86.022 t stellen. Seine

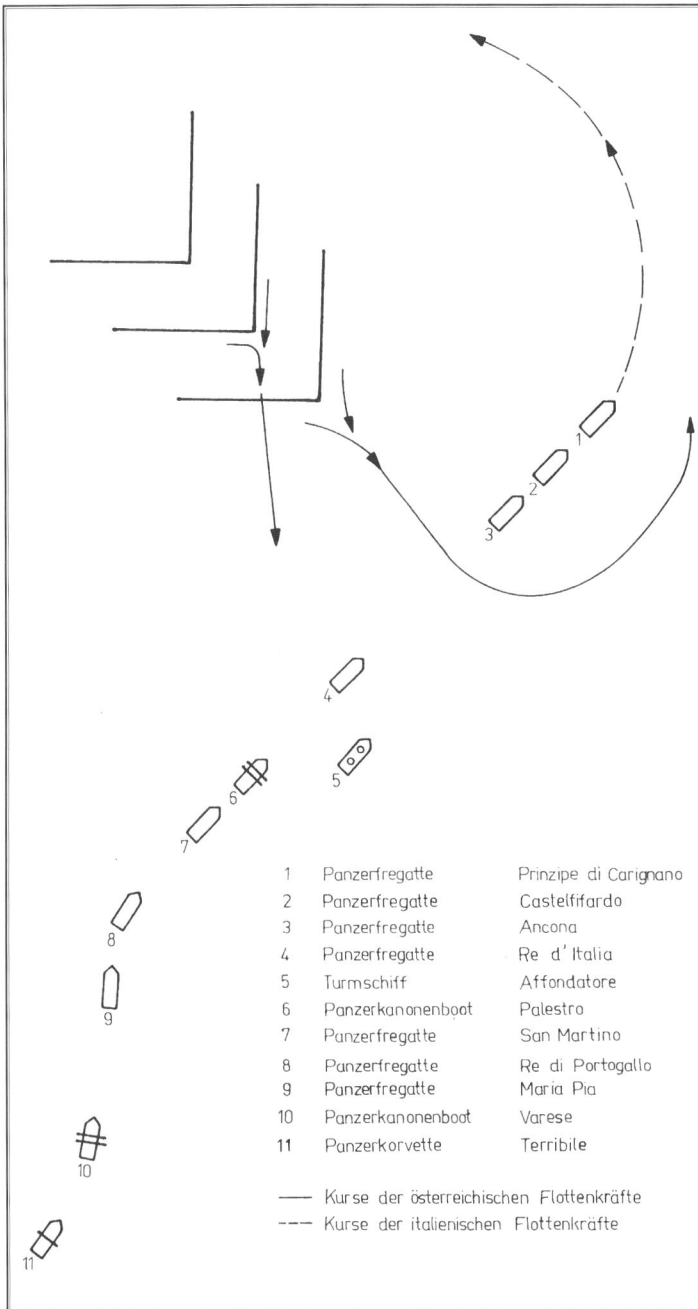

1	Panzerfregatte	Prinzipe di Carignano
2	Panzerfregatte	Castelfidardo
3	Panzerfregatte	Ancona
4	Panzerfregatte	Re d'Italia
5	Turmschiff	Affondatore
6	Panzerkanonenboot	Palestro
7	Panzerfregatte	San Martino
8	Panzerfregatte	Re di Portogallo
9	Panzerfregatte	Maria Pia
10	Panzerkanonenboot	Varese
11	Panzerkorvette	Terribile

—— Kurse der österreichischen Flottenkräfte
--- Kurse der italienischen Flottenkräfte

Stellung der Kräfte unmittelbar vor Beginn der Kampfhandlungen am 20. Juli 1866 gegen 10.15 Uhr. Die italienischen Holzdivisionen sind nicht dargestellt.

Hauptkräfte bestanden aus zwölf Panzerschiffen, die sich aus sieben Fregatten, einem Turmschiff sowie jeweils zwei Korvetten und Kanonenbooten rekrutierten. 14 Holzschiffe, unter ihnen sieben Schraubenfregatten, eine Schraubenkorvette sowie jeweils drei Radkorvetten und Schraubenkanonenboote sollten die Hauptkräfte unterstützen. Fünf Aviso-Dampfer und drei Transporter komplettierten den Verband. Die Überlegenheit der italienischen Flotte lag nicht allein in ihrem zahlenmäßigen Bestand, sondern hauptsächlich in der Artilleriebewaffnung. Das drückte sich in der Gesamtzahl von 645 Geschützen, aber auch in ihrer besseren Qualität aus. Allein 276 von ihnen verfügten über gezogene Rohre. 10.530 Mann beneideten die 356 Mann starke Besatzung der Korvette »Formidabile«, die aufgrund erlittener Schäden den Verband verließ und ihn damit um 20 Rohre schwächte.

Als die Österreicher bereits auf 6 sm heran waren, versuchte Persano seine Schiffe in die Kiellinie zu bringen. Es begann eine hektische Betriebsamkeit. Sowohl die befohlene Formierungsgeschwindigkeit von 6 kn als auch der Abstand zwischen den Schiffen von 1 kbl wurden weit überschritten. Nicht alle Schiffe kamen heran. Gegen 10.15 Uhr hatte sich das inzwischen zum Verband gestoßene Turmschiff »Affondatore« der »Re di Italia« genähert. Persano entschloss sich, das Flaggschiff zu wechseln und stieg auf die »Affondatore« um. »Re di Italia« strich die Flagge des Befehlshabers und das Turmschiff setzte keine, da sie im Flaggenstell fehlte. Außer den unmittelbaren Augenzeugen des Übersetzens erfuhr niemand in der Flotte, dass nun ein anderes Schiff führte. Zusätzlich wurde die ohnehin schon weit auseinandergezogene Kiellinie noch mehr zerrissen, denn die vor der »Re di Italia« befindlichen Schiffe liefen weiter und die dahinter laufenden verminderten die Fahrt oder stoppten, um das Übersetzmanöver nicht zu behindern.

Um 10.43 Uhr fiel der erste Schuss, abgegeben von dem italienischen Spitzenschiff, der »Prinzipe di Cariganano«. Die folgenden Panzerfregatten »Castelfidardo« und »Ancona« eröffneten nun ebenfalls das Feuer. Die Angaben über die Schussdistanz schwanken zwischen 8 und weniger als 5 kbl.

Näher herangekommen, eröffnete das linke Flügelschiff der I. Division, die »Kaiser Max«, als erstes österreichisches Schiff das Feuer. Tegetthoff setzte das Signal »Im Kielwasser folgen!« und

»Kaiser« (Mitte) rammt »Re di Portogallo« (links). Rechts von der «Kaiser« läuft die »Affondatore« ab. Die »Re di Portogallo« verlor an Backbord Teile der Schanzverkleidung, alle Kranbalken der Anker sowie alle Boote, Stückpfortendeckel und die Wanten des Fockmastes. Aber die Beschädigungen der »Kaiser« waren größer. Der Bugspriet wurde weggerissen und der seines Haltes nach vorn beraubte Fockmast fiel auf den Schornstein. Dadurch entstand die Gefahr eines Brandes. Darüber hinaus wurden durch seinen Fall die vorderen Deckbatterien außer Gefecht gesetzt. Wie durch ein Wunder gab es nur Leichtverletzte.

Der Untergang der »Re di Italia« (rechts) nach dem Rammstoß der »Erzherzog Ferdinand Max« (links). Der Kommandant des gerammten Schiffes, Conte Faa di Bruno, hatte keine Möglichkeit zum Ausweichen, da die Ruderanlage ausgefallen war. Sein Befehl »Volle Kraft zurück!« kam zu spät. Mutig befahl er die Entermannschaft auf das Oberdeck, um das gegnerische Schiff nach den Rammen zu entern. Als das Schicksal seines Schiffes entschieden war, soll er sich auf der Kommandobrücke erschossen haben.

durchbrach mit der I. Division um 10.48 Uhr die gegnerische Kiellinie in der großen Lücke vor der »Re di Italia«. Mit einer Wendung nach Backbord begann er die Verfolgung der nach Norden ausweichenden Spitzengruppierung des Gegners. Dieser wiederum hatte die Absicht, soweit nach Westen zu drehen, dass er die österreichischen Holzschiffsdivisionen von hinten umfassen konnte.

Aber die II. Division formierte bereits seit 10.50 Uhr in die Kiellinie um. Das Schraubenschiff »Kaiser« lief an der Spitze. Die Formation der III. Division hatte sich aufgelöst. Plötzlich tauchte steuerbords der »Kaiser« die »Affondatore« auf. Es begann ein Artillerieduell. Konzentrierte Lagen der »Kaiser« und der sie unterstützenden Schiffe vertrieben den unangenehmen Nachbarn. Aber kaum war diese Gefahr abgewendet, stellte sich die Panzerfregatte »Re di Portogallo« zum Gefecht. Obwohl der Winkel ziemlich spitz war, entschloss sich der Kommandant des hölzernen Linienschiffes, Linienschiffskapitän Anton von Petz, instinktiv zum Rammen. Um 11.00 Uhr krachte der Vorsteven der »Kaiser« gegen das Vorschiff des Panzerschiffes. Er rutschte ab und rasierte an Backbord alle Teile der Schanzverkleidung, alle Kranbalken der Anker sowie alle Boote, die Stückpfortendeckel und die Wanten des Fockmastes des Italieners ab. Aber noch war der Kampf der »Kaiser« nicht zu Ende, denn nun erschien die Panzerfregatte »Maria Pia« als neuer Gegner. Durch Artilleriebeschuss begann Backbord die hölzerne Bordwand zu brennen, der auf dem Schornstein liegende

Fockmast entzündete sich, Dampfrohre platzten und die Kessel zogen aufgrund des verdeckten Schornsteins nicht mehr. Der Kommandant war gezwungen, das Gefecht abzubrechen und den Verband zu verlassen.

In der Zwischenzeit kamen die Panzerschiffe zum Melee. Jegliche Formation ging verloren und jeder Kommandant suchte sich seinen Gegner selbst. Eine genaue Rekonstruktion der nun beginnenden Kampfhandlungen ist nicht mehr möglich.

Tegetthoffs Flaggschiff rammte kurz nacheinander zwei italienische Panzerschiffe am Heck. Unklar bleibt, welches Schiff als erstes gerammt wurde. Vermutlich handelte es sich dabei um die »San Marino«, aber auch die »Re di Italia« kann es gewesen sein. Sicher ist, dass der zweite Rammstoß die »Palestro« traf.

Gegen 11.30 Uhr machte Linienschiffskapitän Max Freiherr Daublensky von Sterneck zu Ehrenstein, der Kommandant des österreichischen Flaggschiffes, im Pulverdampf die Umrisse eines gegnerischen Panzerschiffes aus. Mit 11 kn lief er an und rammte seinen Gegner mittschiffs an der Backbordseite. Drei Minuten später war der Gerammte von der Wasseroberfläche verschwunden. Überraschung und Entsetzen packte die Besatzungen der umliegenden Schiffe. Kein Schuss fiel, eine unheimliche Stille trat ein. Noch wusste keiner, welches Schiff gesunken war. Erst später erfuhr man durch gerettete Schiffbrüchige, dass es sich um die »Re di Italia« gehandelt hatte.

Bald begann die Schlacht von neuem. Die auf dem Achterdeck des italienischen Kanonenbootes »Palestro« gelagerte Steinkohle wurde in Brand geschossen, die Pulverkammern mussten unter Wasser gesetzt werden und das Schiff den Kampfplatz verlassen.

Unterdessen griff die »Affondatore« erneut die unter Bedeckung von Holzschiffen nach Lissa laufende »Kaiser« an. Unterstützt von den Begleiteinheiten, wehrte sich das Schiff erbittert. Die Panzerfregatten »Don Juan d'Austria« und »Prinz Eugen« kamen zur Hilfe. »Affondatore« musste abdrehen, nicht ohne vorher drei Treffer auf der »Don Juan d'Austria« angebracht zu haben. Endlich konnte die »Kaiser« im Hafen von Lissa Anker werfen. Seine Besatzung hatte überaus tapfer gekämpft, 850 Schüsse abgegeben, 80 Treffer erhalten und 24 Tote sowie 75 Verwundete zu beklagen.

Die Kampfhandlungen verlagerten sich immer mehr in die Nähe des Hafens von St. Giorgio. Ihr Verlauf brachte es mit sich, dass sich die italienische Flotte unter dem Zwang der Ereignisse sammelte. Als Tegetthoff das gegen 12.15 Uhr bemerkte, gab er für seine Flotte den Befehl zum Sammeln und formierte sie danach in drei Kiellinien. Mit NO-Kurs laufend, befand sich die I. Division auf der den Gegner zugewandten Seite, die II. lief in der Mitte und die III. auf der der Insel zugekehrten Seite. In westlicher Richtung lief mit 5 sm Abstand die ebenfalls in drei Kiellinien formierte italienische Flotte. Bis 14.00 Uhr fielen noch vereinzelte Schüsse. Um 14.30 Uhr flog die sich wieder dem italienischen Verband nähernde und immer noch brennende »Palestro« in die Luft.

Das hölzerne Schraubenlinienschiff »Kaiser« nach seinem ruhmvollen Kampf gegen drei eiserne Panzerschiffe

Die Seeschlacht war beendet.

Erst gegen 15.00 Uhr erkundigte sich Persano nach der »Re di Italia«. »In den Grund gebohrt!« lautete die lakonische Antwort. Zwei Stunden später wurden die Rettungsaktionen eingeleitet. Von 600 Mann konnten nur 189 gerettet werden.

Die italienische Flotte lief nach Ancona ab, wo sie am 21. Juli gegen 15.00 Uhr die Anker warf. Zwei Panzerschiffe lagen auf Grund. Nur die »Terribili« war unbeschädigt. Italien beklagte insgesamt 612 Tote und 36 Verwundete.

Tegetthoff musste wegen seiner Geschwindigkeitsunterlegenheit auf eine Verfolgung verzichten. Er führte seine Flotte in den Hafen von St. Giorgio. Lissa war gehalten. Die Aufgabe erfüllt.

Das Flottenflaggschiff der Österreicher, die Panzerfregatte I. Klasse »Erzherzog Ferdinand Max«, verdrängte 5.130 t und hatte eine Besatzung von 489 Mann. Die Geschwindigkeit betrug 11 kn. Die Bewaffung bestand aus 18 48-pfündigen glatten Geschützen.

38 Tote und 138 Verwundete waren zu beklagen, 4.556 Schüsse abgegeben und 412 Treffer auf den eigenen Schiffen zu verzeichnen. Ernste Beschädigungen gab es nur auf dem Flaggschiff und der »Kaiser«. Die anderen Schiffe hatten, wenn überhaupt, leichtere, schnell zu behebende Schäden erhalten. Die Flotte blieb kampffähig.

Die Schlacht hatte weder in politischer noch in militärischer Hinsicht irgendeinen Einfluss auf den Verlauf oder Ausgang des Krieges. Sie war aber unerwarteter und willkommener Anlass, um das arg ramponierte Ansehen Österreichs, zumindest im eigenen Lande, aufzupolieren. Tegetthoff wurde Vizeadmiral, Ehrenbürger einer Reihe von Städten und erhielt den Maria-Theresien-Orden. Denkmäler entstanden auf Lissa und in Wien.

Außer einer großen Propagandawelle und verdienten Ehrungen brachte die Seeschlacht noch einen Effekt hervor, der Langzeitwirkung haben sollte. Bei fast allen Flottenführern und Marineexperten entstand die Ansicht, dass der »Keil vorwärts« und das Rammen die günstigste Gefechtsformation bzw. die gegebene Kampfmethode wären. Tatsächlich war aber der »Keil vorwärts« nicht Tegetthoffs Gefechtsformation. Als es ernst wurde, formierte er seine Divisionen in die Kiellinie um. Nur so waren die immer noch in Breitseitenaufstellung gefahrenen Geschütze effektiv zum Einsatz zu bringen. Zudem zerfiel dann auch noch die Kiellinie, und es wurde, wie schon seit mehr als 3000 Jahren, zum Melee übergegangen.

Überlebte sich die erste Ansicht schnell, so blieb im Gegensatz dazu die Einstellung zum Rammen noch Jahrzehnte in den Köpfen haften. Bis in den Ersten Weltkrieg hinein wurden die Kampfschiffe mit einem als Rammsporn ausgelegten verstärkten Bug gebaut. Österreich legte sogar spezielle Rammkreuzer auf Kiel.

All diesen Überlegungen und Ansichten sowie ihrer praktischen Realisierung lag ein Denkfehler zugrunde. Man ließ außer Acht, dass es sich bei beiden Flotten um Übergangsflotten gehandelt hatte. In ihnen waren Vertreter unterschiedlicher Generationen von Kampfschiffen vertreten gewesen. Gehörte die »Kaiser«, obwohl sie erst 1862 in Dienst gestellt worden war und trotz des Schraubenantriebes, noch zur Nelsonzeit, so repräsentierte die »Affondatore« schon das beginnende Zeitalter der Turmschiffe.

Der 1893 von Stapel gelaufene öster-reichische Rammkreuzer »Maria Theresa« auf Probefahrt. Gürtel, Kasematten, Türme und Querwand hatten eine Panzerung von 100 mm, das Deck von 57 mm. Die Bewaffnung bestand aus zwei 24-cm-, acht 15-cm-, zwei 7-cm- und achtzehn 4,7-cm-Geschützen sowie aus acht 45-cm-Torpedorohren. Das 19 kn laufende Schiff verfügte über eine Wasserver-drängung von 5.270 t und 442 Mann Besatzung. (L/B/T = 107/16/6,5 m) Zum Rammen kam der Kreuzer nie.

Die Seeschlacht bei Lissa war dadurch gekennzeichnet, dass die handelnden Flotten nicht mehr mit den alten Methoden einsetzbar und neue noch nicht gefunden waren, ja nicht gefunden sein konnten. Dass Kampfhandlungen solcher bunt zusammengewürfelter Flotten Gesetzmäßigkeiten unterliegen, die nur für sie, aber nicht für folgende, vollkommen neue Generationen Gültigkeit haben, liegt auf der Hand. Unter diesen Bedingungen musste die Flotte den Sieg davontragen, deren Führer sich am zweckmäßigsten auf die konkrete Situation einstellen konnte. Das war bei Lissa Tegetthoff. Darin lag sein eigentlicher Verdienst. Die artilleristische Unterlegenheit zwang ihn zum Nahkampf, wobei er auch die Möglichkeit des Rammens nicht ausschloss. Das Rammen, schon 1866 ein Notbehelf, musste mit der Steigerung der Artilleriereichweiten immer illusorischer werden.

Am 23. August 1866 wurde mit dem Friedensvertrag von Prag der preußisch-österreichische Krieg beendet. Preußen annektierte Hannover, Nassau, Kurhessen, Schleswig-Holstein und Frankfurt. Geheime Schutz- und Trutzbündnisse wurden mit Württemberg, Baden und Bayern abgeschlossen. Die ersten Schritte zur nationalstaatlichen Einigung Deutschlands unter der Führung Preußens waren getan.

Italien erhielt nach einer Volksabstimmung Venetien. Am 7. November fuhr König Viktor Emanuel II. in einer Prachtgondel zum Markusplatz, auf dem nun die italienische Flagge wehte.

Die Seeschlacht bei Tsushima
(27./28. Mai 1905)

Fast 40 Jahre nach Lissa zogen sich am anderen Ende der Welt Kriegswolken zusammen, die sich in einer Seeschlacht, geführt von einer neuen Generation von Kriegsschiffen, entladen sollten. Diesmal standen sich Russland und Japan gegenüber.

Die bürgerliche Revolution von 1867/68 schuf in Japan die Voraussetzungen für eine schnelle Entwicklung des Kapitalismus. Beträchtliche staatliche Investitionen förderten das industrielle Wachstum. Eine Agrarreform veränderte die Verhältnisse in der Landwirtschaft grundlegend und passte sie kapitalistischen Bedingungen an. Japan unternahm konsequente Anstrengungen, um den technischen und militärischen Rückstand zu den führenden Industriemächten aufzuholen.

Dieser Prozess ging mit innenpolitischen Auseinandersetzungen einher, in deren Verlauf sich ein Bündnis zwischen Gutsbesitzern und Bourgeoisie, das eng mit der Monarchie liiert war, entwickelte. Dieses Bündnis, mehr oder weniger vom alten Samuraigeist geprägt, bildete die Grundlage für die Aggressivität des sich entwickelnden japanischen Kapitalismus.

Während die 1874 durchgeführte Besetzung Taiwans, die bald wieder aufgegeben wurde, noch als innenpolitisches Ventil gegen eine mögliche Samurairevolte betrachtet werden muss, waren die Anfang der 90er Jahre des 19. Jahrhunderts ins Auge gefassten Eroberungen ernsthafterer Natur.

Korea nahm dabei einen zentralen Platz ein, da es ein ideales Sprungbrett zum Festland bildete. Im Sommer 1894 begann Japan den Krieg gegen China, der im April des folgenden Jahres durch einen Friedensvertrag beendet wurde. Seine Resultate brachten Japan nicht nur militärischen, sondern auch beträchtlichen politischen und wirtschaftlichen Gewinn. China musste über das inzwischen von japanischen Truppen besetzte Korea die Souveränität aufgeben, die Annexion der Pescadores-Inseln, Taiwans und der Halbinsel Liautung mit Port Arthur akzeptieren, 300 Millionen Yen Kontributionen zahlen sowie eine Reihe seiner Häfen für japanische Handelsschiffe öffnen. Das beginnende 20. Jahrhundert sah ein starkes Japan, welches mit Riesenschritten zu einer Macht wurde, die imperialistischen Ambitionen anhing und dadurch immer mehr in den Blickpunkt der Großmächte geriet. Durch sein Vorgehen gefährdete es im besonderen Maße die Interessen Russlands.

Grobskizze von Port Arthur, auf der die Hauptschusssektoren der Küstenartillerie eingezeichnet sind. Es wird deutlich, dass die japanische Flotte bei ihrem Angriff am 8. Februar die gesamte Küstenartillerie sowohl beim An- als auch beim Ablaufen passieren musste. Dass das ohne Verluste geschah, demonstriert den Bereitschaftsgrad der Flottenbasis.

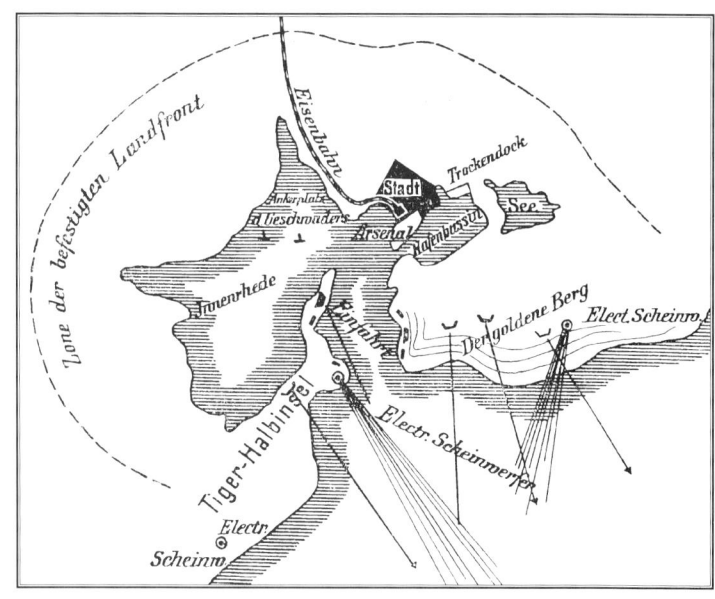

Russische Küstenbatterien bei Port Arthur

Mit der Aufhebung der Leibeigenschaft im Jahre 1861 begann sich in Russland die kapitalistische Entwicklung zu beschleunigen. Eine verstärkte Nachfrage nach Eisen, Kohle und Erdöl setzte ein. Die Industrie konzentrierte sich besonders im europäischen Teil des Reiches, aber auch Sibiriens Bedeutung als wirtschaftlicher Faktor wuchs. Es lieferte Fleisch, Butter sowie Wolle und benötigte zur Steigerung der Produktion Industrieerzeugnisse.

Trotzdem blieben weite Gebiete, vor allem ländliche, unterentwickelt. Es existierten krasse Widersprüche zwischen Stadt und Land sowie zwischen dem eigentlichen Russland und den nationalen Randgebieten des riesigen Zarenreiches. Darüber hinaus entstanden zwischen dem sich formierenden Proletariat und der Bourgeoisie unüberbrückbare Gegensätze. Die herrschende Klasse reagierte mit verstärkten Unterdrückungsmaßnahmen. Sich entwickelndes Industriekapital, Gutsbesitzerherrschaft, Willkür der Polizei und Despotismus des Zaren bildeten eine unheilige Einheit. Diese Mischung aus brutalen Repressivmaßnahmen und bürokratischer Schlamperei war nicht in der Lage, die Situation zu entschärfen. Im Gegenteil, sie spitzte sie zu.

Auch außenpolitisch wuchsen die Probleme. In Europa bestand lediglich mit Frankreich ein freundschaftliches, durch Verträge abgesichertes Verhältnis. Mit allen anderen Großmächten hatte das Zarenreich mehr oder minder große Differenzen. In dieser Situation zeigte sich im Fernen Osten Japan als ein ernst zu nehmender Gegner. Seine Erfolge im Chinesisch-Japanischen Krieg berührten unmittelbar die russischen Interessen. Mit der Behauptung, dass die Integrität des Chinesischen Reiches gewahrt werden müsse, erzwangen Russland, Frankreich und Deutschland die Rückgabe der Halbinsel Liautung mit Port Arthur an China. Am 27. März 1898 unterzeichneten Russland und China eine Übereinkunft, wonach dem Zarenreich Port Arthur für 25 Jahre verpachtet wurde. Bereits am Abend des gleichen Tages rückten die ersten drei russischen Kompanien in die Festung ein. Durch laufende Verstärkungen erreichten die russischen Truppen Ende 1898 ihren Sollbestand. Der Aus- und Neubau der Befestigungsanlagen ging, wenn auch mit Schwierigkeiten verbunden, zügig voran.

Da eine Flottenbasis im starken Maße von ihren rückwärtigen Verbindungen abhängig ist und die Seeverbindungen jederzeit von Japan unterbrochen werden konnten, musste eine Eisenbahnverbindung geschaffen werden. Durch den Vertrag vom 6. September 1896 zwischen Russland und China wurde dieses Problem bereits vor der »Pachtung« gelöst. Die Vertragsbedingungen waren so ausgelegt, dass Russland faktisch die Oberhoheit in der Mandschurei erlangte.

Japan sah sich betrogen und seine ureigensten Interessen bedroht. Es rüstete zum Krieg.

Der Aufstand der Ihetuan (Boxeraufstand) in China von 1900, an dessen Niederschlagung beide Kontrahenten zusammen mit Großbritannien, Deutschland, Österreich-Ungarn, Frankreich, Italien und den USA teilnahmen, minderte die Spannungen zeitweilig. Als Russland nach der Niederschlagung des Aufstandes nicht daran dachte, seine Truppen aus der Mandschurei zurückzuziehen, stand für Japan ein Krieg auf der Tagesordnung. Aber Russland war nicht China. Deshalb mussten umfangreiche Vorbereitungen getroffen werden.

Es fiel Japan nicht schwer, die öffentliche Meinung im Lande für einen Krieg gegen Russland zu manipulieren. Komplizierter stellte sich schon die Finanzierung der Kriegsvorbereitungen dar. Schließlich galt es, ein starkes Heer aufzubauen, es mit einer Transportflotte zu überführen und zu versorgen sowie die Seeverbindungen durch eine schlagkräftige Flotte zu schützen. Beträchtliche Steuerbelastungen der Bevölkerung beschafften die notwendigen Mittel.

Überblick über den russisch-japanischen Kriegsschauplatz 1904-1905

⊢·⊣   Staatsgrenze

---   Provinzgrenze

......   Grenze auf Sachalin laut Friedensvertrag vom 5.9.1905

Zu Kriegsbeginn verfügte Japan über sieben Linienschiffe, drei Panzerschiffe, sechs große und 26 kleine Kreuzer, 13 Kanonenboote, elf Torpedobootzerstörer und 87 Torpedoboote. Die großen Einheiten waren durchweg moderne Schiffe und bis auf wenige Ausnahmen nicht älter als sechs bis acht Jahre.

In Russland wurden die angestrengten Kriegsvorbereitungen Japans ignoriert. Überheblichkeit, Schlamperei und Bürokratie taten ein Übriges, so dass von einer Kriegsbereitschaft nicht im Entferntesten gesprochen werden kann. Das mutet umso erstaunlicher an, da der Zarismus durchaus an einem Krieg interessiert war. »Um die Revolution aufzuhalten, brauchen wir einen kleinen, siegreichen Krieg«, meinte der russische Außenminister Plewe.

Die russische Pazifikflotte hatte zu Beginn des Krieges einen Bestand von sieben Linienschiffen, neun großen und zwei kleinen Kreuzern, zwei Torpedokanonenboote und einer Reihe kleinerer Fahrzeuge. Die großen Einheiten waren nicht älter als die japanischen und galten als modern.

In den Quellen werden für die Flottenstärken beider Seiten verschiedene Zahlen angegeben. Hauptursache dafür sind die unterschiedlichen Klassifizierungen der Schiffe in den einzelnen Flotten.

Am 6. Februar 1904 verließ die japanische Flotte den Hafen Sasebo in Richtung Gelbes Meer. Am gleichen Tage lief die Transportflotte mit den Truppen an Bord in Richtung Pusan, Masampa und

Vizeadmiral S. O. Makarow war nicht nur ein hervorragender Flottenführer, sondern auch ein fähiger Wissenschaftler und Erfinder. Er segelte zweimal um die Welt, schrieb mehrere ozeanographische Werke, beschäftigte sich intensiv mit Problemen der Flottentaktik und der Erziehung des Personalbestandes unter Friedensbedingungen. Große Verdienste erwarb er sich bei der Entwicklung der Torpedowaffe, der Artilleriegeschosse, der Eisbrecher und bei der Einführung der Funktelegrafie. Insgesamt hat er mehr als 50 wissenschaftliche Werke hinterlassen. Den Angriff der Japaner auf das Port Arthur-Geschwader sah er voraus.

Admiral Heihachiro Togo hielt sich von 1871 bis 1879 als Offizier in Großbritannien auf. Mit der dort gebauten »Hijei« und vielen Erfahrungen kehrte er nach Japan zurück. Erst 1898 zum Chef des Stabes der Marinestation Kure ernannt, übernahm er bereits 1900 das Kommando über ein Kampfschiffgeschwader und 1901 über die Marinestation Maizuru. Seine Fähigkeiten und Leistungen ließen ihn 1903 zum Befehlshaber der japanischen Flotte werden.

Bucht von Tschemulpo ab. Die Flotte erreichte am Abend des 8. Februar Port Arthur. In der Stadt herrschte tiefster Frieden. Sie war wie üblich erleuchtet, der Leuchtturm brannte ebenso wie die Leuchttonnen. Die großen Einheiten lagen auf Reede, hatten keine Torpedonetze ausgebracht, waren nicht abgeblendet und führten mit Scheinwerfern Signalübungen durch. Der Torpedoangriff der Japaner, der gegen 23.30 Uhr begann, überraschte die Russen vollständig. Die Linienschiffe »Zesarewitsch« und »Retvisan« sowie der große Kreuzer »Pallada« wurden durch Torpedotreffer beschädigt. Ein erster, wenn auch nur mäßiger, Erfolg für die Japaner.

Es ist nicht verwunderlich, dass die Japaner die Kampfhandlungen gegen Russland mit der Flotte begannen. Die militärischen Aktivitäten auf dem Festland konnten nur erfolgreich geführt werden, wenn es gelang, die eigenen Seeverbindungen zum Mutterland zu schützen. Ohne sie hätten die japanischen Truppen nicht lange kämpfen können. Andererseits bestand die Hauptaufgabe der russischen Flotte darin, mit aller Kraft auf die Seeverbindungen des Gegners einzuwirken, um den eigenen Truppen die Erfüllung ihrer Aufgaben zu erleichtern.

Das russische Port Arthur-Geschwader blieb aber inaktiv. Sein Befehlshaber, Vizeadmiral Stark, entschloss sich lediglich zum Minenlegen. Deren dilettantische Ausführung führte dazu, dass am 11. Februar 1904 sowohl der Minenleger als auch der ihn begleitende kleine Kreuzer auf die eben ausgebrachten Minen liefen und sanken.

Die Situation änderte sich erst, als Vizeadmiral Makarow (1848–1904) am 8. März den Befehl über die Flotte übernahm. Mit der Kommandoübernahme hob sich sofort der Kampfgeist der Besatzungen. Die Schiffe liefen wieder aus und wiesen mehrere japanische Angriffe ab. Aufklärungsvorstöße waren an der Tagesordnung. Bei einem solchen lief am 13. April das Linienschiff »Petropawlowsk« auf eine Mine. Es riss 600 Mann, unter ihnen Vizeadmiral Makarow, mit in die Tiefe. Russland hatte seinen fähigsten Flottenführer verloren. Die Seeherrschaft im Gelben Meer ging nun endgültig an die Japaner über.

Aktionen des Wladiwostok-Geschwaders unter Konteradmiral Jessen brachten nur geringe Erfolge, beunruhigten aber die japanische Führung.

Auch die Landlage entwickelte sich für Russland ungünstig. Die Japaner rückten unaufhaltsam vor und schnitten am 14. Mai Port Arthur vom Hinterland ab. Damit war die Flottenbasis land- und seeseitig blockiert.

Konteradmiral Witthöft, der mittlerweile den Befehl über das Port Arthur-Geschwader übernommen hatte, konnte sich lange Zeit nicht zu offensiven Aktionen entschließen. Es gelang ihm zwar am 15. Mai, einen japanischen Verband auf eine Minensperre zu locken, wobei die Linienschiffe »Hatsuse« und »Yashima« sanken, aber auf See wagte er sich nicht hinaus. Erst am 23. Juni wurde mit sechs Linienschiffen, fünf Kreuzern, zwei Kanonenbooten und mehreren Torpedobooten ausgelaufen. Ein energisch geführter Gegenstoß durch Konteradmiral Togo (1847–1934), Oberbefehlshaber der japanischen Flotte, trieb das russische Geschwader an seinen alten Liegeplatz zurück.

Es dauerte gewisse Zeit, bis Petersburg begriff, dass die japanische Flotte ein ernst zu nehmender Gegner war und sich im Fernen Osten eine Niederlage abzeichnete. Aus der Überlegung heraus, dass die Pazifikflotte und ein Teil der Ostseeflotte eine doppelte Überlegenheit über die japanische ergab, wurde Mitte März der Befehl zur Entsendung von sechs Linienschiffen, zwei großen und vier kleinen Kreuzern, 24 Torpedobooten sowie drei Hilfsschiffen gegeben. Dieser Verband erhielt die Bezeichnung II. Fernostgeschwader. Trotz intensiver Vorbereitung konnte er im Sommer nicht auslaufbereit gemacht werden.

Inzwischen spitzte sich die Lage in Port Arthur bedrohlich zu. Den Japanern gelang es am 7. August die Wolfsberge zu nehmen. Das bedeutete, dass Stadt und Hafen beschossen werden konnten. Sollte die Flotte nicht an ihren Liegeplätzen untergehen, musste sie auslaufen. Der Zar befahl persönlich den Durchbruch nach Wladiwostok.

Am 10. August 9.00 Uhr befand sich das Geschwader auf Reede. Sechs Linienschiffe, drei große und ein leichter Kreuzer sowie acht Torpedoboote traten zum Durchbruch an. Togo wartete bereits mit überlegenen Kräften, aber seine Manöverfehler und übergroße Vorsicht verbesserten die Chancen der Russen auf ein erfolgreiches Entkommen. Nur der höheren Geschwindigkeit der Japaner war es zu verdanken, dass es doch noch zum Gefecht kam. Sein Ausgang entsprach dem Verlauf der bisherigen Kampfhandlungen. Konteradmiral Witthöft wurde getötet, fünf Linienschiffe, ein Kreuzer und drei Torpedoboote liefen wieder in Port Arthur ein. Das Flaggschiff, die »Zesarewitsch«, durch 19 Treffer schwer beschädigt, erreichte Tsingtau. Hier wurde sie zusammen mit drei Torpedobooten von den deutschen Behörden entwaffnet. Lediglich der leichte Kreuzer »Nowik« konnte in der geforderten Zeit auslaufen. Aber auch sein Durchbruchsversuch verlief erfolglos. Am 20. August wurde er gestellt und am darauf folgenden Tag von der eigenen Besatzung versenkt. Ein schwerer Kreuzer und ein Torpedoboot erreichten Shanghai sowie ein schwerer Kreuzer Saigon. Auch sie wurden inter-

Die »Zesarewitsch«, hier an ihrem Liegeplatz in Port Arthur, hatte in den Kämpfen um die Flottenbasis schwer zu leiden. Beim ersten japanischen Angriff in der Nacht vom 8. zum 9. Februar 1904 gehörte sie zu den Schiffen, die einen Torpedotreffer erhielten. Dabei wurden Schraube, Ruder und einige achtere Abteilungen zerstört. Im Gefecht vom 10. August 1904, als Flaggschiff laufend, erhielt sie einen 30,5-cm-Volltreffer, der Konteradmiral Witthöft mit einem großen Teil seines Stabes tötete. Ein zweiter Volltreffer in das Kartenhaus setzte die Schiffsführung und die Kommandoelemente außer Gefecht. Ohne Kompass und Seekarte umherirrend, erreichte sie am 11. August gegen 21.00 Uhr Tsingtau. Da das Schiff nicht innerhalb von 24 Stunden auslaufen konnte, musste es den deutschen Behörden zur Entwaffnung übergeben werden.

Japanische Linienschiffe beschießen Port Arthur. Das Antwortfeuer der russischen Küstenartillerie war wenig effektiv. Demgegenüber gelang es, durch den Mineneinsatz einige Erfolge zu erzielen.

niert. Ein Torpedoboot jagten die Japaner in der Nähe von Weihaiwei auf den Strand. Nicht ein Schiff erreichte Wladiwostok.

Ein viel zu spät von Wladiwostok angesetzter Entlastungsstoß endete am 14. August erfolglos.

Damit war das Schicksal der russischen Pazifikflotte besiegelt. An einen Blockadedurchbruch war nun nicht mehr zu denken.

Bis zum Jahre 1904 hatten sich in allen größeren Seemächten die Linienschiffe als Kern der Flotte herausgebildet. Das Hauptkaliber schwankte zunächst zwischen 33 und 34 cm, pendelte sich aber bis 1904 auf 28 bis 30,5 cm ein, da damit eine höhere Schussfolge erreicht werden konnte. Die Türme mit je zwei Geschützen des Hauptkalibers gewährleisteten einen horizontalen Schusssektor von ca. 270 Grad. Die Mündungsenergie eines 30,5-cm-Geschützes ermöglichte das Durchschlagen einer 150 cm starken schmiedeeisernen Platte, die direkt vor der Rohrmündung aufgestellt war. Das Kaliber der Mittelartillerie bewegte sich zwischen 14 und 16,5 cm und das der leichten Artillerie zwischen 5 und 7,5 cm.

Aufgrund der höheren Geschosswirkung war eine stärkere Panzerung erforderlich. Der Gürtelpanzer mit einer Stärke von ca. 23 cm in der Wasserlinie richtete sich hauptsächlich gegen Torpedos und Minen. Die Panzerung der Hauptkaliber sowie der Kommandozentralen schwankten entsprechend den gültigen Ansichten in den Flotten zwischen 12 und 36 cm. Die großen Eisenmassen von Artillerie und Panzerung erzwangen eine Wasserverdrängung von 12.000–15.000 t. Dreifach-Expansionsmaschinen gewährleisteten eine Geschwindigkeit von 18 kn.

Wegen ihrer unterschiedlichen Aufgaben wie Aufklärung, Schutz und Störung der Seeverbindungen, Kolonialeinsatz usw. bildete sich eine große Typenvielfalt bei den Kreuzern heraus. Große Kreuzer, Panzerkreuzer oder geschützte Kreuzer verfügten über ein Hauptkaliber, das im 20-cm-Bereich lag, sowie über 15 cm und kleinere Geschütze. Die Panzerung war schwächer als die der Linienschiffe. Da die Kreuzer eine Geschwindigkeit von 20 bis 25 kn entwickeln mussten, besaßen sie größere und damit schwerere Maschinen. Hinzu kam noch, dass sie für eine Fahrtstrecke von ca. 6.000 sm mehr Kohlen als die Linienschiffe bunkerten. Diese Umstände führten dazu, dass ihre Wasserverdrängung 10.000 t überstieg und fast die der Linienschiffe erreichte. Kleine Kreuzer waren in der Regel ungepanzert, ihre Geschwindigkeit betrug ca. 20 kn und die Wasserverdrängung lag um 5.000 t. Das Hauptkaliber bewegte sich zwischen 10,5 und 12 cm.

Die Torpedoboote mussten aufgrund ihrer Aufgabe klein und schnell sein. Sie entwickelten eine Geschwindigkeit von rund 30 kn und hatten eine Wasserverdrängung von ungefähr 300 t. Zwei Torpedorohre bildeten die Hauptbewaffnung, die durch eine Reihe von 4-cm-Geschützen ergänzt wurden.

Durch die in der Mittschiffslinie aufgestellten Türme der Hauptkaliber bekam die Linientaktik wieder eine große Bedeutung, da in ihr alle Hauptkaliber zum Einsatz kommen konnten. Die Einnahme der Kiellinie vor einer gegnerischen Kiellinie galt zu Recht als die ideale Gefechtsposition. Da die Stellung zueinander einem »T« glich, erhielt diese Position die englische Bezeichnung »Crossing the T«.

In der Ostsee nahm trotz vielfältiger Schwierigkeiten die Formierung des II. Fernostgeschwaders nach und nach Gestalt an. Dabei gab es eine Reihe von Problemen unterschiedlicher Natur zu lösen.

Für die Überfahrt nach Port Arthur oder Wladiwostok standen drei Wege zur Auswahl: durch den Suezkanal (12.500 sm), um das Kap der Guten Hoffnung (16.100 sm) und um Kap Horn (21.700 sm). Letzterer entfiel nicht nur wegen seiner Länge, sondern auch wegen der zu erwartenden Schwierigkeiten bei der Kohlenversorgung. Dieses Problem galt auch für die anderen Wege, war hier aber leichter zu lösen. Großbritannien, als Verbündeter Japans, kam samt seinen Kolonien und Stützpunkten dafür nicht in Frage. Die Kohlenverfrachtung und Bereitstellung an ausgewählten Punkten übernahmen deshalb 70 Schiffe der deutschen Hamburg-Amerika-Linie. Die notwendige Kohle wurde hauptsächlich in Großbritannien gekauft, denn soweit, dass auf ein Geschäft verzichtet wurde, gingen die Bündnisverpflichtungen der Briten nun auch wieder nicht. Zusätzliche Kohlenschiffe stellte Russland im Schwarzen Meer bereit.

Ein nicht geringeres Problem bestand in der Auswahl der Kampfschiffe. Sie sollten modern und sowohl den Anforderungen der Überfahrt als auch denen einer Seeschlacht gewachsen sein.

Des Weiteren musste ein fähiger Geschwaderkommandeur gefunden werden. Anfang Mai wurde Konteradmiral Roshestwenski (1848–1909), bis dahin Chef des Hauptstabes, in diese Dienststellung berufen. Dafür dürften weniger militärische Fähigkeiten, sondern vielmehr gute persönliche Beziehungen zum Zarenhof ausschlaggebend gewesen sein. Roshestwenskis überheblicher und aufbrausender Charakter führte dazu, dass er zum Schrecken, aber nicht zum anerkannten Führer des Geschwaders wurde.

Bereits in heimatlichen Gewässern zeigte sich bei einfachen Übungen, dass der Ausbildungsstand der Besatzungen nicht den zu erwartenden Anforderungen entsprach. Es musste schon vor

Die Panzerung entwickelte sich mehr und mehr zu einem der wichtigsten Merkmale großer Kampfschiffe. Unter der hier auf einer Holzlage angebrachten Panzerplatte befindet sich nochmals eine Panzerplatte auf Holzlage, die auf der eigentlichen Außenhaut befestigt ist.

Vizeadmiral S. P. Roshestwenski war ein eifriger Verfechter der General-schlacht zwischen großen Panzer-schiffen. Doch als er sie führen konn-te, verhielt er sich passiv und war nicht in der Lage, die Kampfhandlun-gen zweckmäßig zu organisieren. Dafür zeichnete er sich durch Bruta-lität und Überheblichkeit aus. Nach seiner Rückkehr aus Japan wurde er vor ein Kriegsgericht gestellt, aber aufgrund seiner Verwundungen frei-gesprochen.

dem Auslaufen bezweifelt werden, ob das Geschwader seine Aufgabe, entweder Vereinigung mit den Resten der Pazifikflotte oder aber selbstständige Durchführung einer Seeschlacht, erfüllen konnte. Zu ernsthaften Konsequenzen führten diese Mängel nicht.

Zusätzlich beunruhigten sowohl Befehlshaber als auch Besatzungen Gerüchte über japanische Aktivitäten in europäischen Gewässern. Die Rede war von Minenlegaktionen in dänischen Seegebie-ten und dem Ankauf von Fischdampfern durch die Japaner, die Torpedorohre erhalten sollten. Bereits am 1. Juni erging ein Befehl zur Sicherung der russischen Ostseeküste, dem wenig später Anordnun-gen zum Schutz der Häfen folgten. Jahre danach stellte sich heraus, dass diese Gerüchte von einem Agenten des zaristischen Geheimdienstes in Kopenhagen in die Welt gesetzt und am Leben gehalten wurden. Er unterstrich dadurch seine »Bedeutung« und erhielt dafür eine nicht unerhebliche Summe.

Endlich wurde der Auslauftermin für den 14. September festgelegt. Aber erst einen Monat später verließ ein bunt zusammengewürfelter Verband von sieben Linienschiffen, sechs Kreuzern, sieben Torpedobooten und einer Reihe von Hilfsschiffen die russischen Ostseehäfen mit Kurs Stiller Ozean.

Ab Kattegat wurde verstärkter Ausguck nach Torpedobooten befohlen, und die wachhabenden Offiziere wurden autorisiert, bei Gefahr eines Torpedoangriffes das Feuer selbstständig zu eröffnen. Als das Geschwader Skagen erreichte, trafen weitere Meldungen über verdächtige Fahrzeuge und un-bekannte Torpedoboote sowie über die Beförderung Roshestwenskis zum Vizeadmiral ein. Aufgrund der vermeintlichen Gefahr formierte der Befehlshaber sein Geschwader in sechs Abteilungen um. Vorn die Torpedoboote, hinten die Linienschiffe. Die Abteilungen liefen in einem Abstand von einer Stunde in Richtung Englischer Kanal. Alle Schiffe hatten volle Gefechtsbereitschaft hergestellt, und die Spannung der Besatzungen erreichte fast den Siedepunkt.

Die »Kamtschatka«, ein Werkstattschiff, fiel am 21. Oktober aufgrund eines Maschinenschadens zurück und befand sich plötzlich weit hinter der letzten Abteilung. Ungewissheit und Angst ließen die Besatzung Torpedoboote ausmachen. 20.45 Uhr wurde dem Flaggschiff, der »Suworow«, gemeldet, das Schiff werde von allen Seiten von Torpedobooten angegriffen. Später wurde die Meldung auf acht Torpedoboote in einer Entfernung von einer Kabellänge präzisiert. Roshestwenski löste Alarm aus. Keiner fragte, warum die Japaner ausgerechnet ein Werkstattschiff und nicht ein Linienschiff angrif-fen. In den ersten Stunden des folgenden Tages wurde diese Frage gegenstandslos, denn die »Suwo-row« hatte endlich auch ein »Torpedoboot« gesichtet. Roshestwenski selbst gab den Feuerbefehl. Auf der Doggerbank begann ein unbeschreibliches Chaos. Mehrere Linienschiffe und Kreuzer begannen wie wild zu feuern. Erst nach 20 Minuten trat wieder Ruhe ein. Auf dem »Schlachtfeld« blieben ein gesunkener und fünf beschädigte englische Fischdampfer aus Hull zurück. Der eigene Kreuzer »Auro-ra«, der nicht im Entferntesten einem Torpedoboot glich, hatte ebenfalls fünf Treffer erhalten. In den russischen Munitionskammern fehlten 17 15,2-cm-Granaten und 500 Geschosse kleineren Kalibers.

In England erhob sich ein Sturm der Entrüstung, und im russischen Admiralstab erfuhr man von diesem Vorfall erst aus der Zeitung. Roshestwenski setzte keine Meldung ab.

Natürlich blieb dieser Zwischenfall nicht ohne Folgen. England konzentrierte seine in Europa befindlichen Flottenkräfte und begann mit der Überwachung des russischen Geschwaders, was bis zum 5. November anhalten sollte.

Eine internationale Untersuchungskommission legte am 25. Februar 1905 einen Abschlussbericht vor, in dem der genaue Hergang des Zwischenfalls zwar nicht geklärt, Roshestwenski aber eindeutig als Schuldiger bezeichnet wurde.

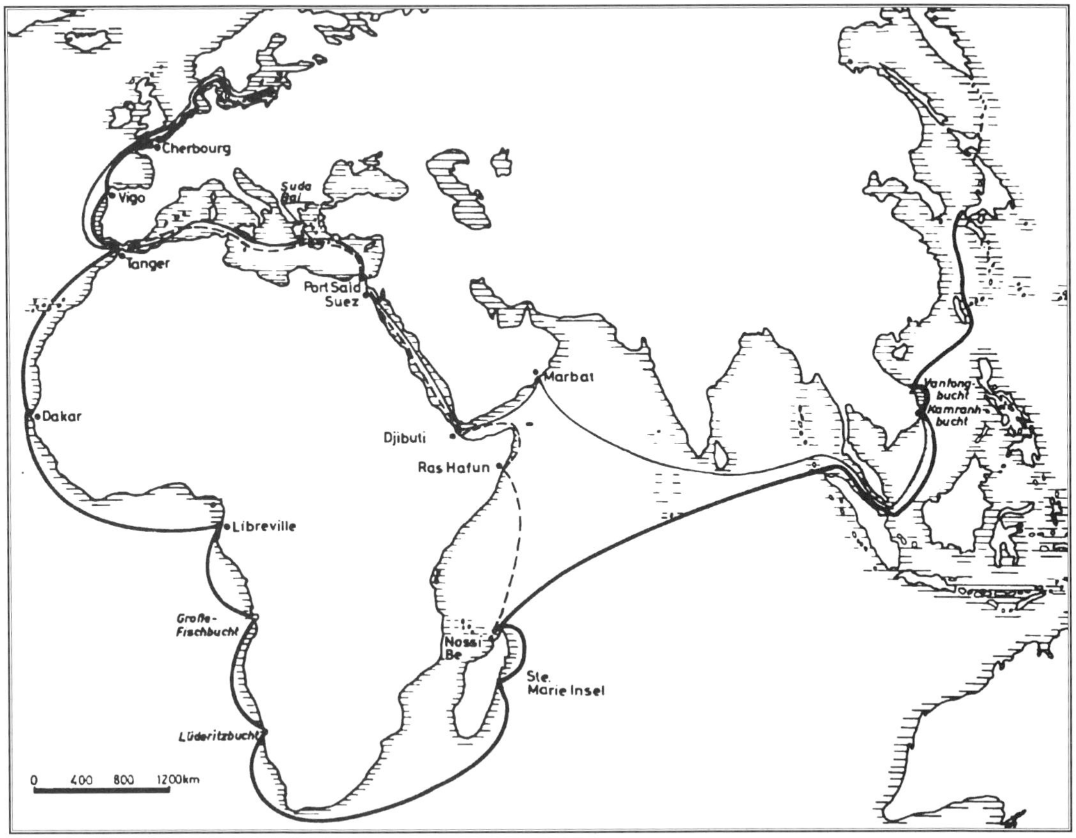

Inzwischen setzte das Geschwader seinen Marsch fort. Nach Bebunkerung in Cherbourg und Vigo sammelte es sich in Tanger. Hier wurde es durch seinen Befehlshaber geteilt, da es aufgrund diplomatischer Überlegungen der russischen Regierung unzweckmäßig schien, mit allen Einheiten den Suezkanal zu passieren. Roshestwenski nahm mit fünf Linienschiffen, drei Kreuzern sowie den notwendigen Hilfsschiffen den Weg um das Kap der Guten Hoffnung. Konteradmiral Fölkersam hatte mit dem Rest durch den Suezkanal zu laufen. Am 5. November wurde Tanger achteraus gelassen.

Roshestwenski nahm den Weg über Dakar, Libreville, die Große Fischbucht (Angola), die Lüderitzbucht (Deutsch-Südwestafrika) und die Ste. Marie Insel nach Nossi Be, das er am 9. Januar 1905 erreichte. Fölkersam lief über die Suda Bai (Kreta), Port Said, Suez, Djibuti und Ras Hafun nach Nossi Be, wo er am 28. Dezember vor Anker ging. Beide Abteilungen übernahmen an den genannten Punkten in See Kohlen, ein bis dahin einmaliger Vorgang in der Seekriegsgeschichte.

Während der Überfahrt hatten sich sowohl am Beginn- als auch am geplanten Endpunkt der Reise entscheidende Ereignisse vollzogen.

Der Russisch-Japanische Krieg trug zum Heranreifen einer revolutionären Krise in Russland bei. Streiks erschütterten die zaristische Selbstherrschaft bis in ihre Grundfesten. Am 8. Januar 1905 weitete sich die Streikbewegung in St. Petersburg zu einem Generalstreik aus. Einen Tag später, als Roshestwenski Nossi Be ereichte, wurden in der russischen Hauptstadt über 1.000 Menschen niedergemetzelt und mehrere Tausend verwundet. Das Volk begann sich zu bewaffnen und errichtete die ersten Barrikaden. Die Revolution war nicht mehr aufzuhalten.

Weg des II. Fernostgeschwaders mit Anlaufpunkten

Kurs unter dem Kommando von:

—— VA Roshestwenski

- - - - KA Fölkersam

—— KA Nebogatow

Auch in Port Arthur entwickelte sich die Lage für den zaristischen Staat katastrophal. Ein Durchbruch der restlichen sich noch im Hafen befindlichen Flottenkräfte nach Wladiwostok erwies sich als illusionär. Unter dem Eindruck des verstärkten japanischen Beschusses wurde am 19. August 1904 beschlossen, die Schiffe abzurüsten und ihre Geschütze sowie Mannschaften zur Landverteidigung der Festung einzusetzen. Die Verteidiger kämpften verbissen, aber mangelnde Munition konnte nicht durch Tapferkeit ausgeglichen werden. Als es den Japanern am 6. Dezember gelang, den Hohen Berg einzunehmen und sie damit den gesamten Hafen überblickten und im direkten Richten beschießen konnten, war die Flotte endgültig verloren. Am 2. Januar 1905, als Port Arthur kapitulierte, lagen über 80 Schiffe auf dem Grund des Hafens.

»Die Frage der Vorherrschaft auf dem Meer – die Haupt- und Grundfrage des gegenwärtigen Krieges – ist entschieden. Die russische Pazifikflotte, die zu Beginn des Krieges mindestens ebenso stark, wenn nicht stärker als die japanische war, ist endgültig vernichtet. Die Operationsbasis der Flotte wurde genommen, und dem Geschwader Roshestwenski bleibt nichts weiter übrig, als nach nutzloser Verschwendung weiterer Millionen, nach dem großen Sieg der mächtigen Panzerflotte über die englischen Fischerboote, schimpflich umzukehren«, urteilte ein zeitgenössischer russischer Beobachter. Aber das sowohl innen- als auch außenpolitisch schwer angeschlagene Zarenregime zog andere Schlussfolgerungen. Mit einem militärischen Sieg sollte die Lage gerettet werden.

In diesem Sinne verließ auch das III. Fernostgeschwader unter der Führung von Konteradmiral Nebogatov am 14. November 1904 Libau. Es rekrutierte sich aus einem Linienschiff, vier Kreuzern, fünf Torpedobooten sowie Hilfsschiffen. Hierbei handelte es sich um Einheiten, die zum Zeitpunkt des Auslaufens des II. Fernostgeschwaders nicht mehr fertiggestellt werden konnten. Der Wert dieser Schiffe sowie das Niveau der Ausbildung ihrer Besatzungen zeigten sich bereits auf der Überfahrt. Mehrere Schiffe havarierten und mussten zurückgelassen werden.

Roshestwenskis Aufgabe bestand nun nicht mehr darin, in die Ostsee zurückzukehren, sondern nach Wladiwostok durchzubrechen. Jedem im Geschwader war klar, dass dazu eine Seeschlacht geschlagen werden musste. Je eher es dazu kam, umso besser wäre es für die russische Flotte gewesen. Togo durfte keine Zeit zur Vorbereitung seiner Besatzungen und Schiffe erhalten.

Jetzt jedoch kündigte die deutsche Seite die Kohlenverträge mit der Begründung, dass für die Kohlenschiffe die Fahrt nördlich Madagaskars zu gefährlich sei. Es dauerte zwei Monate, bis dieses Problem gelöst werden konnte.

Togo hatte also genügend Zeit, um sich auf die Schlacht vorzubereiten. Dafür bewuchsen die Unterwasserteile der russischen Schiffe in den tropischen Gewässern immer mehr. Beträchtliche Geschwindigkeitsverluste waren die Folge.

Schnitt durch ein Linienschiff der Suworowklasse

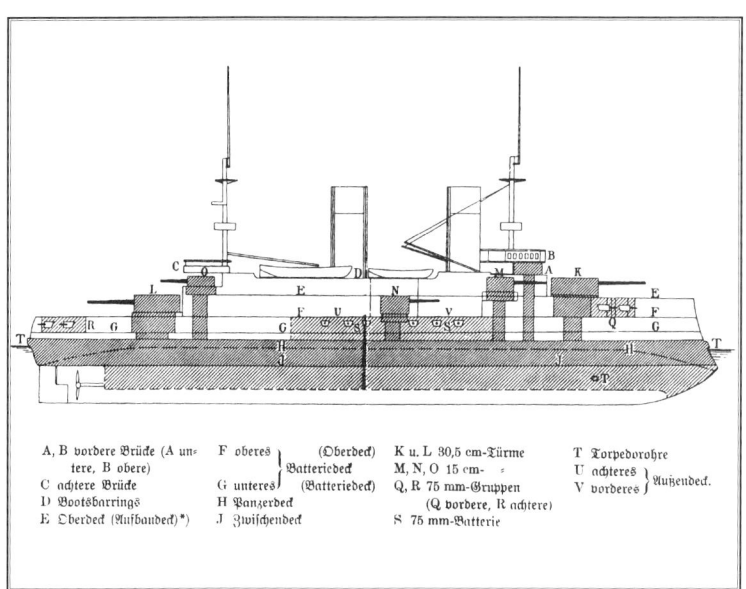

A, B vordere Brücke (A untere, B obere)
C achtere Brücke
D Bootsbarring
E Oberdeck (Aufbauten)*)
F oberes (Oberdeck)
G unteres (Batteriedeck)
H Panzerdeck
J Zwischendeck
K u. L 30,5 cm-Türme
M, N, O 15 cm-
Q, R 75 mm-Gruppen
(Q vordere, R achtere)
S 75 mm-Batterie
T Torpedorohre
U achteres
V vorderes (Außendeck)

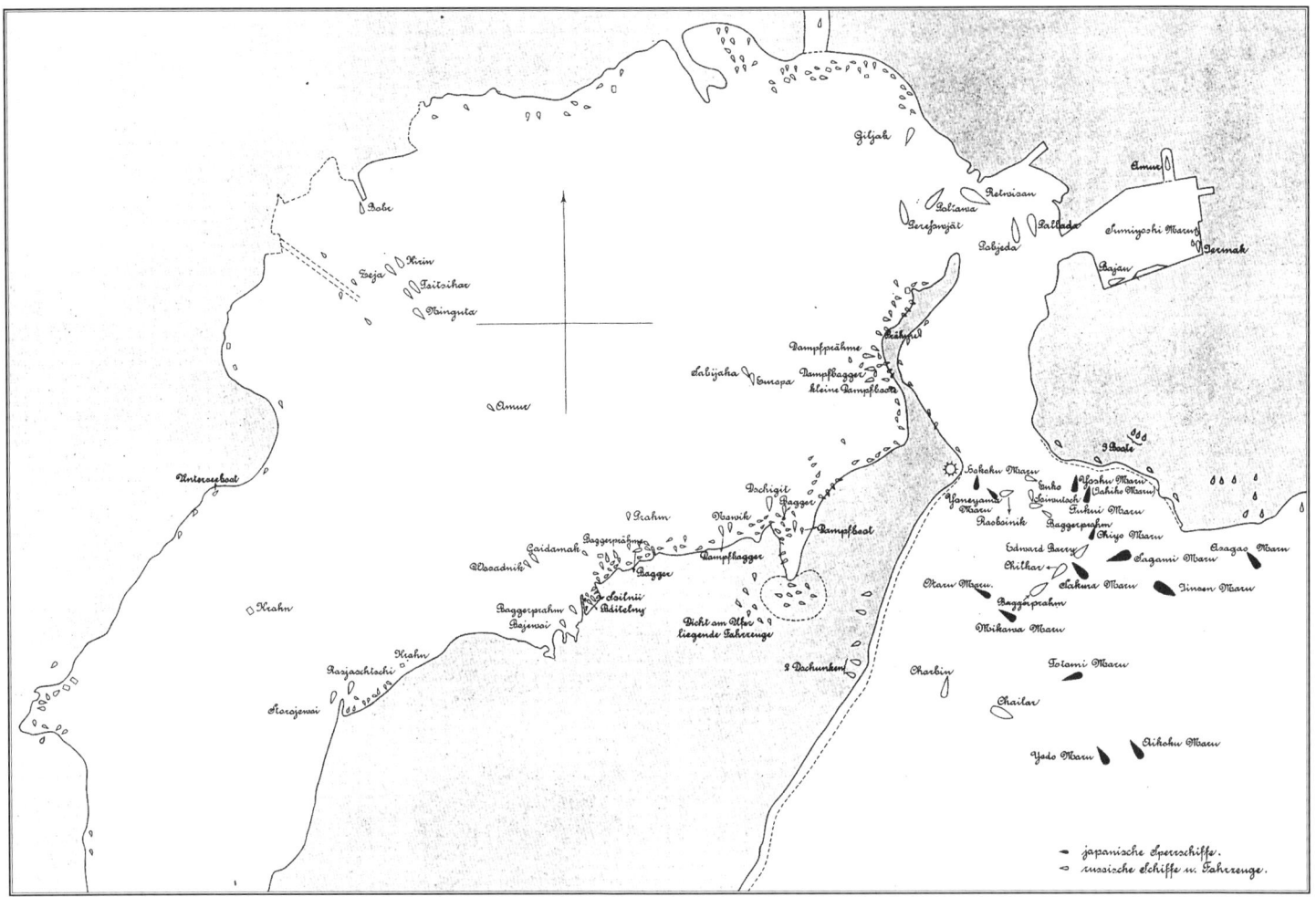

Skizze der Liegeplätze der versenkten russischen Schiffe in Port Arthur. Die Japaner führten umfangreiche Arbeiten zur Bergung der Schiffe der russischen Flotte durch, um sie nach ihrer Instandsetzung der eigenen Flotte zuzuführen. Diese im japanischen Admiralstabswerk zum russisch-japanischen Seekrieg veröffentlichte Skizze beruht auf sorgfältig durchgeführten Such- und Vermessungsarbeiten und kann deshalb als authentisch gelten.

Endlich, am 16. März, konnte das Geschwader die Anker lichten. Durch Störungen und Kohlenübernahme auf hoher See öfters aufgehalten, bewegte es sich mit einer Durchschnittsgeschwindigkeit von knapp 6 kn quer über den Indischen Ozean.

Am Mittag des 10. Mai schloss Nebogatov auf. Das II. Fernostgeschwader bestand jetzt aus 37 Kampf- und 13 Hilfsschiffen und lief unter Zurücklassung überflüssig gewordener Transporter in Richtung Wladiwostok. Um dahin zu gelangen, standen drei Wege zur Verfügung. Der erste führte direkt durch die Koreastraße, der zweite durch die Tsugaruseestraße, zwischen den japanischen Inseln Hokkaido und Hondo, und der dritte südlich von Sachalin durch die La Pérouse-Straße. Der erste war zwar insgesamt gesehen der kürzeste, dafür aber auch der schwierigste. Von allen drei Wegen führte er am längsten durch das Japanische Meer. Und hier besaßen die Japaner, gestützt auf Basen im Mutterland und in Korea, die Seeherrschaft.

Den 23. Mai nutzten die Russen zum Bekohlen ihrer Schiffe. Es sollte das letzte Mal vor der Schlacht sein. Deshalb nahmen die Schiffe so viel auf, dass sie am 27. Mai, dem Tag an dem die Schlacht erwartet wurde, 100 Prozent Kohlen an Bord hatten. Viele hofften aufgrund des Kohlenvorrates, dass das Geschwader den Weg durch die La Pérouse-Straße nehmen würde, aber bereits einige Monate vorher hatte Petersburg die Koreastraße festgelegt. Allerdings wusste außer Roshestwenski kaum jemand davon.

Bis jetzt hatte das Geschwader eine unbestreitbar gute seemännische Leistung vollbracht, denn noch nie wurde ein Flottenverband dieser Größe über eine solche Entfernung überführt. Ansonsten befand es sich in einer trostlosen Lage. Die Moral der Besatzungen hatte den Tiefpunkt erreicht, ihr Ausbildungsstand war trotz der langen Überfahrt gering, und die Führung des Geschwaders kann nur als mangelhaft bezeichnet werden. Roshestwenski hielt es nicht einmal für nötig, seine Unterstellten über seine Absichten zu informieren, geschweige denn, sich mit ihnen zu beraten. Seine Befehle waren sehr allgemein gehalten, so dass niemand genau wusste, wie er zu handeln hatte.

Weitere Hilfsschiffe wurden zurückgesandt und Kampfschiffe zum Handelskrieg in die ostjapanischen Gewässer detachiert. Die Fahrt, an deren erfolgreiches Ende keiner im Geschwader glaubte, ging weiter.

Warum aber führte die japanische Flotte bis zu diesem Zeitpunkt keine entscheidenden Aktionen durch? Dafür gab es mehrere Gründe. Der Hauptgrund ist zweifellos in der Inaktivität der russischen Flottenkräfte in Port Arthur und Wladiwostok zu suchen. Sie bedeuteten niemals eine ernsthafte Bedrohung der japanischen Seeverbindungen. Eine aktiv geführte Blockade des Port Arthur-Geschwaders reichte aus, um auch die schwächere Gruppierung von Wladiwostok zur Inaktivität zu zwingen.

Der Hafen von Port Arthur bot nach der Übergabe ein trostloses Bild. Links der Kreuzer »Pallada«, rechts das Linienschiff »Pobjeda«. Beide Schiffe wurden gehoben und mit den Namen »Tsugaru« und »Suwo« der japanischen Flotte zugeführt.

Lediglich die Vereinigung beider hätte zu ernsthafteren Problemen geführt, aber sie konnte am 10. August 1904 verhindert werden. Die Vernichtung der Flottenkräfte von Port Arthur wurde ohne Gefahr für die eigenen Kampfschiffe den Landstreitkräften überlassen. Weiterhin sah sich Togo zur Schonung der eigenen Kräfte gezwungen, denn ein im Japanischen Meer operierendes II. Fernostgeschwader hätte eine nicht zu unterschätzende Gefährdung der eigenen Seeverbindungen bedeutet. Er musste also seine Kräfte aufsparen, um die russische Flotte so früh und zugleich so gründlich wie möglich zu vernichten. Das aber konnte nur durch eine Seeschlacht geschehen.

Der japanische Flottenchef erwartete seinen Gegner in der Koreastraße. Ein zweckmäßig organisiertes Nachrichtensystem garantierte ihm jedoch, wenn nötig, seine Kräfte rechtzeitig auf die beiden anderen Wege umzugruppieren.

Insgesamt standen Togo vier Linienschiffe, 27 Kreuzer, 21 Torpedobootzerstörer, etwa 60 Torpedoboote sowie vierzehn Hilfskreuzer zur Verfügung. Die Linienschiffe lagen mit acht Kreuzern in der Douglasbucht bei Masampho. Leichte Kreuzer und andere ältere Schiffe befanden sich bei der Insel Tsushima. Die Hilfskreuzer operierten rund 50 sm südwestlich der Insel.

Am 27. Mai um 4.30 Uhr stellte eines dieser Hilfsschiffe, die »Shinano Maru«, von den Russen unbemerkt, den Kontakt zum II. Fernostgeschwader her. Über Funk benachrichtigt verließ Togo um 6.30 Uhr seinen Liegeplatz. Die von beiden Seiten erwartete Schlacht nahm ihren Anfang. Roshestwenski konnte in ihr acht Linienschiffe, zwölf Kreuzer, einen Hilfskreuzer und neun Torpedoboote einsetzen. Zusätzlich schleppte er noch acht Hilfsschiffe mit, zu deren Deckung unentbehrliche Kräfte abgeteilt werden mussten.

Der russische Verband näherte sich in doppelter Kiellinie dem Gegner an und stand zu dem Zeitpunkt, als Togo ablief, ca. 40 sm südlich von Tsushima. Um 7.00 Uhr wurde an der Steuerbordseite der japanische Kreuzer »Izumi« ausgemacht, der eine Stunde lang unbehelligt den Geschwaderbestand aufklärte. Roshestwenski verbot sogar, den Funkverkehr des Aufklärers zu stören. Gegen 9.40 Uhr wurden vier feindliche Kreuzer gesichtet. Ein Befehl zur Feuereröffnung kam nicht, dafür aber zur Umformierung in die einfache Kiellinie. Das geschah unter den Augen der japanischen Aufklärungskräfte. In dieser Situation löste sich auf der »Orjol« versehentlich ein Schuss. Weitere Schiffe eröffneten das Feuer. Die Japaner erwiderten. Nach zehn Minuten stellten sie das Feuer ein und liefen ab. Schaden war keiner entstanden.

Roshestwenski ließ 11 kn laufen und 23 Grad steuern. 23 Grad hieß Wladiwostok, und dahin wollte er um jeden Preis durchbrechen.

Formation des II. Fernostgeschwaders am Morgen des 27. Mai 1905

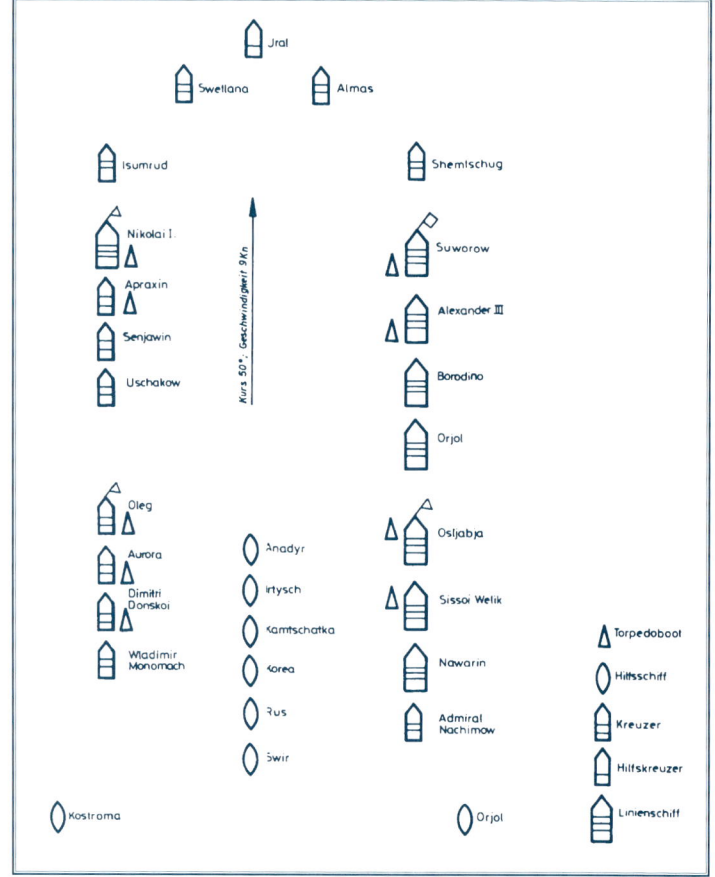

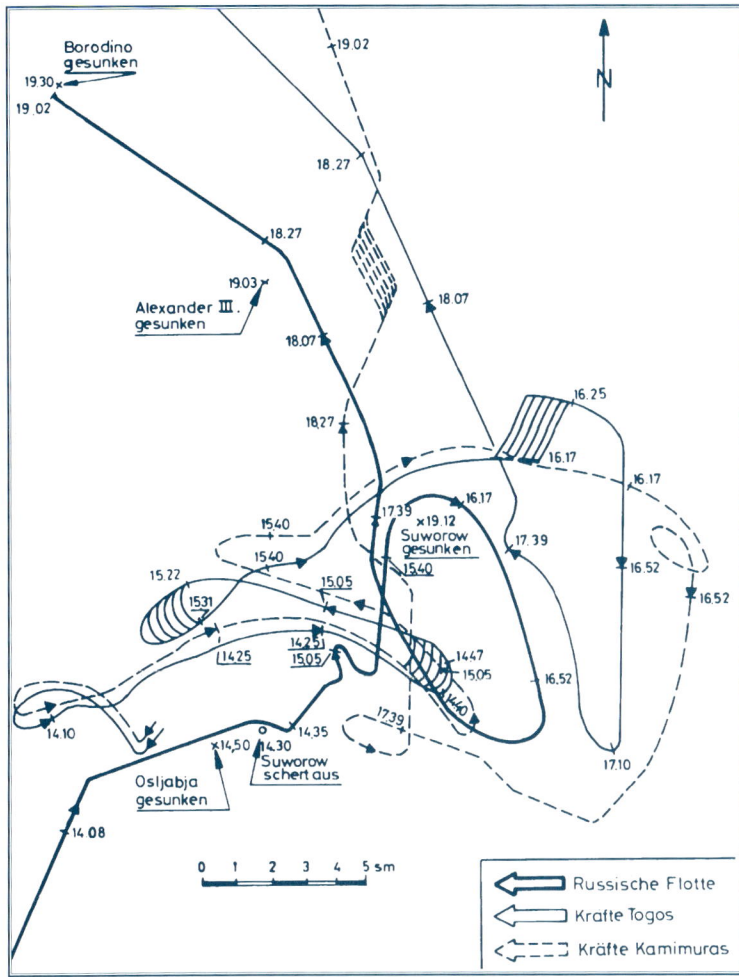

Im Bild verschiedene Beschriftungen:

Borodino
gesunken
19.30
19.02

19.02

18.27

18.27

19.03
Alexander III.
gesunken
18.07

18.27

16.25

16.17

16.17

16.17

15.40

17.39

×19.12
Suworow
gesunken

15.40

17.39

15.22

15.40

16.52

15.31

15.05

15.40

16.52

14.25
15.05

14.25
15.05

14.47
15.05

16.52

14.10

17.39

14.40

14.35

17.39

×14.50
Osljabja
gesunken

×14.30
Suworow
schert aus

17.10

14.08

0 1 2 3 4 5 sm

Russische Flotte

Kräfte Togos

Kräfte Kamimuras

Kurse der russischen und japanischen Hauptkräfte am 27. Mai 1905
von 14.08 Uhr bis 19.02 Uhr

Die Hoffnungen darauf schwanden auf ein Mindestmaß, als gegen 13.45 Uhr die japanischen Hauptkräfte in Sicht kamen. Togo erinnerte sich an Nelson und setzte den Spruch ab: »Das Schicksal des Reiches hängt von dieser Schlacht ab; jeder Mann soll sein Äußerstes tun.« Gleichzeitig dachte er an seinen Manöverfehler vom 10. August 1904. Gleiches durfte nicht wieder passieren. Während Roshestwenski durch unüberlegte Befehle die Gefechtsformation fast vollständig durcheinander brachte und nur mit Mühe wiederherstellen konnte, kreuzte er mit westlichen Kursen den Voraussektor der russischen Kiellinie. Um die Entfernung zu verringern, entschloss sich Togo zu einem riskanten Manöver. Er schwenkte in Richtung Gegner auf Gegenkurs. Die dadurch auf engstem Raum entstandene Ansammlung von Kampfschiffen bot fast 15 Minuten lang ein ideales Ziel.

Auf japanischer Seite warteten vier Linienschiffe und acht Kreuzer mit zusammen 16 30,5-cm-, 26 20,3-cm- und 108 15,2-cm-Geschützen auf den Feuerbefehl. Die russischen acht Linienschiffe und vier Kreuzer mit zusammen 26 30,5-cm-, 19 25,4-cm- und 18 15,2-cm-Geschützen erhielten ihn um 14.08 Uhr.

Kurz danach begannen die japanischen Geschütze zu sprechen. Ihre Bedienungen schossen schneller und genauer. Die schwarz gestrichenen russischen Schiffe mit ihren gelben Schornsteinen boten ein gutes Ziel. Als erstes wurde die »Osljabja« getroffen. Sie hatte die in einem Zinksarg verlötete Leiche des Konteradmirals Fölkersam an Bord, der bereits am 24. Mai verstorben war. Sein Tod wurde geheimgehalten und seine Flagge wehte weiter. Schwere Treffer im Bugteil machten das Schiff bewegungsunfähig. Nun ein leichtes Ziel bietend, schlugen die Granaten pausenlos in die Backbordseite ein. Das Linienschiff kenterte und verschwand 14.50 Uhr von der Wasseroberfläche.

Die Japaner dampften mit einer Geschwindigkeit von 14 kn auf. Dieser »Waffe« hatten die Russen mit ihren 9 kn nichts entgegenzusetzen. Togo nutzte das aus und ließ auf die Spitzenschiffe schießen. Roshestwenskis Flaggschiff »Suworow«, das als erstes lief, geriet unter das Feuer von vier Linienschiffen und zwei Kreuzern. Schwere Beschädigungen und Brände waren die Folge. Antennen und Signalleinen wurden zerstört. Das Geschwader konnte nicht mehr geführt werden. Die »Suworow« scherte aus dem Verband aus, sie hatte keinen Kampfwert mehr, und ihr Aussehen glich dem eines Wracks. Aber noch hielt sie sich über Wasser. Roshestwenski, bereits verwundet, verließ um 17.30 Uhr mit dem Torpedoboot »Buiny« das Schiff. Die Führung des Geschwaders gab er an Nebogatov ab.

Togo gelang es, den Strich über das »T« zu ziehen. Um auszuweichen, drehten die Russen zuerst auf 50 Grad und später, kurz vor 15.00 Uhr, auf nördliche Kurse. Beide Seiten manövrierten so, dass sie möglichst Breitseitenfeuer führen konnten.

Das Spitzenschiff war jetzt »Alexander III.« Es wurde gnadenlos zusammengeschossen.

Die acht russischen Hilfsschiffe liefen unter der Deckung von acht Kreuzern und einem Hilfskreuzer sowie neun Torpedobooten ca. 4 sm östlich der Hauptgruppierung, also im Feuerlee. Sie wurden von Konteradmiral Enquist geführt. 14.45 Uhr eröffneten acht japanische Kreuzer und zwei Avisos das Feuer. Als Enquist, entsprechend dem

Kurs der Hauptgruppierung, ebenfalls nach Osten abdrehte, konnten die Japaner zusätzlich ein älteres Linienschiff sowie sieben Kreuzer und ein Aviso in das Gefecht einführen. Das Munitionstransportschiff »Irtysch« sank kurz nach 16.00 Uhr. Alle anderen wiesen mehr oder weniger große Beschädigungen auf. Nebogatov gelang es, mit vier Einheiten kurzzeitig Entlastung zu bringen. Aber auch das half nicht viel. Der verlassene Hilfskreuzer »Ural« wurde 17.40 Uhr in den Grund geschossen, »Kamtschatka« sank um 19.10 Uhr.

Gegen 16.35 Uhr schickte Togo seine Torpedoboote gegen die russische Hauptgruppierung zum Angriff. Er blieb im wütenden Abwehrfeuer stecken. Der japanische Flottenchef konnte es sich nun schon leisten, seine Hauptkräfte gegen 17.30 Uhr zu teilen. Mit sechs Einheiten jagte er den fliehenden Hauptkräften der Russen nach, die anderen sechs nahmen den Kampf mit den Transportern und ihrer Deckung auf. Die Vernichtung der »Alexander III.« wurde vollendet. Das Schiff sank gegen 19.00 Uhr. Dem nunmehrigen Spitzenschiff »Borodino« erging es nicht anders. 30 Minuten später schlugen die Wellen über ihren Masten zusammen.

Nun lief Nebogatov auf »Nikolai I.« an der Spitze. Er setze Signal. »Mir folgen!« »Orjol«, »Apraxin«, »Senjawin« und »Isumrud« schafften es. Der Rest blieb zurück.

Indessen zog Togo seine Hauptkräfte aus der Schlacht. Die Dunkelheit nutzend, griffen nun nochmals 58 Torpedoboote an. Die »Suworow« wurde gegen 19.20 Uhr ihr erstes Opfer. »Navarin«, »Sissoi Weliki«, »Wladimir Monomach« und »Admiral Nachimow« folgten.

Nebogatov strebte nach Norden und Enquist auf »Oleg« nach Süden. Letzteren folgten »Aurora« und »Shemtschug«. Versuche, den Kurs nach Norden zu ändern, scheiterten.

Am Morgen des 28. Mai waren die Reste des II. Fernostgeschwaders weit verstreut. Togo hatte Nebogatov mit seiner Gruppierung vollständig umstellt. Nach den ersten Schüssen ließ der russische Konteradmiral die weiße Flagge setzen. Ein Kampf der schwer angeschlagenen Schiffe war

Der achtere Geschützturm des russischen Linienschiffes »Alexander III.«. In der Schlacht kämpfte das Schiff buchstäblich bis zum Untergang. Unzählige Granaten durchlöcherten die Bordwand und rasierten die Aufbauten weg. Ausbrechende Brände machten die Feuer- und Schiffsführung fast unmöglich. Als das Schiff schließlich kenterte, hielt es sich noch ca. 20 Minuten an der Wasseroberfläche, bevor es die gesamte Besatzung mit in die Tiefe riss.

aussichtslos geworden. Lediglich »Isumrud« gelang die Flucht. Sie sollte später die Bucht von Wladiwostok erreichen und dort auf Grund laufen. Aus Furcht, dass das Schiff den Japanern in die Hände fallen könnte, wurde es von seiner kopflosen Besatzung gesprengt.

Die »Uschakow«, »Swetlana« und »Dimitri Donskoi« versenkten sich demgegenüber erst nach tapferer Gegenwehr selbst.

Der 20 Jahre alte Kreuzer »Dimitri Donskoi« verschoss aus seinen sechs 15,2 cm – und sechs 12-cm-Geschützen ca. 1.500 Granaten. Am 28. Mai gegen 18.30 Uhr wurde er von sechs japanischen Kreuzern gestellt. Nach tapferer Gegenwehr erreichte das Schiff die Insel Ullondo, wo es nach Abbergung der Besatzung zum Sinken gebracht wurde.

Enquist dampfte weiter nach Süden und erreichte Anfang Juni Manila. Lediglich der »Almas« und zwei Torpedobooten gelang es, Wladiwostok zu erreichen.

Roshestwenski hatte dieses Glück nicht. Das Torpedoboot »Buiny« brachte ihn zur »Bedowy«, die sich gegen 16.00 Uhr mit seinem Einverständnis kampflos den Japanern ergab.

Die Seeschlacht war zu Ende, die russische Flotte faktisch vollständig vernichtet und der Krieg unwiderruflich verloren.

Der russische Admiralstab suchte die Ursachen der Niederlage nicht im brüchigen System des Zarismus, sondern im mangelnden Zusammenwirken des Marineministeriums mit anderen Ministerien, in der ungenügenden Arbeit der Marineverwaltung, des Hauptstabes, des technischen Komitees usw. usf. Gleichzeitig wurde gegen alle Offiziere, die sich ergeben hatten, gerichtlich vorgegangen. Die wahren Gründe der gravierenden Niederlage mussten kaschiert werden.

Es ist sicher falsch, den russischen Seeleuten mangelnde Tapferkeit vorzuwerfen. Der überwiegende Teil kämpfte mutig bis zur letzten Minute. Die Hauptursache der Niederlage, aus der sich alle anderen Konsequenzen ergaben, lag im Zarismus selbst. So wurde veranlasst, dass eine technisch und ausbildungsmäßig unzureichend vorbereitete Flotte den Weg um den halben Erdball nahm und eine Seeschlacht schlagen musste. Ihr Befehlshaber ergriff während der Überfahrt kaum Maßnahmen, um zumindest die Ausbildungsmängel zu beseitigen. In das vermutete Kampfgebiet lief er ohne Aufklärung und mit zu spät formierter Gefechtsordnung ein. Als die ersten gegnerischen Aufklärungsschiffe ausgemacht wurden, ließ er sie nicht nur unbehelligt ihre Aufgaben erfüllen, sondern lehnte es sogar noch ab, ihren Funkverkehr zu stören.

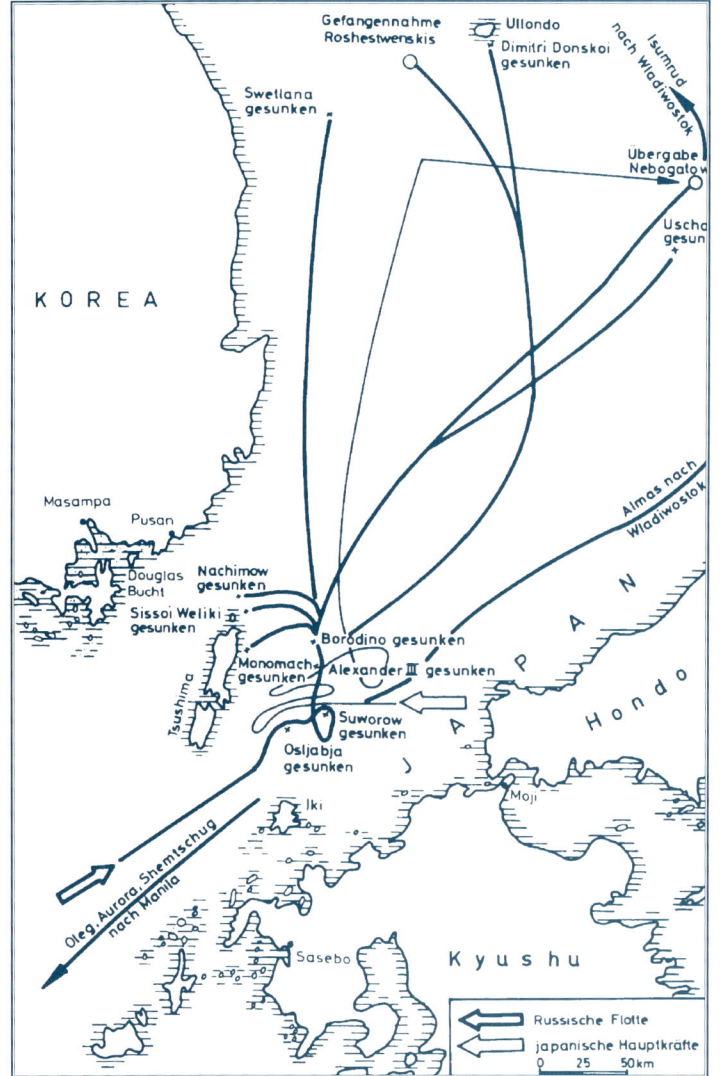

Überblick über die Seeschlacht von Tsushima

Die japanischen Besatzungen kämpften verbissen. Für sie gab es nur eine Devise – Sieg.

Die Seeschlacht selbst wurde nur unter der Losung «23 Grad – Wladiwostok« und nicht »Sieg« geführt. Dadurch beraubte sich Roshestwenski selbst der Möglichkeit, die Initiative zu erringen. Schwere Führungsfehler potenzierten diesen Umstand noch. Die trotz der schlechten artilleristischen Ausbildung erzielten Treffer blieben vielfach wirkungslos, da die Granaten aufgrund eines Feuchtigkeitsgehaltes des Pulvers von 30 Prozent häufig nicht detonierten.

Die russischen Verluste waren katastrophal. Von acht Linienschiffen waren sechs gesunken und zwei den Japanern übergeben worden. Von 13 Kreuzern lagen sieben auf dem Grund des Meeres, zwei in japanischen und drei interniert in neutralen Häfen. Von neun Torpedobooten gingen fünf unter, eins fiel den Japanern in die Hände und eins wurde interniert. Von den acht Hilfsschiffen entkamen lediglich vier. 5.000 Tote, 500 Verwundete und 6.000 Gefangene waren zu beklagen.

Die Japaner mussten lediglich drei Torpedoboote aus ihrer Flottenliste streichen. Zwei Kreuzer und drei Linienschiffe waren schwer beschädigt. 600 Tote und Verwundete wurden gezählt. Die Schiffsverluste konnten durch genommene und gehobene russische Kampfschiffe mehr als ausgeglichen werden. An der im Herbst 1905 durchgeführten japanischen Siegesparade nahmen vom ehemaligen II. Fernostgeschwader sechs Linienschiffe, fünf Kreuzer und fünf Torpedoboote unter japanischer Flagge teil.

Die Seeschlacht unterstrich die gewachsene Rolle und dominierende Bedeutung der Panzerschiffe zu Beginn des 20. Jahrhunderts. Von allen Admiralstäben intensiv ausgewertet, beschleunigte sie die Modernisierung der Kampfschiffe und stimulierte den Wettlauf zwischen Artillerie und Panzerung. Darüber hinaus gab sie wesentliche Impulse für die Weiterentwicklung der Flottentaktik, die dann im Ersten Weltkrieg zur Anwendung kommen sollte.

Der Krieg zwischen Russland und Japan wurde am 5. September 1905 durch den Frieden von Portsmouth beendet. Liautung wurde mit Port Arthur japanisches Pachtgebiet und Südsachalin japanisches Territorium. Japan bekam freie Hand in Korea. Beide Seiten räumten die Mandschurei und schlossen ein Handels- und Fischereiabkommen. Die Widersprüche zwischen beiden Mächten schwelten aber weiter.

Die im Kampf schwer beschädigte »Orjol«, wieder repariert und nun von der japanischen Flotte in Dienst gestellt

Die Seeschlachten bei Coronel und Falkland
(November / Dezember 1914)

Kaiser Wilhelm II. in Admiralsuniform. Bereits am 18. Oktober 1899 sagte er in Hamburg: »... und bitter not ist uns eine starke deutsche Flotte!«

Als am 28. Juni 1914 der 19-jährige Gymnasiast Gavrilo Prinzip den österreich-ungarischen Thronfolger Erzherzog Franz Ferdinand sowie seine Frau Sophie von Hohenburg in Sarajevo erschoss, gab er den äußeren Anlass für den Beginn des Ersten Weltkrieges.

Die Schüsse von Sarajevo waren für die herrschenden Kreise in Europa das willkommene Signal, um ihre Expansionsbestrebungen, die sie schon seit langem mit einer intensiven militärischen Aufrüstung untermauerten und die letztlich in einer Neuaufteilung der Welt münden sollten, gewaltsam zu verwirklichen.

Für Deutschland spielte dabei die Kaiserliche Marine eine besondere Rolle.

Mit großer Kraftanstrengung gebaut, hatte sie im August 1914 einen Bestand von 44 Linienschiffen, von denen allerdings 30 älteren Datums waren. Sechs Schlacht-, acht Panzer-, ein Großer sowie 35 Kleine Kreuzer komplettierten die Flotte. Hinzuzuzählen sind noch 217 Torpedoboote, von denen allerdings nur 85 neueren Baujahres waren. Die Gesamtwasserverdrängung der deutschen Flotte betrug 1.033.752 t.

Deutschland betrachte England nicht unberechtigt als Hauptgegner zur See. Deshalb sollte die Nordsee auch der Hauptkriegsschauplatz sein. Da es trotz jahrelanger Anstrengungen nicht gelang, die britische Flottenstärke zu erreichen, sollte die Royal Navy durch offensive Vorstöße geschwächt und nach Herstellung eines annähernden Kräftegleichgewichts in einer Generalschlacht geschlagen werden. Eine abenteuerliche Konzeption, denn Großbritannien besaß im August 1914 immerhin 63 Linienschiffe, darunter 41 ältere, neun Schlacht-, 34 Panzer-, 14 Große und 94 Kleine Kreuzer sowie 226 Zerstörer. Die Gesamtwasserverdrängung der Flotte betrug 2.485.430 t.

Zur zahlenmäßigen Überlegenheit der britischen Flotte kam hinzu, dass viele ihrer Schiffe über größere Geschützkaliber, höhere Geschwindigkeiten und einen größeren Aktionsradius verfügten als die deutschen. All das konnten letztere durch ihre höhere Standkraft nicht annähernd ausgleichen.

Negativ wirkte sich auch die seestrategische Lage für Deutschland aus. Die weite Blockade, zu der sich die britische Admiralität entschloss, nahm der Kaiserlichen Marine die Möglichkeit, die Nordsee zu verlassen. Dadurch war sie weitestgehend der Fähigkeit beraubt, den eigenen Überseehandel zu schützen, den des Gegners ernsthaft zu stören und ihren in den deutschen Kolonien befindlichen Streitkräften wirkungsvoll Unterstützung zu gewähren.

1914 verfügte Deutschland über einen beträchtlichen Kolonialbesitz. Kamerun, Togo, Deutsch-Südwestafrika, Deutsch-Ostafrika, Neu-Guinea, Samoa, Kiautschou sowie einige kleinere Besitzungen im

KIAUTSCHOU
1:250000

Am 14. November 1897 drangen drei deutsche Kriegsschiffe unter dem Befehl von Konteradmiral von Diederichs in die Bucht von Kiautschou ein und drohten, den Hafen zu beschießen. Daraufhin zog die chinesische Garnison ab. Im Zusammenhang mit der Besetzung des Kiautschou Gebietes verkündete der Staatssekretär des Auswärtigen Amtes, Bernhard von Bülow, am 6. Dezember 1897 im Deutschen Reichstag: »Wir wollen niemand in den Schatten stellen, aber wir verlangen auch unseren Platz an der Sonne.«

Stillen Ozean umfassten eine Fläche von rund 2,9 Mio. km^2 und waren damit fast sechsmal größer als das Deutsche Reich selbst. 12,3 Mio. Einwohner in den Kolonien standen 64,9 im so genannten Mutterland gegenüber.

Seit Mitte der 80er Jahre des 19. Jahrhunderts rückte China immer mehr in den Blickpunkt der deutschen Finanz-, Industrie- und Handelskreise. Ihnen ging es hauptsächlich um die Erlangung des Zuganges zu den reichen Bodenschätzen dieses Landes und um die Erweiterung des deutschen

Exports nach China. War vorerst die Bucht von Samsah als mögliches Einfallstor ins Auge gefasst, so entschied sich Wilhelm II. 1896 für Kiautschou (Jiaozhou).

Dieses Gebiet war für den geplanten Zweck wesentlich besser geeignet. Seine geschützte Bucht gestattete das Einlaufen von Schiffen aller Klassen und bot ideale Möglichkeiten zum Ausbau des Hafens und zur Errichtung einer Flottenbasis in Tsingtau (Qingdao). Aber eine Annektion ohne Vorwand konnte aufgrund der internationalen Lage nicht durchgeführt werden. Deshalb bekam bereits im November 1896 der deutsche Gesandte in Peking den Auftrag, eine Möglichkeit zum bewaffneten Eingreifen zu ermitteln und sofort nach Berlin zu telegrafieren. Eine solche Möglichkeit ergab sich ein Jahr später, als in der chinesischen Provinz Schantung (Shandong) zwei deutsche Missionare ermordet wurden.

Am 6. März 1898 musste die korrupte chinesische Regierung, die unfähig war, der deutschen Aggression Widerstand entgegenzusetzen, den Kiautschou-Vertrag unterzeichnen. Deutschland »pachtete« für 99 Jahre ein Gebiet von 515 km^2 und erklärte es am 27. April zum Schutzgebiet. Das umliegende Territorium mit einem Durchmesser von rund 100 km wurde zur neutralen Einflusszone deklariert. Die Neutralität sah so aus, dass Deutschland in dieser Zone nach Belieben Truppenbewegungen durchführen konnte, China aber zur Stationierung von Truppen eine deutsche Genehmigung brauchte.

Zum Schutz der Kolonien befanden sich zu Beginn des Ersten Weltkrieges zwei Panzerkreuzer, ein Schlacht- und acht Kleine Kreuzer, neun Kanonenboote und ein Torpedoboot, zwei Vermessungs-, ein Spezial- sowie ein Geschwaderbegleitschiff in ausländischen Gewässern. Das stärkste Kontingent, das Kreuzergeschwader im Bestand der Panzerkreuzer »Scharnhorst« und »Gneisenau«, der Kleinen Kreuzer »Nürnberg«, »Leipzig« und »Emden« sowie des Geschwaderbegleitschiffes »Titania«, stützte sich auf den einzigen ausgebauten und befestigten deutschen Flottenstützpunkt im Ausland, auf Tsingtau. Zusammen mit sieben Kanonenbooten und einem Torpedoboot bildete das Kreuzergeschwader die so genannte Ostasiatische Station.

Die Nachricht von den Geschehnissen in Sarajevo traf am 29. Juni 1914 in Tsingtau ein. Zu diesem Zeitpunkt befanden sich die beiden Panzerkreuzer auf einer Inspektionsfahrt durch die kaiserlichen Südseekolonien. Der kleine Kreuzer »Nürnberg« lag an der Westküste Mexikos und wartete auf seine Ablösung durch den Kleinen Kreuzer »Leipzig«, welcher am 7. Juni Tsingtau verlassen hatte. Von den größeren deutschen Schiffen hielt sich nur der Kleine Kreuzer »Emden« in der Flottenbasis auf.

Entsprechend des kaiserlichen Operationsplanes hatten die deutschen Auslandsschiffe mit Beginn der Kampfhandlungen Kreuzerkrieg zu führen. Er umfasste Handlungen gegen feindliche Handelsschiffe sowie gegen neutrale Schiffe, die Bannware an Bord hatten. Die Liste der Bannware war umfangreich und wurde durch die Krieg führenden Seiten entsprechend den konkreten Bedingungen laufend präzisiert. Die britische Regierung hatte beispielsweise im November 1916 230 Positionen auf ihrer Bannwarenliste.

Zu den Aufgaben des Kreuzerkrieges gehörten ebenfalls überraschende Handlungen gegen Küstenobjekte des Gegners, die auch Artilleriebeschuss nicht ausschlossen, sowie die Zerstörung feindlicher Unterwasserkabel und Nachrichtenstationen an Land. Deutschland verfügte mit Yap, Nauru und Apia im Stillen Ozean über drei leistungsstarke Funkstationen mit einer Reichweite zwischen 1.000 und 1.900 sm. Die vierte Station in Rabaul konnte nicht mehr fertiggestellt werden. Yap wurde am 12. August 1914, Apia am 30. August und Nauru Anfang September von den Engländern zerstört. Den deutschen Seestreitkräften im Ausland musste die zusätzliche Aufgabe gestellt werden, möglichst große Teile der Seestreitkräfte des Gegners zu binden, um auf dem europäischen Kriegsschauplatz wenigstens etwas Entlastung zu schaffen.

Der deutsche Admiralsstab unterteilte zur Führung des Kreuzerkrieges die Welt in vier Operationsgebiete. Eines davon umfasste den Stillen Ozean, für den das Kreuzergeschwader sowie der in Ostafrika stationierte Kleine Kreuzer »Königsberg« verantwortlich waren. Diesen sechs Einheiten wurde allen Ernstes die Aufgabe gestellt, in einem Gebiet von fast 180 Mio. km² die Seeherrschaft zu erringen. Allerdings gingen die deutschen Admirale davon aus, dass zur Erringung der Seeherrschaft besonders günstige Bedingungen herrschen müssten. Diese hätten aber nur existiert, wenn England, Russland und Japan nicht in den Krieg eingetreten wären. Dadurch wiederum wären die weit gesteckten Expansionsziele Deutschlands, die sich ja gerade gegen die beiden erstgenannten Staaten richteten, nicht zu realisieren gewesen. Die Seeherrschaft im Stillen Ozean musste also nicht nur aus militärischen, sondern vor allem aus politischen Gründen ein Traum bleiben, denn die Widersprüche zwischen den sich feindlich gegenüberstehenden Hauptmächten existierten auch in den Kolonialgebieten.

Am 7., 9. und 11. Juli empfing der Chef des Kreuzergeschwaders, Vizeadmiral Graf von Spee, Telegramme, die ihn kurz über die Zuspitzung der Lage in Europa unterrichteten. Weitere Nachrichten, die eine Verschärfung der Spannungen erkennen ließen, veranlassten Admiral Spee, die »Nürnberg« nicht wie geplant über Yokohama nach Tsingtau, sondern direkt nach Ponape (Ostkarolinen), wo er seit dem 17. Juni mit seinen Panzerschiffen ankerte, laufen zu lassen. Berechnungen ergaben, dass der Kleine Kreuzer den Verband am 5. August erreichen würde.

In den ersten Stunden des 1. August informierte ein weiteres Telegramm über die unmittelbar drohende Kriegsgefahr. Die Besatzungen begannen die beiden Panzerschiffe kriegsbereit zu machen. In der Nacht vom 2. zum 3. August wurde es zur Gewissheit: Der Krieg hatte begonnen.

Für Spee war die Lage unübersichtlich. Das blieb sie auch am 5. August, als er erfuhr, dass Großbritannien Deutschland den Krieg erklärt hatte. Für den deutschen Admiral war die Haltung Japans natürlich wesentlich wichtiger. Das Land der Morgenröte stellte nicht nur aufgrund seiner Flotte einen ernst zu nehmenden Gegner dar, sondern konnte gegenwärtig als einzige Macht Tsingtau auch von Land aus ernstlich bedrohen. Für die zu erwartenden Kampfhandlungen im Stillen Ozean war Tsingtau für das Kreuzergeschwader aber unentbehrlich, denn nur dort fand es Reparatur- und Ausrüstungsmöglichkeiten sowie mit Sicherheit Kohlen und Munition.

Die ständige Sorge um Kohlen bestimmte wesentlich das Denken der deutschen Kommandeure. Schließlich gab sie auch den Ausschlag für die Wahl des weiteren Handlungsgebietes. Es konnte nur in der Küstennähe Chiles liegen, da dieses Land seine wohlwollende Neutralität Deutschland gegenüber erklärt hatte und deshalb der unentbehrliche Brennstoff dort am leichtesten zu beschaffen war.

Am 27. August erklärte Japan die Blockade Tsingtaus, und schloss es am 28. September vollständig ein. Am 7. November hisste die deutsche Besatzung die weiße Fahne.

In den Morgenstunden des 11. August gingen »Scharnhorst«, »Gneisenau« und »Nürnberg« Anker auf und verlegten zur Insel Pagan (Nördliche Marianen), wo sie sich mit der »Emden« vereinigten.

Am 13. August tagte Admiral Spee mit seinen Kommandanten. Es wurde der Entschluss zur Überführung des Geschwaders in den Südostteil des Stillen Ozeans gefasst und damit die Idee des Kreuzerkrieges faktisch aufgegeben, da in diesem Seegebiet kaum englische Seeverbindungen verliefen. Um wenigstens noch einen Rest der eigentlichen Aufgabe zu erfüllen, sollte die »Emden« in den Indischen Ozean laufen und dort Handelskrieg führen. Für ein Einzelschiff gab es bessere Möglichkeiten zur Bekohlung, notfalls auch aus aufgebrachten Schiffen, sowie zur Tarnung.

Am 13. August um 18.00 Uhr liefen acht Kohlendampfer unter der Führung des Hilfskreuzers »Prinz Eitel Friedrich« von Paganu ab. 30 Minuten später folgten die vier Kampfschiffe mit dem Geschwadergeleitdampfer »Titania«. Am nächsten Morgen um 7.00 Uhr verließ die »Emden« mit dem Kohlendampfer »Markomannia« den Verband. Beide Schiffe nahmen Kurs auf den Indischen Ozean. Admiral Spee lief mit seinen Kräften in Richtung südamerikanische Küste weiter.

Entsprechend jahrhundertelanger guter Erfahrungen betrachtete die britische Admiralität den Schutz des Mutterlandes als Hauptaufgabe für die Royal Navy. Diese Aufgabe bestimmte nicht nur den Flottenbau, sondern auch die Dislozierung der Flottenkräfte. So kam es, dass das Vereinigte Königreich zu Kriegsbeginn im Stillen Ozean nur über relativ schwache Seestreitkräfte verfügte. Zur China-Station, deren Hauptkräfte sich im Juni 1914 im Weihaiwei befanden, gehörte das Linienschiff »Triumph«, welches aber aufgrund seiner geringen Geschwindigkeit für den Schutz der Seeverbindungen in den Weiten des Stillen Ozeans kaum verwendbar war. Hinzu kamen die Panzerkreuzer »Minotaur« und »Hampshire« sowie die Kleinen Kreuzer »Newcastle« und »Yarmouth«. Das für das deutsche Kreuzergeschwader gefährlichste Schiff, der Schlachtkreuzer »Australia«, gehörte mit sieben Kleinen Kreuzern zur Australischen Station. Die Ostindische Station bestand aus dem Linienschiff »Swiftsure« sowie zwei Kleinen Kreuzern. Als Gegner für den Verband von Admiral Spee konnten unter Umständen noch die französischen Panzerkreuzer »Montcalm« und »Dupleix« sowie die russischen Kleinen Kreuzer »Askold« und »Schemtschug« auftreten.

Aufgrund der für das riesige Gebiet bei weitem nicht ausreichenden Kräftekonzentration, war die britische Admiralität gezwungen, während eines möglichen Krieges vom Geleitzugsystem Abstand zu nehmen. Es sollten nur die wichtigsten Verkehrsknotenpunkte und die Häfen überwacht werden, in denen deutsche Schiffe in Handelskreuzer umgewandelt werden konnten. Die deutschen Auslandskreuzer waren mit Beginn der Spannungsperiode zu beobachten und bei Ausbruch der Kampfhandlungen zu vernichten. Um die beiden letztgenannten Aufgaben erfüllen zu können, wurden die gegnerischen Schiffsbewegungen auch im tiefsten Frieden registriert.

Vizeadmiral Maximilian Johannes Maria Hubert Reichsgraf von Spee trat mit 15 Jahren in die Kaiserliche Marine ein. Verschiedene Dienststellungen auf Linienschiffen, in Stäben und im Ausland machten ihn zu einem gut ausgebildeten und fähigen Flottenführer. Das Kommando über das Kreuzergeschwader erhielt er am 4. Dezember 1912. Im November 1913 wurde er zum Vizeadmiral befördert.

Konteradmiral Sir Christopher Cradock trat mit 13 Jahren in die britische Marine ein. Neben Dienststellungen an Bord hatte er auch Kommandofunktionen bei der Marinebrigade inne. 1900 nahm er aktiv an der Niederschlagung des Boxeraufstandes teil. Seine Vorgesetzten schätzten ihn als »einen unserer besten Offiziere« und ernannten ihn 1910 zum Konteradmiral.

Am 27. Juli informierte die britische Admiralität ihre Auslandskräfte darüber, dass ein Krieg in Europa nicht ausgeschlossen sei und dass die Schiffe der Mittelmächte zu überwachen sind. Dieser Befehl kam zumindest bezüglich des deutschen Kreuzergeschwaders zu spät, denn es hatte bereits vier Wochen vorher Tsingtau verlassen und sein genauer Standort war nicht bekannt.

Vizeadmiral Jerram, Chef der britischen China-Station, blieb in dieser Situation nichts weiter übrig, als das Kreuzergeschwader von Tsingtau abzuschneiden. Er zog seine Kräfte in Hongkong zusammen, um von hier aus die Blockade der deutschen Flottenbasis zu organisieren. Gegenüber den auf See befindlichen deutschen Kampfschiffen war sie allerdings sinnlos, denn diese liefen Tsingtau nicht mehr an und gegenüber den im Hafen befindlichen uneffektiv, denn sie verhinderte weder am 7. August das Auslaufen der »Emden«, noch drei Tage später das des Hilfskreuzers »Cormoran«.

Nachdem am 23. August Japan in den Krieg gegen Deutschland eingetreten war, wurde die Blockadeaufgabe für die britischen Kräfte gegenstandslos, denn die übernahmen die japanischen Seestreitkräfte. Admiral Jerram konnte seine Kräfte nach Singapore verlegen, um den Indischen Ozean nach Osten hin abzusperren. Gleichzeitig setzte eine Suchaktion nach den deutschen Kampfschiffen in der Südsee ein, an der sich auch die japanische Flotte beteiligte. Erst am 16. September erhielt Jerram die Meldung, dass Spee die Samoa-Inseln zwei Tage vorher mit NW-Kurs verlassen habe. Die Meldung stimmte. Allerdings änderte Spee außerhalb der Sichtweite der Inseln den Kurs und lief über die Gesellschafts- und Marquesasinseln zu den Osterinseln.

Am 5. Oktober gelang es Admiral Spee, über eine Entfernung von 2.500 sm eine Funkverbindung mit dem aus dem Atlantik kommenden Kleinen Kreuzer »Dresden« herzustellen. Dieser befand sich ca. 1.000 sm östlich der Osterinseln und teilte mit, dass er und der Kleine Kreuzer »Leipzig« die Osterinseln anlaufen. Von besonderer Wichtigkeit war aber die Meldung, dass die britischen Panzer-

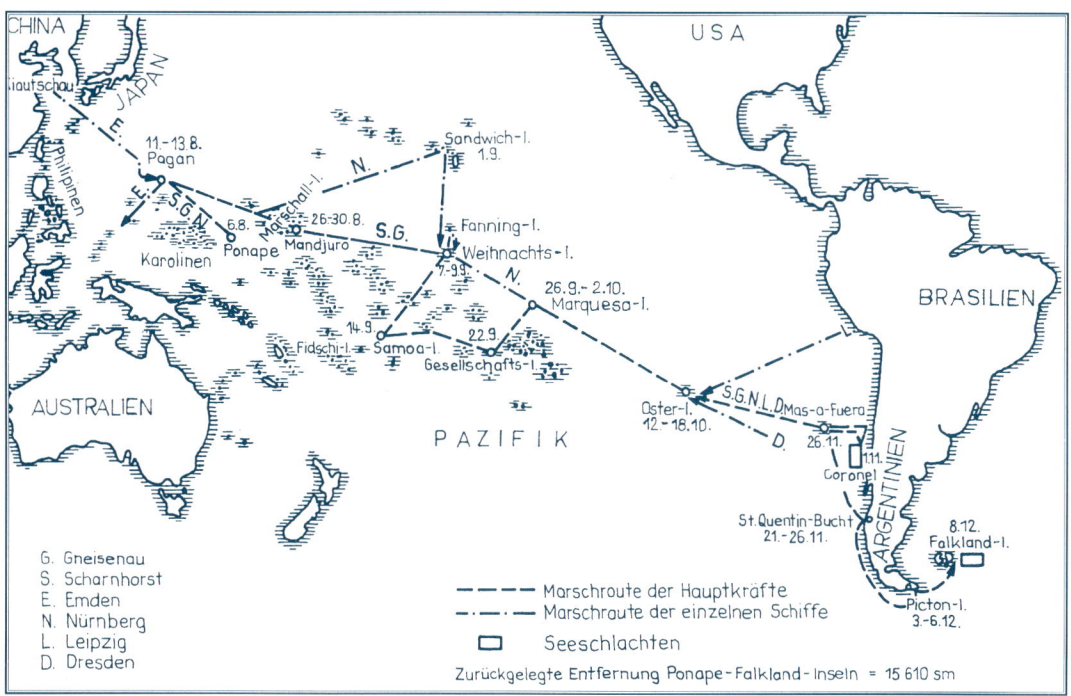

Marschrouten des deutschen Ostasiengeschwaders von August bis Dezember 1914

kreuzer »Good Hope« und »Monmouth« sowie der Kleine Kreuzer »Glasgow« und der Hilfskreuzer »Otranto« am 28. September unter dem Befehl von Konteradmiral Cradock das südchilenische Punta Arenas auf der Brunswickhalbinsel verlassen hatten.

Spee wusste nun, dass sein Gegner nicht nur hinter, sondern auch vor ihm stand. Aber auch die Briten wussten nun endgültig Bescheid, denn sie hörten nicht nur den Funkverkehr der deutschen Schiffe mit, sondern entschlüsselten auch deren Sprüche. Die Vermutung der britischen Admiralität, dass die deutschen Schiffe in Richtung Südamerika liefen, bestätigte sich. Dieser Annahme sowie der Tatsache, dass die »Dresden« im Gebiet von Feuerland handelte, entsprang auch der Entschluss, Kräfte an die Westküste Südamerikas zu entsenden. Ihre Aufgabe bestand in der Durchführung »Kombinierter Operationen« also im Suchen und Vernichten des Gegners, um dadurch den eigenen Handel zu schützen.

Nachdem sich die deutschen Kampfschiffe aus den mitgeführten Dampfern ausreichend mit Kohlen versorgt hatten, verließ das Geschwader am 18. Oktober die Osterinseln. Vorläufiges Ziel war die Insel Mas a Fuera.

Spee war klar, dass Kampfhandlungen nicht mehr zu vermeiden waren. Deshalb wurden vor dem Ablaufen von den Osterinseln auf einer Besprechung mit allen Kommandanten nochmals die möglichen Varianten eines Gefechtes durchgesprochen. Es sollte auf einer Entfernung von mehr als 7.000 m beginnen. 5.500 m durften nicht unterschritten werden, ansonsten hätten die gegnerischen Granaten die Panzerung durchschlagen.

Der Chef des Kreuzergeschwaders bemühte sich, seine Kräfte eng zusammenzuhalten. Dadurch konnte nicht nur eine maximale Kräftekonzentration erzielt, sondern auch der Gegner, der, wie Spee annahm, in einer weit auseinander gezogenen Suchformation läuft, einzeln vernichtet werden.

Während der Überfahrt trainierten die Besatzungen Entfernungsmessen, Verbandsfahren und Schießen auf geschleppte Scheiben. Der abgehörte Funkverkehr der Küstenfunkstationen sowie der der englischen Schiffe brachte Spee einen ungefähren Überblick über die Kräfteverteilung seines Gegners.

In den Morgenstunden des 26. Oktobers erreichte der deutsche Verband die Insel Mas a Fuera. Wiederum übernahmen die Kampfschiffe Kohlen von den Begleitdampfern.

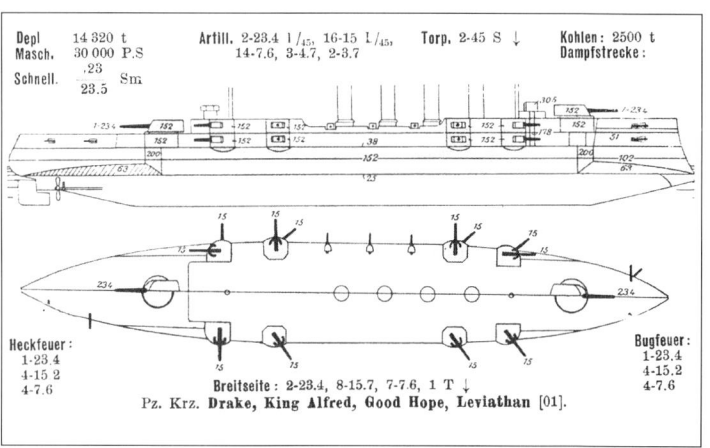

Das Kreuzergeschwader hatte bisher eine unbestreitbar gute Leistung vollbracht. Mehr als 10.000 sm legte es ohne nennenswerte Störungen zurück. Die Gefechtsbereitschaft und Kampfkraft konnte durch regelmäßige Übungen nicht nur gehalten, sondern sogar erhöht werden. Geschickte Planung und Organisation garantierten, dass das Geschwader ständig über ausreichende Kohlen-, Proviant- und Wasservorräte verfügte. Dann komplizierte sich die Lage allerdings, denn es zeichnete sich ab, dass in Zukunft britische Kampfschiffe die weitere Versorgung des Geschwaders behindern oder gar unterbinden würden. Ein bewaffneter Zusammenstoß mit diesen Kräften stand unmittelbar bevor. Allerdings war klar, dass die wahrscheinlich gegenüberstehenden Schiffe schwächer waren, denn die gegnerischen Einheiten im Indischen Ozean und im westlichen Stillen Ozean schieden als Gegner aus. Sie suchten zwar das Kreuzergeschwader in diesen Seegebieten, aber ihre Handlungen richteten sich immer mehr auf die Inbesitznahme der deutschen Kolonien. Zusätzlich band die Deckung von Truppentransporten aus Australien und Neuseeland nach Europa ihre Kräfte. Die eigentliche Hauptaufgabe, die Vernichtung der deutschen Seestreitkräfte, verloren sie nach und nach fast völlig aus den Augen. So kam es, dass die räumliche Entfernung zwischen diesen Kräften und dem Kreuzergeschwader von Tag zu Tag zunahm und schließlich ein Zusammentreffen unmöglich wurde.

Dafür tauchte mit Konteradmiral Cradock ein neuer Gegner auf. Er suchte und verfolgte mit verschiedenen Kräften bereits seit dem 12. August die »Dresden« an der Ostküste Südamerikas.

Aufgrund der Meldung vom 16. September, die besagte, dass Spee die Samoa-Inseln mit NW-Kurs verlassen habe, kam die britische Admiralität zu dem Schluss, dass die »Good Hope«, »Monmouth«, »Glasgow« und »Otranto« für Cradocks Aufgabe ausreichend sind. Als aber am 5. Oktober klar wurde, dass eine Vereinigung des Kreuzergeschwaders mit der »Dresden« wahrscheinlich war, reichten Cradocks Kräfte natürlich nicht mehr aus. Er forderte die Aufstellung eines zweiten Geschwaders, bekam aber nur die »Canopus«.

Dieses 1897 vom Stapel gelaufene Schiff konnte 17 kn laufen. Mangelnde Ausbildung des Maschinenpersonals führte zu der Annahme, dass es nur noch 12 kn schaffen würde. Cradock verzichtete

Der 1902 in Dienst gestellte Panzerkreuzer »Good Hope« war aufgrund seiner nicht mehr ausreichenden Kampfkraft schon in die Reserve eingegliedert. Mit 90 Prozent Reservisten an Bord wurde das Schiff in den Kampf geschickt. Vor der Seeschlacht bei Coronel konnte die Besatzung nur einmal Übungsgefechtsschießen durchführen.

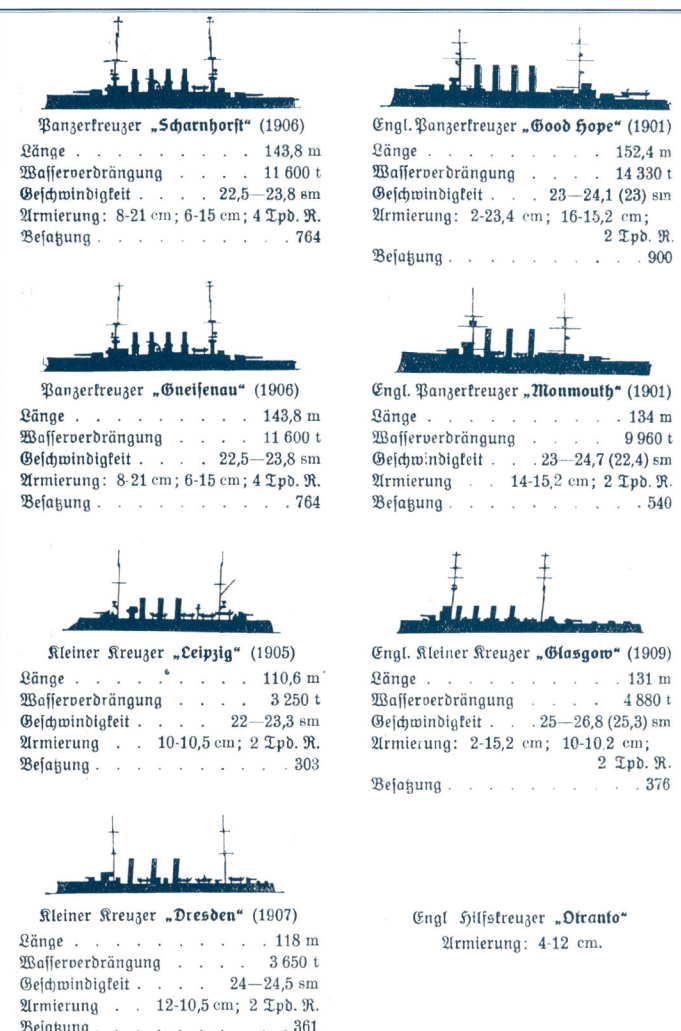

Panzerkreuzer „Scharnhorst" (1906)
Länge . . . . 143,8 m
Wasserverdrängung . . . . 11 600 t
Geschwindigkeit . . . 22,5–23,8 sm
Armierung: 8-21 cm; 6-15 cm; 4 Tpd. R.
Besatzung 764

Engl. Panzerkreuzer „Good Hope" (1901)
Länge . . . . 152,4 m
Wasserverdrängung . . . . 14 330 t
Geschwindigkeit . . . 23–24,1 (23) sm
Armierung: 2-23,4 cm; 16-15,2 cm;
2 Tpd. R.
Besatzung 900

Panzerkreuzer „Gneisenau" (1906)
Länge . . . . 143,8 m
Wasserverdrängung . . . . 11 600 t
Geschwindigkeit . . . 22,5–23,8 sm
Armierung: 8-21 cm; 6-15 cm; 4 Tpd. R.
Besatzung 764

Engl. Panzerkreuzer „Monmouth" (1901)
Länge . . . . 134 m
Wasserverdrängung . . . . 9 960 t
Geschwindigkeit . . . 23–24,7 (22,4) sm
Armierung . . . 14-15,2 cm; 2 Tpd. R.
Besatzung 540

Kleiner Kreuzer „Leipzig" (1905)
Länge . . . . 110,6 m
Wasserverdrängung . . . . 3 250 t
Geschwindigkeit . . . 22–23,3 sm
Armierung . . . 10-10,5 cm; 2 Tpd. R.
Besatzung 303

Engl. Kleiner Kreuzer „Glasgow" (1909)
Länge . . . . 131 m
Wasserverdrängung . . . . 4 880 t
Geschwindigkeit . . . 25–26,8 (25,3) sm
Armierung: 2-15,2 cm; 10-10,2 cm;
2 Tpd. R.
Besatzung 376

Kleiner Kreuzer „Dresden" (1907)
Länge . . . . 118 m
Wasserverdrängung . . . . 3 650 t
Geschwindigkeit . . . 24–24,5 sm
Armierung . . . 12-10,5 cm; 2 Tpd. R.
Besatzung 361

Engl. Hilfskreuzer „Otranto"
Armierung: 4-12 cm.

Die aus dem deutschen Admiralstabswerk entnommene Gegenüberstellung der sich bei Coronel bekämpfenden Kräfte gibt nur einen ungefähren Überblick über die artilleristische Überlegenheit des Kreuzergeschwaders. Hierzu zählten auch der geschossene Salventakt sowie die Reichweite der einzelnen Kaliber. Die maximale Schussdistanz der deutschen 21-cm-Geschütze betrug 16.300 m, die der 15-cm- Geschütze 13.700 m und die der 10,5-cm-Geschütze 12.200 m. Demgegenüber betrug die der britischen 23,4-cm-Geschütze nur 11.000 m und die der 15,2-cm-Geschütze ebenso wie die der 10,2-cm-Geschütze nur 10.000 m.

deshalb auf das Linienschiff, da es unter diesen Umständen den Verband nur aufgehalten hätte und dampfte die Küste Chiles hinauf. Seine fast nicht mehr zu erfüllende Aufgabe bestand nun in der Verhinderung des Durchbruchs der deutschen Kräfte in den Atlantik. Die entstandene Kräftekonstellation gestattete Cradock jedoch nur noch, sich tapfer zu wehren. Eine reale Siegesaussicht hatte der britische Admiral nicht mehr.

Am 27. Oktober abends verließ das Kreuzergeschwader die Reede von Mas a Fuera und nahm Kurs auf Valparaiso. Zwei Tage später stand der Verband 40 sm vor diesem Hafen. Ein näheres Herangehen unterblieb aus Tarnungsgründen. Abgehörte englische Funksprüche sowie aus der Hafenstadt auslaufende deutsche Schiffe unterrichteten Admiral Spee laufend über den ungefähren Standort Cradocks. Der wiederum hatte die »Glasgow« nach Coronel detachiert, um dort Meldungen einzuholen und abzusetzen. Der Kleine Kreuzer fing Funksprüche der in unmittelbarer Nähe stehenden »Leipzig« auf und informierte sofort Cradock. Der befahl daraufhin die schnellstmögliche Vereinigung der »Glasgow« mit seinem Verband.

Aber auch Spee erfuhr vom Aufenthalt des britischen Schiffes in Coronel. Da die Möglichkeit bestand, das Schiff abzufangen, lief der Verband am Vormittag des 1. Novembers mit südlichen Kursen ab. Aber auch die »Glasgow«, gewarnt durch die Funksprüche, war eher als vermutet ausgelaufen und unbehelligt zum eigenen Verband gestoßen. Dieser lief in der Annahme, dass er es nur mit der »Leipzig« zu tun habe, mit nördlichen Suchkursen. Um 15.50 Uhr erschienen starke Rauchwolken am Horizont. Um 16.10 Uhr wurden nicht nur der Kleine Kreuzer, sondern zusätzlich noch zwei Panzerschiffe einwandfrei identifiziert.

Das Kreuzergeschwader machte erst um 16.17 Uhr zwei Schiffe und um 16.25 Uhr ein weiteres aus. Die Zielklassifizierung war exakt. »Monmouth«, »Glasgow« und »Otranto« wurden erkannt. »Dresden« und »Nürnberg«, die sich zur Vergrößerung der Suchbreite vom Verband entfernt hatten, erhielten Sammelbefehl. Die Heizer machten Dampf auf, die Rudergänger steuerten südliche Kurse. Spee begann seinen nun ebenfalls nach Süden laufenden Gegner zu verfolgen. Das Ziel des deutschen Admirals bestand in der Einnahme einer Position zwischen dem Festland und den Kräften Cradocks. Dadurch konnte er ihr Entweichen in die neutralen Gewässer Chiles verhindern und bekam bessere Sicht-verhältnisse, denn die vor der im Westen untergehenden Sonne laufenden Schiffe mussten sich klar am Horizont abzeichnen. Langsam drehten die drei Engländer auf westliche Kurse. Um 17.20 Uhr erkannte Spee den Sinn dieses Manövers. Als viertes Schiff wurde ihm das Führerschiff des britischen Verbandes, die »Good Hope«, gemeldet. Cradock hielt nun mit allen Schiffen Süd-kurs. Er suchte das laufende Gefecht, und das musste schnell geschlagen werden, denn noch stand die Sonne so hoch, dass sie ihn begünstigte. Er drehte leicht nach Backbord, um die Ent-fernung zu dem von hinten aufkommenden Gegner zu verkürzen. Aber Spee musste noch warten, also drehte auch er nach Back-bord.

Gegen 18.00 Uhr war die »Dresden« heran. Nun hatte eine Breitseite des deutschen Geschwaders ein Gewicht von 1.936 kg. Dem konnten die Briten, den Hilfskreuzer »Otranto« nicht mitgerechnet, lediglich 1.275 kg entgegensetzen. Aber nicht nur die Granatmasse sprach für Spee, sondern auch der wesentlich höhere Ausbildungsstand seiner Besatzungen.

Um 18.15 Uhr ging die Sonne unter. Jetzt konnte und musste Spee angreifen. Er änderte den Kurs leicht nach Steuerbord und verkürzte dadurch die Entfernung. Um 18.34 Uhr krachte bei einer Entfernung von 10.400 m die erste deutsche Salve. Trotz der sich klar am Horizont abzeichnenden Schiffe war das Zielen äußerst kompliziert, denn Wind 6 und See 5 ließen die Schiffe um 5 bis 10 Grad nach jeder Seite schlingern.

»Scharnhorst« brachte bereits mit der dritten Salve einen Treffer hinter dem vorderen 23,4-cm-Geschützturm der »Good Hope« an. Kurz danach erzielte »Gneisenau« einen Treffer im vorderen Geschützturm der »Monmouth«. Dieser flog in die Luft und das Vorschiff fing an zu brennen. Die deutschen Panzerkreuzer hatten sich eingeschossen. Der Salventakt betrug 15 sec. Um ihn halten zu können, mussten die Geschützbedienungen von Zeit zu Zeit abgelöst werden.

Die englischen Schiffe eröffneten auf einer Entfernung von 9.200 m das Feuer mit den Haupt-kalibern. Der Salventakt betrug lediglich 50 sec. Die 15-cm-Geschütze kamen wahrscheinlich auf-grund des schlechten Wetters nur teilweise zum Einsatz. Die »Monmouth« musste bald vom Salvenfeuer zum Einzelfeuer übergehen.

Treffer auf Treffer schlugen in die britischen Panzerkreuzer ein. Mehrere Brände wüteten auf der »Monmouth«. Um 18.50 Uhr konnte das Schiff die Geschwindigkeit nicht mehr halten. Es scherte aus der Linie und begann nach achtern zu sacken. Um 19.00 Uhr wurde sein Artilleriefeuer schwächer und verstummte nach 20 Minuten völlig. »Gneisenau« schoss sich daraufhin auf die »Good Hope« ein, die von den Treffern der »Scharnhorst« schon übel zugerichtet war. Um 19.23 Uhr zerriss eine gewaltige Detonation das britische Führerschiff. Es muss kurz danach untergegangen sein. Keiner konnte den Todeskampf des Schiffes beobachten, denn es war schon dunkel.

Noch am 5. August übernahm der Kleine Kreuzer »Leipzig« von dem englischen Dampfer »Cetriana« 60 t Kohlen. Die Funkstation des Englän-ders wurde beschlagnahmt und auf der »Leipzig« eingebaut. Da es eine Handelsschiffsstation war, gelang es dem Kleinen Kreuzer häufig, während des Funkverkehrs seine Identität zu verbergen.

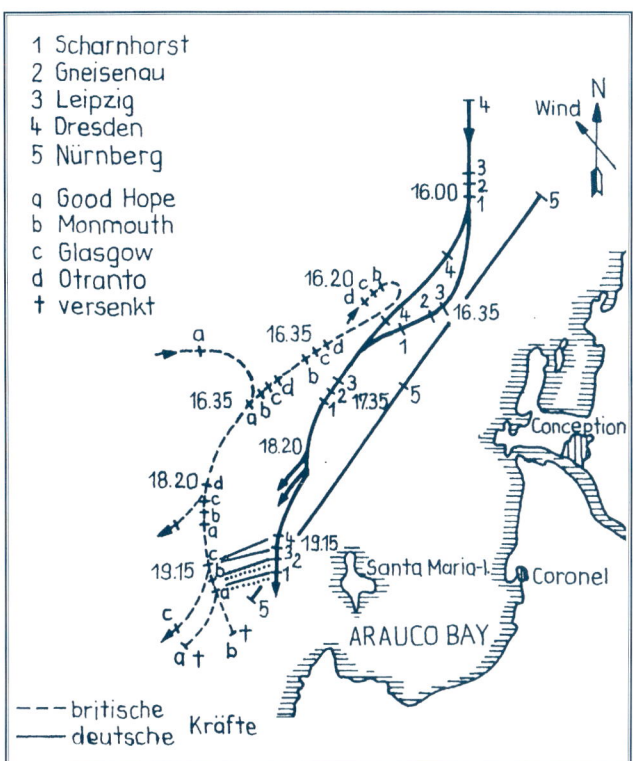

Verlauf der Seeschlacht bei Coronel
am 1. November 1914

Zu dieser Zeit hatte die »Monmouth« ihr Heck gegen die See gedreht, da das zerstörte Vorschiff zuviel Wasser nahm. Das Schiff lief mit Nordkurs und wurde ein Opfer der bisher nicht am Gefecht beteiligten »Nürnberg«. Obwohl die Besatzung klar erkannte, dass der Panzerkreuzer kampfunfähig war, ließ der Kommandant um 20.50 Uhr das Feuer aus einer Entfernung von weniger als 1.000 m eröffnen. Nach 75 Schüssen kenterte die »Monmouth« und ging um 20.58 Uhr mit wehender Flagge unter.

Von den Besatzungen der britischen Panzerkreuzer überlebte nicht ein Mann.

Auch die Kleinen Kreuzer »Dresden« und »Leipzig« eröffneten um 18.34 Uhr das Feuer. Für sie war aufgrund des Seeganges das Zielen äußerst schwierig. Noch schwieriger war es aber für die »Glasgow«, die ihren Gegner am dunklen Horizont kaum ausmachen konnte. Sie schoss deshalb abwechselnd auf die größeren Silhouetten der beiden Panzerkreuzer. Sie selbst wurde vorerst nur durch die »Leipzig« beschossen. Als aber die »Otranto« nach der dritten Salve der »Dresden« abdrehte, konnte auch dieser Kleine Kreuzer sein Feuer gegen die »Glasgow« richten. Insgesamt wurde dieses Schiff fünfmal im Wasserlinienbereich getroffen, ohne jedoch größeren Schaden zu nehmen, denn die Geschosse detonierten in den Kohlenbunkern. Gegen 19.30 Uhr stellte die »Glasgow« das Feuer ein, lief ab und versuchte der »Monmouth« zu Hilfe zu kommen. Aber um das Schiff zu retten, war es bereits zu spät. Die »Glasgow« suchte ebenso wie die »Otranto« ihr Heil in der Flucht. Vergeblich versuchten die deutschen Schiffe ihren Gegner in der Dunkelheit zu finden. Die Seeschlacht von Coronel war zu Ende.

Das Kreuzergeschwader hatte einen Sieg errungen. Dafür war eine Reihe von Gründen ausschlaggebend. Die deutsche artilleristische Überlegenheit war rein technisch gesehen erdrückend, konnte aber erst durch eine gute Ausbildung der Besatzungen sowie durch die Einnahme einer zweckmäßigen Feuerposition voll zum Tragen gebracht werden. Das führte dazu, dass die britischen Schiffe erst das Feuer eröffnen konnten, als sie bereits schwere Treffer erhalten hatten. Die frühzeitigen Beschädigungen sowie die daraus resultierende moralische Wirkung haben wahrscheinlich dazu geführt, dass die britischen Panzerkreuzer keinen artilleristischen Erfolg erzielten.

Durch den Sieg von Coronel hatte Admiral Spee die Seeherrschaft an der Westküste Südamerikas errungen. Nun ist aber die Seeherrschaft immer zeitlich und örtlich begrenzt und nichts weiter als die Voraussetzung, um Kampfhandlungen unter günstigen Bedingungen durchführen zu können. In diesem konkreten Fall war klar, dass sie Spee nicht lange behaupten konnte, denn sein Gegner würde ihm früher oder später neue Kräfte, und diesmal stärkere, entgegenstellen. Zeitweilig erreichte er nur, dass die britischen Handelsschiffe in diesem Seegebiet neutrale Häfen anliefen oder in ihnen verblieben. Großbritannien wurde dadurch nur unwesentlich geschwächt.

Trotz aller Erfolge befand sich das Kreuzergeschwader in einer äußerst komplizierten Lage. Das sah auch sein Chef. Er schrieb an einen Bekannten in Valparaiso: »Sie müssen nicht vergessen, daß ich ganz heimatlos bin. Nach Deutschland kann ich nicht, irgendeinen sicheren Hafen sonst in der Welt besitzen wir nicht; ich muß mich so durch die Weltmeere schlagen und so viel Unfug anrichten, als ich kann, bis uns die Munition ausgeht oder bis mich ein an Machtmitteln weit überlegener Feind zu packen kriegt.«

Dieser realen Einschätzung ist kaum etwas hinzuzufügen und die Sorge um die Munition verständlich, denn ihre unersetzbaren Bestände waren unter 50 Prozent gesunken.

Davon wurde dem deutschen Volk natürlich nichts mitgeteilt, kam es doch darauf an, den Ruhm der mit vielen Vorschusslorbeeren bedachten und mit Unsummen aufgebauten Kaiserlichen Marine aufzupolieren. Sie hatte bisher die ihr zugedachte Aufgabe in keiner Weise erfüllt. Im Gegenteil, ein Torpedoboot sowie die Kreuzer »Ariadne«, »Cöln« und »Mainz« mussten schon als Verluste abgebucht werden. Dem stand nur der spektakuläre Erfolg von »U-9« unter dem Befehl von Kapitänleutnant Otto Weddigen gegenüber, der am 22. September 1914 vor der holländischen Küste innerhalb von 75 Minuten die britischen Panzerkreuzer »Aboukir«, »Hogue« und »Cressy« versenkte. Nun traf endlich eine weitere Siegesnachricht ein. Und diesmal sogar von den Überwasserkräften, der Lieblingswaffe des Kaisers.

Eine Propagandawelle, die hin und wieder durch Erfolgsmeldungen der »Emden« und »Karlsruhe« verstärkt wurde, überschwemmte das Deutsche Reich. Da aber die »Karlsruhe« am 4. November und bereits fünf Tage später die »Emden« verloren gingen, blieb als Paradestück nur das Kreuzergeschwader übrig.

Sein Kommandeur hatte aber ganz andere Sorgen. In der Schlacht hatten die »Scharnhorst« zwei und die »Gneisenau« vier Treffer erhalten, die nur unbedeutenden Schaden anrichteten. Die Kleinen Kreuzer trugen überhaupt keine Schäden davon. Auch die Versorgungslage gestaltete sich günstig, denn Chile stellte für die deutschen Schiffe alles Notwendige bereit. Aufgebrachte Prisen erhöhten die Vorräte noch. Munition konnte allerdings nicht beschafft werden.

Admiral Spee hatte aber auch noch andere Probleme zu lösen. Zwar konnte er am 3. November in Valparaiso erstmals Kontakt mit einem offiziellen Vertreter Deutschlands aufnehmen, aber der verfügte nur über allgemeine Informationen. Der Chef des Kreuzergeschwaders brauchte aber Informationen über den Standort und die Handlungen seines Gegners sowie klare Anweisungen und Befehle zur Erfüllung weiterer Aufgaben, einschließlich ihrer Sicherstellung, aus Deutschland. Und gerade daran mangelte es.

Dem deutschen Admiralstab kann nicht vorgeworfen werden, dass er das Kreuzergeschwader vergessen hätte. Seine Anweisungen gingen aber über New York und San Francisco nach Valparaiso, so dass sie aufgrund dieses Umweges in ihrer Mehrzahl Admiral Spee nicht erreichten. In Berlin kam man zu dem Schluss, dass der Kreuzerkrieg weder im Stillen- noch im Atlantischen Ozean aufrechterhalten werden kann und plante die Rückführung aller Einheiten in die Heimat. Aber das wiederum war leichter gesagt als getan, denn dazu musste die britische Blockade durchbrochen werden. Das ging, wenn überhaupt, nur bei einer umfangreichen Sicherstellung, einem engen Zusammen-

Vizeadmiral Sir F. Doverton Sturdee, 1859 geboren, trat mit zwölf Jahren in die Royal Navy ein. Er stand im Ruf eines Seeoffiziers mit scharfer Intelligenz und großen praktischen Fähigkeiten, der sein Schiff im Kampf einzusetzen versteht und ein Geschwader mit Entschlossenheit führen kann.

wirken zwischen den durchbrechenden und den sicherstellenden Kräften sowie bei einer großen Portion Glück. Allein die Organisation und Aufrechterhaltung des Zusammenwirkens setzte eine sicher funktionierende Nachrichtenverbindung voraus. Gegenwärtig existierte nicht mal eine direkte Drahtverbindung, und Kriegsglück war schon immer eine launische Angelegenheit, auf die kein Kommandeur vertrauen sollte.

Unter diesen Blickwinkel stellte es der Admiralstab Spee frei, den Durchbruch zu versuchen. Der Chef des Kreuzergeschwaders antwortete militärisch knapp: »Durchbruch des Kreuzergeschwaders in die Heimat ist beabsichtigt.«

Im Gegenzug bemühte sich die britische Admiralität, die erst am 4. November von der Niederlage bei Coronel erfuhr, den Durchbruch nicht zuzulassen. Dazu ergriff sie energische Maßnahmen. Vizeadmiral Sturdee, der die Aktion leitete, bekam einen Befehlsbereich von ungewöhnlicher Ausdehnung zugeteilt.

Er umfasste den Stillen sowie den Südatlantischen Ozean bis zu 5 Grad nördlicher Breite. Sollte er bei der Jagd auf das Kreuzergeschwader diesen Bereich verlassen müssen, so unterstanden ihm automatisch die Kommandeure der Gebiete, in denen er dann handelte. Er erhielt den Befehl über die Schlachtkreuzer »Inflexible« und »Invincible«, von denen er letzteren zum Flaggschiff bestimmte. Mit diesen Schiffen sollte sich Sturdee nach Südamerika begeben, um sich dort mit den Panzerkreuzern »Carnarvon«, »Cornwall« und »Defence« zu vereinigen. Danach hatte dieser Verband zu den Falklandinseln zu laufen und von dort aus die Operation gegen die deutschen Schiffe zu führen.

Aber auch für andere Lageentwicklungen waren Maßnahmen vorgesehen. Da die Möglichkeit bestand, dass das Kreuzergeschwader entlang der Westküste Südamerikas nach Norden dampft, um den Panamakanal zu passieren, bildete die britische Admiralität das Nordpazifische Geschwader, dem auch japanische Einheiten angehörten. Da nicht sicher war, ob es diesem Geschwader gelingen würde, Admiral Spee abzufangen, hatten ab 12. November zwei Kreuzer den Ostausgang des Kanals zu überwachen sowie bei Kontaktaufnahme mit dem Gegner diesen zu begleiten und Verstärkungskräfte heranzuführen. Auch die Möglichkeit, dass der deutsche Verband nach Passieren von Kap Horn nicht in den Nordatlantik läuft, sondern in die Kämpfe um die deutschen Kolonien in Kamerun und Deutsch-Südwestafrika eingreift, war einkalkuliert. Um einer solchen Lageentwicklung entgegenzuwirken, wurden in der Kapkolonie starke Flottenkräfte konzentriert.

Am 9. November verließ Admiral Sturdee mit den beiden Schlachtkreuzern Großbritannien. Über St. Vincent und Abrolhos Rocks, wo die »Carnarvon«, »Cornwall«, »Kent«, »Glasgow« und der Kleine Kreuzer »Bristol« zum Verband stießen, erreichte er am 7. Dezember Port Stanley. Hier fand er das Linienschiff »Canopus« vor, das auf Grund gesetzt wurde, um eine günstige Schussposition zur Deckung der Hafeneinfahrt einzunehmen. Die Hafeneinfahrt wurde ebenfalls durch eine Reihe provisorisch hergestellter Minen sowie drei 7,2-cm-Geschütze gesichert.

Admiral Sturdee befahl die sofortige Kohlenübernahme. Da aber nicht genügend Kohlendampfer vorhanden waren, konnte sie nicht gleichzeitig auf allen Schiffen durchgeführt werden. Außer für »Bristol«, die Maschinenschaden hatte, ordnete Sturdee ein Bereitschaftssystem an, welches gewährleistete, dass die Wachschiffe nach 30 Minuten 14 kn und die restlichen Schiffe nach zwei

Stunden 12 kn Fahrt machen konnten. Am 8. Dezember gegen 7.20 Uhr hatten erst zwei Schiffe die Kohlenübernahme vollständig beendet. Geplant war, dass der Verband noch am gleichen Tage in Richtung Kap Horn in See gehen sollte, ausgenommen die »Kent« und »Cornwall«, welche am 9. Dezember zu folgen hatten.

Admiral Spee erhielt über die britischen Flottenbewegungen nur ungenügende Informationen. Ihm war zwar bekannt, dass sich gegnerische Flottenkräfte wahrscheinlich bei den Falklandinseln sammeln, aber die Entsendung der Schlachtkreuzer war ihm mit Sicherheit unbekannt.

Auch der deutsche Admiralstab wusste nichts davon. Obwohl er sich darüber klar war, dass der beabsichtigte Durchbruch des Kreuzergeschwaders sichergestellt werden musste, unternahm er keinerlei Aktivitäten, um die britischen Flottenkräfte in der Nordsee zu binden. So blieb das Kreuzergeschwader auf sich allein angewiesen.

Am 15. November liefen die deutschen Schiffe von der Insel Mas a Fuera ab und erreichten am 21. die St. Quentin Bucht. Nachdem aus mitgeführten Trossdampfern Kohlen übernommen waren, verließ das Geschwader am 26. die Bucht mit Kurs Kap

Am 16. November ging die »Glasgow« in Rio de Janeiro ins Dock, um die bei Coronel erhaltenen Schäden auszubessern. Nachdem sie repariert und voll mit Kohlen ausgerüstet war, verließ sie am 22. November den Hafen, um sich mit den Kräften Sturdees zu vereinen.

Horn. Am 2. Dezember wurde das Kap gerundet und der kanadische Segler »Drummuir« mit 2.750 t bester Kohle aufgebracht. Die Übernahme seiner Kohle erstreckte sich bis zum 6. Dezember.

Am Vormittag dieses Tages fand auf der »Scharnhorst« eine Beratung Admiral Spees mit seinen Kommandanten statt. In ihr legte der Geschwaderchef die nächste Aufgabe fest. Sie bestand in der Zerstörung der Funkstation und des Marinearsenals auf den Falklandinseln sowie in der Gefangennahme des Gouverneurs der Inselgruppe. Dabei ging der Admiral davon aus, dass sich in Port Stanley keine britischen Kampfschiffe befinden.

Diese Entscheidung blieb im Kreis der Kommandanten nicht ohne Widerspruch. Einige hielten es für ratsamer, die Falklandinseln außerhalb der Sichtweite zu passieren und so unentdeckt bis zur La Plata-Mündung zu laufen, um dort den britischen Handel empfindlich zu stören. Wie die späteren Ereignisse zeigten, hatten sie Recht. Aber Spee blieb bei seiner Entscheidung.

»Gneisenau« und »Nürnberg« erhielten den Befehl, am Tag der Durchführung des Unternehmens um 8.00 Uhr vor der Hafeneinfahrt von Port Stanley zu stehen, um die Aufgabe zu erfüllen. Alle anderen Einheiten hatten die Aktion seeseitig zu decken.

Die erfolgreiche Erfüllung dieser Aufgabe hätte eine Schwächung der britischen Positionen im Südatlantik bedeutet. Aber es konnte sich nur um eine zeitweilige handeln und musste damit für den weiteren Verlauf der Kampfhandlungen bedeutungslos bleiben. Notwendig war sie keinesfalls. Vielmehr wurde durch sie die reale Gefahr heraufbeschworen, dass die Funkstation vor ihrer Zerstörung den Standort des Kreuzergeschwaders meldet und dass bei Anwesenheit selbst schwacher

»Gneisenau« und »Nürnberg« verlassen den Verband und laufen in Richtung Port Stanley ab.

britischer Kräfte wertvolle Munition verbraucht wird. Das Hauptziel, Durchbruch nach Deutschland und das Nebenziel, Störung des britischen Handels, verlor Admiral Spee völlig aus den Augen.

Am Nachmittag des 6. Dezembers lief das Geschwader ab. In der folgenden Nacht traf ein Funkspruch ein, der die Falschinformation bestätigte, dass die britischen Flottenkräfte Port Stanley mit Kurs Südafrika verlassen hätten. Bis heute ist noch nicht geklärt, ob der britische Geheimdienst diese Falschmeldung fabriziert und in Umlauf gesetzt hatte.

Graf von Spee legte am Abend des 7. Dezembers die Durchführung der Aufgabe für den nächsten Tag fest. Am 8. Dezember um 2.00 Uhr konnte in 60 sm Entfernung an Backbordseite Land ausgemacht werden. Drei Stunden später verließen »Gneisenau« und »Nürnberg« den Verband und liefen mit 14 kn in Richtung Port Stanley ab. Es herrschte klare Sicht und ruhige See.

Gegen 8.00 Uhr Ortszeit machten die Besatzungen die Masten der Funkstation sowie die von Schiffen im Hafen aus. Rauchwolken stiegen auf und es entstand der Eindruck, dass der Gegner die Kohlenvorräte in Brand steckte. Als man sich aber gegen 9.00 Uhr weiter genähert hatte, erschienen unter den Rauchwolken Schornsteine. Nun war klar, dass sich im Hafen Kampfschiffe befanden. Aber noch stritten sich die Offiziere auf der Brücke der »Gneisenau« über ihre Anzahl und Typen. Das Rätsel löste sich teilweise, als ein Schiff, wie sich später herausstellte, die »Kent«, auslief. Sofort gingen »Gneisenau« und »Nürnberg« auf 17 kn, um den Gegner möglichst noch in der Hafeneinfahrt abzufangen. Plötzlich detonierten Backbord von der »Gneisenau« vier schwere Granaten.

Admiral Spee erhielt über Funk laufend Meldung. Nach den Schüssen begriff er, dass ihm ein ernst zu nehmender Gegner gegenübersteht. Er übermittelte an »Gneisenau« und »Nürnberg«: »Gefecht nicht annehmen. Sammeln auf östlichem Kurs, hohe Fahrt laufen. Dampf aufmachen in allen Kessel.« Auch er begann mit den bei ihm befindlichen Kräften nach Osten abzulaufen. Gleichzeitig entließ er die Tross-Schiffe, die 20 sm südöstlich des Flaggschiffes standen. Das Kreuzergeschwader begann zu fliehen.

Das war in dieser Situation die einzig richtige Entscheidung, denn bereits 7.50 Uhr wurden die »Gneisenau« und »Nürnberg« von den Briten gesichtet. Eine knappe halbe Stunde später erging der Befehl zum Ankerlichten und um 8.30 Uhr zur Unterbrechung der Kohlenübernahme. 15 Minuten danach lief das Wachschiff, die »Kent«, aus. Wiederum eine Stunde später war das gesamte Geschwader klar zum Auslaufen und begann kurz danach mit diesem Manöver. Als Admiral Sturdee um 10.20 Uhr das Signal »Allgemeine Verfolgung« setzen ließ, eröffnete er die Jagd. Langsam näherten sich »Invincible«, »Inflexible«, »Carnarvon«, »Cornwall«, »Glasgow« und »Kent« ihrem nun mit südöstlichen Kursen laufenden Gegner an. Um 12.51 Uhr war es soweit. Admiral Sturdee gab Feuererlaubnis. Vier Minuten später eröffnete die »Inflexible« und eine Minute nach ihr die »Invincible« auf einer Entfernung von 16.000 m zu den Panzerkreuzern das Feuer. Ziel war die »Leipzig«, das Schlussschiff des Kreuzergeschwaders.

Treffer wurden nicht erzielt. Aufgrund der Verkürzung der Entfernung konnten die britischen Schlachtkreuzer nach und nach ihr Feuer auf die deutschen Panzerkreuzer verlegen. Spee erkannte, dass sein dicht geschlossener Verband, der bisher noch nicht zum Schuss gekommen war, von den weit überlegenen britischen Kräften in kurzer Zeit vernichtet werden würde. Deshalb entschloss er sich um 13.20 Uhr, die Kleinen Kreuzer zu entlassen. Er selbst wollte sich mit den beiden Panzerkreuzern dem Gegner entgegenstellen, um die Flucht zu decken.

Gegen 13.30 Uhr eröffneten »Scharnhorst« und »Gneisenau« das Feuer auf einer Entfernung von 15.000 m. Wegen der Windverhältnisse, die den Rauch ständig im Bereich der britischen Schiffe hielten und dadurch das Zielen erschwerten, drehten die Panzerkreuzer auf Nordost, wodurch sich gleichzeitig die Entfernung auf 11.000 m verkürzte. Nun konnten auch die 15-cm-Geschütze schießen. Bereits mit der dritten Salve wurden Treffer auf der »Invincible« erzielt. Sturdee reagierte, indem er die Entfernung auf 15.000 m vergrößerte. Gegen 14.00 Uhr stellten beide Seiten das Feuer ein. Das war die letzte Chance für die Panzerkreuzer. Admiral Spee drehte nach Süden und versuchte zu entkommen. Es wurde auch höchste Zeit, denn die »Gneisenau« hat-

Das 1899 in Dienst gestellte und für 1915 zur Verschrottung vorgesehene Linienschiff »Canopus« war aufgrund seiner geringen Geschwindigkeit nicht für ein Gefecht gegen das Kreuzergeschwader geeignet. Aber als schwimmende Küstenbatterie eröffnete sie aus dem Hafen von Port Stanley heraus die Kampfhandlungen mit einer Breitseite ihrer vier 30,5-cm-Geschütze.

Die Schwesternschiffe »Invincible« und »Inflexible«

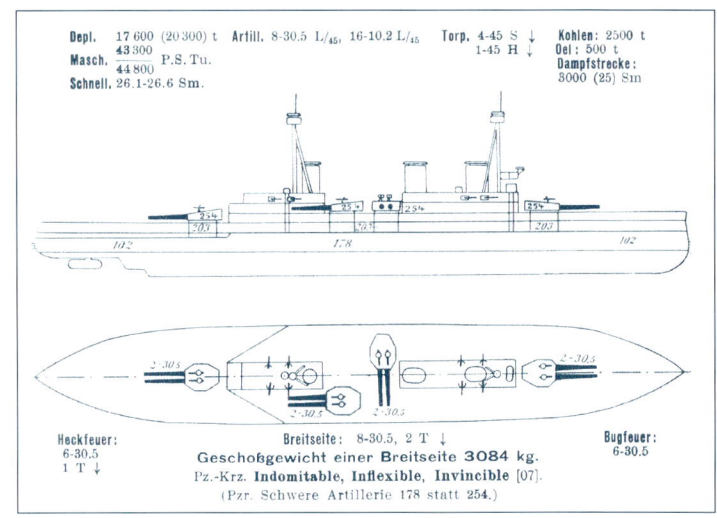

Depl.	17 600 (20 300) t	Artill. 8-30.5 L/$_{45}$, 16-10.2 L/$_{45}$	Torp. 4-45 S ↓	Kohlen: 2500 t
Masch.	43 300 44 800 P.S.Tu.		1-45 H ↓	Oel: 500 t Dampfstrecke:
Schnell.	26.1-26.6 Sm.			8000 (25) Sm

Heckfeuer:
6-30.5
1 T ↓

Breitseite: 8-30.5, 2 T ↓
Geschoßgewicht einer Breitseite 3084 kg.
Pz.-Krz. Indomitable, Inflexible, Invincible [07].
(Pz. Schwere Artillerie 178 statt 254.)

Bugfeuer:
6-30.5

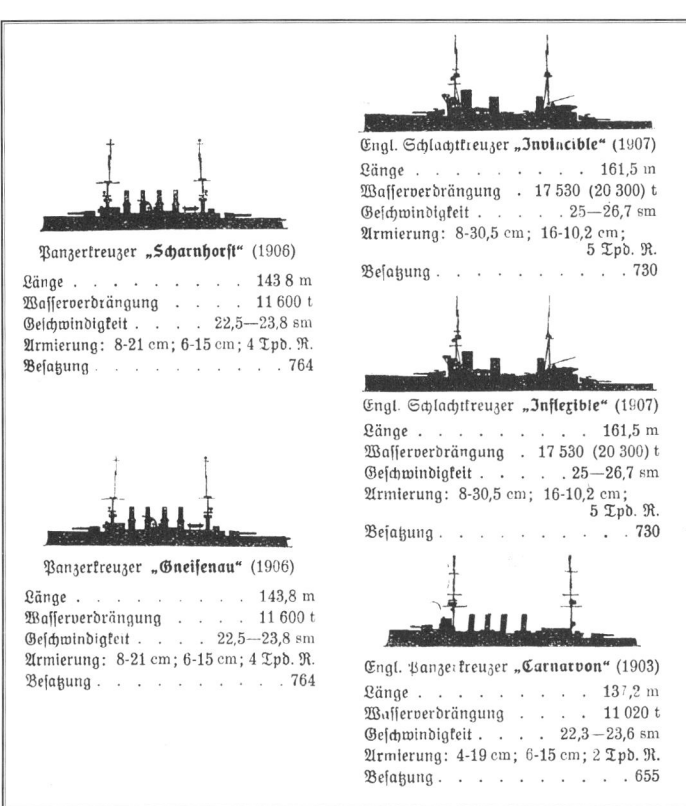

Panzerkreuzer „**Scharnhorst**" (1906)

Länge . . . . 143 8 m
Wasserverdrängung . . . . 11 600 t
Geschwindigkeit . . . . . 22,5–23,8 sm
Armierung: 8-21 cm; 6-15 cm; 4 Tpd. R.
Besatzung 764

Panzerkreuzer „**Gneisenau**" (1906)

Länge . . . . 143,8 m
Wasserverdrängung . . . . 11 600 t
Geschwindigkeit . . . . . 22,5–23,8 sm
Armierung: 8-21 cm; 6-15 cm; 4 Tpd. R.
Besatzung 764

Engl. Schlachtkreuzer „**Invincible**" (1907)

Länge . . . . 161,5 m
Wasserverdrängung . . 17 530 (20 300) t
Geschwindigkeit . . . . . 25–26,7 sm
Armierung: 8-30,5 cm; 16-10,2 cm;
5 Tpd. R.
Besatzung 730

Engl. Schlachtkreuzer „**Inflexible**" (1907)

Länge . . . . 161,5 m
Wasserverdrängung . . 17 530 (20 300) t
Geschwindigkeit . . . . . 25–26,7 sm
Armierung: 8-30,5 cm; 16-10,2 cm;
5 Tpd. R.
Besatzung 730

Engl. Panzerkreuzer „**Carnarvon**" (1903)

Länge . . . . 137,2 m
Wasserverdrängung . . . . 11 020 t
Geschwindigkeit . . . . . 22,3–23,6 sm
Armierung: 4-19 cm; 6-15 cm; 2 Tpd. R.
Besatzung 655

Die sich im Gefecht der Panzerkreuzer bei den Falklandinseln gegenüberstehenden Kräfte. Der Salventakt der 30,5-cm-Geschütze betrug 30 sec. und ihre Reichweite 15.000 m. Die britischen Panzerkreuzer erhielten ab der Invincible-Klasse die Bezeichnung Schlachtkreuzer.

te bereits drei Treffer erhalten und einen Toten und zehn Verwundete zu beklagen. Von der »Scharnhorst« liegen keine genauen Angaben vor. Ihre Schäden und Verluste müssen sich aber in ähnlichen Grenzen gehalten haben.

Fünf Minuten später nahm Admiral Sturdee die Verfolgung mit der »Invincible«, »Inflexible« und »Carnarvon« auf. 14.50 Uhr ließ er auf einer ungefähren Entfernung von 15.000 m das Feuer erneut eröffnen. Die deutschen Geschütze antworteten kurz darauf.

Es kam auch diesmal zum laufenden Gefecht. Sturdee achtete streng darauf, dass er außerhalb der Reichweite der deutschen 15-cm-Geschütze blieb, selbst wenn er dabei auf den Einsatz der 19-cm-Geschütze der »Carnarvon« verzichten musste.

Treffer auf Treffer schlugen in die deutschen Panzerkreuzer ein. Bei der »Gneisenau« fielen zwei Heizräume und die Steuerbordmaschine aus, Brände wüteten, die Befehlsübermittlungsanlagen arbeiteten nur noch teilweise. Kurz nach 15.30 Uhr erhielt die »Scharnhorst« je einen Treffer in die Bordwand Backbord vorn und Steuerbord achtern. Das Schiff begann Wasser zu nehmen, der Tiefgang vergrößerte sich um ca. 1 m, die Geschwindigkeit sank.

Der Panzerkreuzer war dem Tode geweiht. Kurz vor 16.00 Uhr ließ Admiral Spee an die »Gneisenau« den Spruch absetzen: »Wenn Ihre Maschinen noch intakt, versuchen Sie zu entkommen.« Die »Scharnhorst« drehte auf ihren Gegner zu, um vermutlich die Torpedos zum Einsatz zu bringen. Aber das gelang nicht mehr. Der vordere Turm feuerte noch eine Salve. Um 16.17 Uhr verschwand das Flaggschiff des Kreuzergeschwaders von der Wasseroberfläche. Nicht ein Mann überlebte.

Auch um die »Gneisenau« stand es schlecht. Das Schiff konnte nur noch 16 kn laufen. Ein Entkommen war unmöglich. Das Feuer aller drei britischen Schiffe konzentrierte sich nun auf den Panzerkreuzer. Ein Geschütz nach dem anderen fiel aus, die Lenzanlagen versagten und die Maschinen bekamen keinen Dampf mehr. Um 17.20 Uhr befahl der Kommandant, das Schiff zum Versenken klarzumachen. Aber das war nicht mehr nötig. Das Schiff nahm bereits so viel Wasser, dass es 18.00 Uhr über Steuerbord kenterte und zwei Minuten später mit dem Heck zuerst unterging. Nur 187 Mann überlebten.

Ab 13.25 Uhr liefen die »Dresden«, »Nürnberg« und »Leipzig« mit Höchstfahrt und südlichen Kursen ab. Ihre Verfolgung nahmen die »Glasgow«, »Kent« und »Cornwall« auf. Die »Dresden« war das schnellste Schiff der Verfolgten, verbrauchte aber auch die meisten Kohlen. Deshalb entschloss sich der Kommandant, langsam nach Südwesten zu drehen, um in die Nähe von Feuerland zu kommen. Nur dort bestanden einigermaßen reale Chancen, Kohle zu bekommen. Weit hinter der »Dresden« lief die »Glasgow«. Da sich aber die Entfernung zwischen den beiden Schiffen nur langsam verringerte, suchte sich die »Glasgow« ein lohnenderes Ziel. Die »Dresden« hatte vorerst Glück. Gegen 17.00 Uhr verschwand sie in einer Regenbö und entkam.

Ständiger Kohlenmangel und Maschinenschäden verhinderten ihren weiteren Einsatz. Am 8. März wurde sie durch die »Kent« ausgemacht und am 14. März durch die »Glasgow« und »Kent« in der Cumberland Bai (Insel Mas a Tierra) angegriffen. Dem Kommandanten der »Dresden« blieb nichts weiter übrig, als sein Schiff zu sprengen.

Vor den Falklandinseln war das neue Ziel der »Glasgow« nun die »Leipzig«. Der britische Kleine Kreuzer hatte eine Geschwindigkeitsüberlegenheit von 4 kn. Gegen 14.40 Uhr eröffneten beide Schiffe das Feuer. 20 Minuten später schlugen die ersten Treffer auf der »Leipzig« ein. Die Entfernung zwischen beiden Gegnern sank ständig und die Anzahl der Treffer auf der »Leipzig« stieg. Gegen 16.00 Uhr begann das deutsche Schiff zu brennen. Aber auch die »Glasgow« erhielt Treffer und drehte ab. Dafür griff die »Cornwall« an. Um 16.20 Uhr war auch die »Kent« auf Schussdistanz und erzielte schwere Treffer. 20 Minuten später drehte sie ab und hielt auf die »Nürnberg« zu. Dafür griff die »Glasgow« wieder in das Gefecht ein. Die Brände auf der »Leipzig« breiteten sich aus, die Geschwindigkeit sank und die Personalverluste nahmen immer größere Ausmaße an. Um 18.00 Uhr hatten die achteren Geschütze keine Munition mehr. Die restlichen 200 Granaten der Buggeschütze wurden eilig nach achtern gebracht. Aber sie reichten nur bis 19.00 Uhr. Die daraufhin zum Einsatz gebrachten Torpedos hatten eine zu kurze Laufstrecke, um den Gegner zu gefährden. 19.20 Uhr befahl der Kommandant, das Schiff zu versenken. Der Rest der Besatzung versammelte sich auf dem brennenden Oberdeck. In dieser Situation eröffneten »Glasgow« und »Cornwall« auf das nun wehrlose Schiff erneut das Feuer. Es endete erst, als sich die britischen Artilleristen weigerten, weiter zu schießen. Die »Leipzig« sank um 21.23 Uhr. 18 Mann wurden gerettet.

Nachdem die »Kent« das Feuer auf die »Leipzig« eingestellt hatte, verfolgte sie die »Nürnberg«.

Gegen 17.00 Uhr eröffnete der deutsche Kleine Kreuzer das Feuer aus seinen Heckgeschützen, ohne Treffer zu erzielen. Zehn Minuten danach begann die »Kent« zu schießen. Aufgrund ihrer Geschwindigkeitsüberlegenheit kam sie immer näher heran. Da die »Nürnberg« nicht mehr entkommen konnte, legte ihr Kommandant das Schiff so, dass alle Backbordgeschütze zum Einsatz kommen konnten. Das nutzte nicht mehr viel. Ein Geschütz nach dem anderen fiel aus, Brände wüteten, die Maschinen- und Kesselanlagen brachten nicht mehr die benötigte Leistung und die personellen Verluste stiegen. Gegen 18.20 Uhr gab der Kommandant den Befehl zum Sprengen. Aber das war schon nicht mehr nötig. Das Schiff krängte immer mehr nach Steuerbord und versank um 19.27 Uhr. Nur sieben Mann überlebten.

Von den deutschen Tross-Schiffen »Baden«, »Santa Isabel« und »Seydlitz« entkam nur die »Seydlitz«.

Die Seeschlacht bei den Falklandinseln war zu Ende und das Kreuzergeschwader bestand nicht mehr. Rund 2.100 Angehörige der Kaiserlichen Marine fanden den Tod.

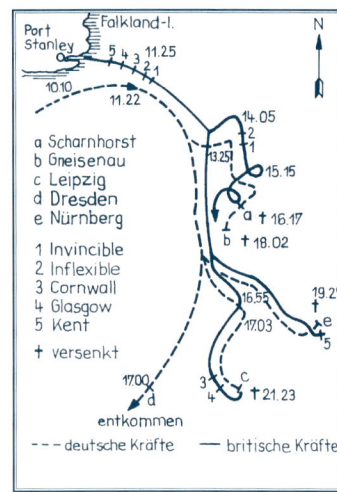

Verlauf der Seeschlacht bei den Falkland-Inseln am 8. Dezember 1914

Nach der Schlacht bei den Falkland-Inseln verbarg sich die »Dresden« ohne Genehmigung der örtlichen Behörden innerhalb der chilenischen Territorialgewässer. Alle Bemühungen des Kommandanten und des deutschen Admiralstabes, das Schiff mit Kohle zu versorgen, scheiterten.

Der britische Panzerkreuzer »Kent«, ein Schwesterschiff der »Monmouth«, konnte seine Siegesmeldung nicht an Admiral Sturdee absetzen, da die Funkstation völlig zerstört war. Insgesamt schlugen 38 Granaten in das Schiff ein. 646 wurden verschossen.

Obwohl von 22 Granaten getroffen, verlor die »Invincible« nicht einen Mann. Sie selbst verschoss mit nahezu 600 Granaten der 30,5-cm-Munition fast den gesamten Kampfsatz.

Der deutsche Kreuzerkrieg hatte damit, bis auf wenige Ausnahmen, seinen Abschluss gefunden. Sein Scheitern war von Anfang an nur eine Frage der Zeit. Hauptursache dafür waren die weit gesteckten Kriegsziele Deutschlands, die in keiner Weise mit den realen Möglichkeiten übereinstimmten. Dieser Widerspruch spiegelte sich auch in der Seekriegskonzeption des kaiserlichen Deutschlands wider. Die deutschen Seestreitkräfte, nicht mal in der Nordsee gleichstark mit den britischen, hatten in den außereuropäischen Gewässern keine Überlebenschance. Dafür sorgten nicht nur die Flotten Großbritanniens, Frankreich und Japans, sondern auch das Fehlen von Stützpunkten, Kohlen, Munition und anderen Versorgungsgütern. Unter diesem Blickwinkel gesehen, sind Diskussionen darüber, was gewesen wäre, wenn Admiral Spee die britischen Kräfte in Port Stanley sofort angegriffen hätte und ob das Zusammentreffen vor Falkland zufällig war oder nicht usw., nutzlos.

Das Kreuzergeschwader unter der guten und umsichtigen Führung von Admiral Spee, mit unbestreitbar tapfer kämpfenden Besatzungen bemannt, war bereits zu Beginn des Krieges zum Tode verurteilt. Die Frage war nur, wann das Urteil vollstreckt werden würde. Dass der Zeitraum zwischen Urteilsverkündung und Urteilsvollstreckung so groß war, ist kein Verdienst der Flottenpolitik des kaiserlichen Deutschlands, sondern das der Führung und der Besatzungen des Geschwaders.

Ende 1915 tobte der Erste Weltkrieg nahezu anderthalb Jahre und weder die Entente noch die Mittelmächte hatten ihre Kriegsziele erreicht. In dieser Situation legte der Chef des Generalstabes des deutschen Feldheeres, General der Infanterie Erich von Falkenhayn, in der so genannten Weihnachtsdenkschrift dar: »Um so notwendiger ist es, daß gleichzeitig alle jene Mittel rücksichtslos zur Anwendung gebracht werden, die geeignet sind, England auf seinem eigenen Gebiet zu schädigen. Es sind dies der Unterseekrieg ...« Ein paar Tage später, am 13. Februar 1916, forderte er »den Beginn des uneingeschränkten U-Bootskrieges, sobald er möglich wird.« Damit war diese Art der Kriegführung erstmals fester Bestandteil der strategischen Planung der deutschen Obersten Heeresleitung geworden.

Natürlich erfolgten solche Festlegungen nicht ohne Absprache mit dem Admiralstab. In einer Denkschrift vom 19. Januar 1916 verstieg sich dieser sogar zu der Behauptung, dass durch die Verschärfung des U-Bootkrieges Großbritannien innerhalb von sechs Monaten zum Frieden gezwungen wird.

Diese, von den bisherigen Ansichten, welche hauptsächlich auf den Einsatz der Hochseeflotte orientierten, abweichende Festlegung, fand ihren Niederschlag in den Anfang Februar 1916 ausgearbeiteten »Leitgedanken für die Seekriegsführung in der Nordsee«. Einleitend war festgelegt: »Das zur Zeit bestehende Kräfteverhältnis verbietet uns zunächst, die Entscheidungsschlacht gegen die versammelte englische Flotte zu suchen. Unsere Seekriegsführung muß aber auch verhindern, daß die Entscheidungsschlacht uns vom Gegner aufgezwungen wird.«

Trotz der Schwerpunktverlagerung auf den Einsatz der U-Boote sollte und konnte auf die anderen Waffengattungen nicht verzichtet werden. Das gebot allein schon die Anzahl der zur Verfügung stehender U-Boote, zu denen Anfang März 14 Einheiten innerhalb der Hochseestreitkräfte und 17 zum Marinekorps Flandern gehörten. Acht befanden sich in der Adria sowie je vier in der Ostsee und in Konstantinopel. Damit konnte lediglich 31 gegen die britischen Seetransporte handeln. Aber das war nur ein theoretischer Wert, denn die Erfahrungen zeigten, dass sich höchstens ein Drittel von ihnen im Kampfgebiet befand.

Die stärkste Waffengattung der Kaiserlichen Marine waren nach wie vor die Überwasserkräfte, obwohl sie bis Anfang 1916 unter anderem schon sechs Panzerkreuzer, 13 Kleine Kreuzer und 19 Torpedoboote verloren hatte. Allerdings hatte der Kern der Überwasserkräfte, die Hochseeflotte, bisher kaum in die Kämpfe eingegriffen. Sie zählte Anfang 1916 immerhin noch 22 Linienschiffe, fünf Schlachtkreuzer, elf Kleine Kreuzer und 62 Torpedoboote.

Reinhard Scheer (1863–1928) trat 1879 in die Kaiserliche Marine ein. Im Wechsel von Land- und Borddienststellungen diente er sich bis 1909 zum Stabschef beim Kommando der Hochseeflotte empor. 1913 wurde Scheer Chef des II. und 1914 des III. Geschwaders. Im Januar 1916 erhielt er das Kommando über die Hochseeflotte.

Aufgrund dieser Situation war in den oben angeführten Leitgedanken über den U-Boot-Handelskrieg hinaus die Führung des Minenkrieges, des Handelskrieges im Norden, des Luftkrieges sowie die lebhafte Betätigung der Hochseeflotte in Vorstößen vorgesehen. Die Erfüllung dieser Aufgaben hatte im engen operativen Zusammenwirken zu erfolgen.

Im Jahre 1916 sollten eine Reihe von Vorstößen leichter Einheiten bis in das Grenzgebiet der Deutschen Bucht, aber auch der Einsatz der gesamten Hochseeflotte gemeinsam mit Luftschiffen, Flugzeugen, U-Booten und Minenlegern bis in die Hoofden, nach der Dogger Bank und den Skagerrak durchgeführt werden. Vorgesehen waren Minenlegoperationen, Luftschiffsangriffe auf England, regelmäßige Vorstöße von Torpedobooten sowie die Beschießung der englischen Küste. Durch offensives Vorgehen wollte die deutsche Seite der britischen Flotte das Gesetz des Handelns aufzwingen.

Federführend bei der Ausarbeitung dieser Einsatzkonzeption war Vizeadmiral Reinhard Scheer, der am 24. Januar 1916 den Befehl über die Hochseestreitkräfte übernahm. Ausdrücklich bestätigt wurde sie durch Kaiser Wilhelm II., als er am 23. Februar die Flotte besuchte.

Scheer begann aktiv zu handeln. Das war auch notwendig, denn in Deutschland mehrten sich kritische Stimmen über den Einsatz der Kaiserlichen Marine. Ihr bis dahin geführter Kleinkrieg brachte kaum Resultate, und die mit gewaltigen Mitteln aufgebaute und mit vielen Vorschußlorbeeren bedachte Hochseeflotte lag hauptsächlich in ihren Stützpunkten. Diese Kritik wurde besonders nach dem 21. Februar 1916 laut, als der Angriff auf Verdun begann. Das verblutende Heer verlangte Entlastung. Im Hinterland machten sich zusätzlich die Auswirkungen der britischen Blockade sowohl bei der Ernährung der Bevölkerung als auch in der Produktion deutlich bemerkbar.

Aber schlechtes Wetter verhinderte vorerst die Realisierung der Absichten Scheers. Ein am 6. Februar geplantes gemeinsames Unternehmen von Luftschiffen und Torpedobooten musste deshalb abgebrochen werden. Ein vom 10. bis 11. Februar durchgeführter Vorstoß von 25 Torpedobooten und dem Geleitkreuzer »Pillau« endete lediglich mit der Vernichtung des gerade erst Mitte Januar in Dienst gestellten britischen Minensuchbootes »Arabis«. Der in der Nacht vom 5. zum 6. März anlaufende Vorstoß von 20 Großkampfschiffen, elf Kleinen Kreuzern und 50 Torpedobooten in die Hoofden, welcher durch Luftschiffe und U-Boote unterstützt wurde, musste am Abend des 6. März wegen schlechten Wetters ergebnislos abgebrochen werden.

In der Zwischenzeit ging das Gerangel um den Beginn des uneingeschränkten U-Boot-Krieges weiter. Sein eifrigster Verfechter, der Staatssekretär des Reichsmarineamtes, Großadmiral Alfred von Tirpitz, musste im Verlauf der Auseinandersetzungen den Rücktritt einreichen und wurde am 15. März verabschiedet. Er unterlag dem Reichskanzler Theobald von Bethmann-Hollweg, der dieses Vorgehen im Hinblick auf einen durchaus möglicherweise provozierten Kriegseintritt der USA für zu riskant hielt. Als am 24. März der französische Dampfer »Sussex« mit amerikanischen Passagieren an Bord torpediert wurde, setzte er die Führung des U-Boot-Krieges nach den Regeln der Prisenordnung durch. Scheer reagierte, als Protest darauf, mit der völligen Einstellung des Handelskrieges durch U-Boote in der Nordsee. Er sollte erst am 15. Oktober 1916 wieder aufgenommen werden.

Die Anstrengungen Scheers, offensive Vorstöße zu unternehmen, gingen indessen weiter. Während der Vorbereitungen für ein am 26. März geplantes Unternehmen in der Nordsee begann ein britischer Angriff. Sein Hauptziel, das allerdings nicht erreicht wurde, bestand in der Vernichtung der deutschen Luftschiffe am Boden. Beide Seiten ließen ihre Linienschiffe auslaufen, aber zu Gefechtsberührungen zwischen ihnen kam es nicht.

Die nun vom 31. März bis 6. April von deutscher Seite durchgeführten Luftschiffsangriffe brachten zwar taktische Erfolge, mussten aber mit dem Verlust von »L-15« bezahlt werden. Ein für den 8. April vorgesehenes Unternehmen der gesamten Flotte gegen den britischen Handelsverkehr von und nach der Ostsee konnte wegen der schlechten Wetterlage ebenso wenig durchgeführt werden wie das für den 15. April geplante.

Dafür gelang das Auslaufen der Hochseeflotte am 24. April. Es kam zu verschiedenen Handlungen gegen die britische Ostküste. Ein Zusammentreffen mit der ebenfalls ausgelaufenen Grand Fleet fand allerdings nicht statt.

Die Lage der britischen Flotte zu Beginn des Ersten Weltkrieges war äußerst günstig. Sie war wesentlich stärker als die deutsche und jederzeit in der Lage, die gegnerischen Seeverbindungen zu blockieren. Demzufolge bestand auch keine zwingende Notwendigkeit zu offensiven Operationen. Allein durch die Anwesenheit ihres größten Teils in der Nordsee, übte sie einen solchen Druck auf die deutsche Hochseeflotte aus, dass nicht einmal das Auslaufen, geschweige denn eine Schlacht für sie ohne Risiko möglich war. Beide wurden zu »Fleets in being«, also zu Flotten, die in Bereitschaft liegend sich gegenseitig belauerten.

Die militärische Lage hatte sich 1916 wesentlich geändert. Das wurde besonders durch die Handlungen der deutschen Flotte am 24. April deutlich, in deren Verlauf sie Lowestoft und Yarmouth durch schwere Überwassereinheiten beschoss. Das offensive Vorgehen Scheers begann sich auszuzahlen.

Die britische Admiralität kam mehr und mehr unter politischen Druck. Dabei spielte das bis zum Frühjahr 1916 stark gesunkene Prestige der Armee- und Flottenführung keine geringe Rolle. Das totale Fehlschlagen der aufwendigen Operation zur Öffnung der Dardanellen und damit des Zuganges zu den russischen Schwarzmeerhäfen im Winter 1915/16 hatte das ebenso bewirkt wie die Ende April 1916 erfolgte Kapitulation eines 12.000 Mann starken britischen Expeditionskorps vor der

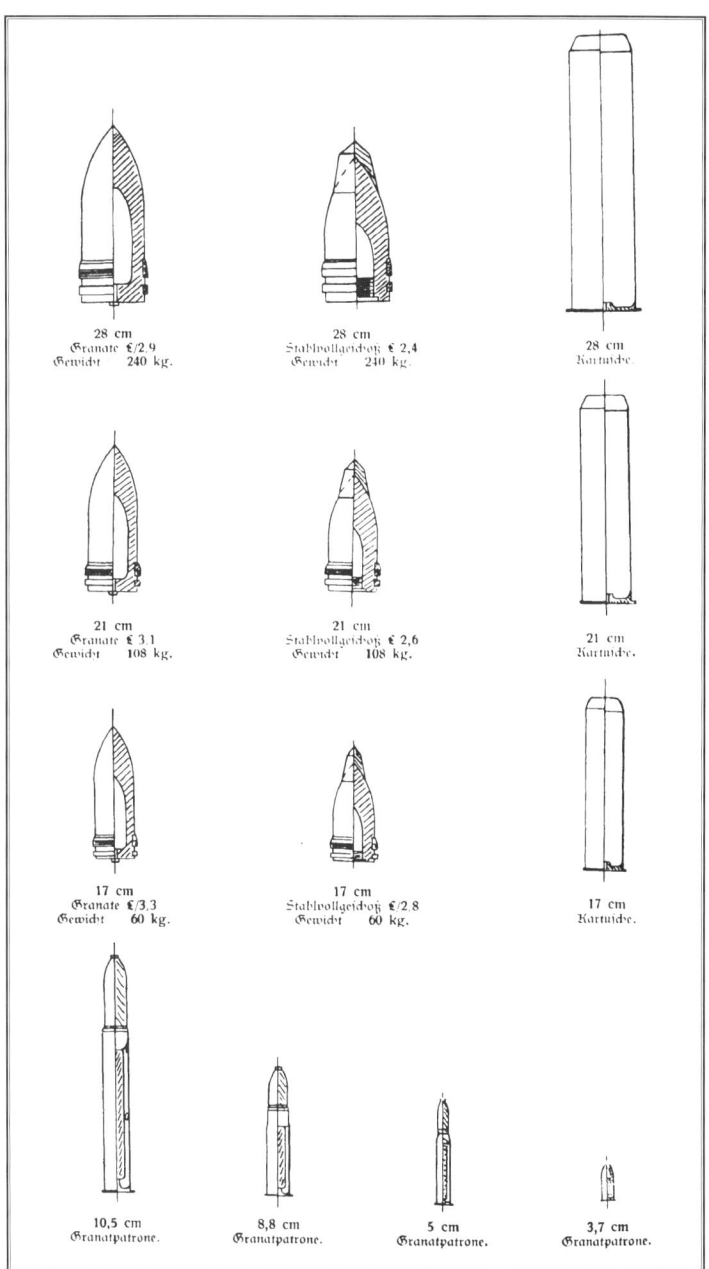

Die Munition der deutschen Marinegeschütze

türkischen Armee in Kut al Amara in Mesopotamien. Auch die Tatsache, dass die mächtigste Flotte der Welt, der Stolz des britischen Empires, mit ihren gewaltigen »Dreadnoughts« nicht in der Lage war, die deutschen U-Boote wirksam zu bekämpfen, schmälerte das Ansehen der Admiralität. Gleiches traf für die in London bekannt gewordene Nachricht zu, dass der erfolgreiche deutsche Hilfskreuzer »Möwe« Anfang März 1916 die britische Blockadelinie nun auch bei seiner Rückkehr unbemerkt passiert hatte.

Zu diesen militärischen Rückschlägen und Misserfolgen kamen erhebliche innenpolitische Probleme hinzu. Das waren besonders der Streik von Hunderttausenden Arbeitern in der Industrie um die Jahreswende 1915/16 und die heftigen Auseinandersetzungen um die Einführung der allgemeinen Wehrpflicht im Frühjahr 1916. Zu den Sorgen der Londoner Regierung zählte nicht zuletzt auch der Aufstand in Irland im April 1916 und dessen Niederschlagung. Nicht geringe Probleme gab es auch bei den englischen Verbündeten. So musste die französische Armee in der Schlacht bei Verdun schwere Verluste hinnehmen. Italien konnte im Mai 1916 nur mühsam eine österreichisch-ungarische Offensive abwehren.

Große Sorgen machte man sich in London auch über die Lage des russischen Verbündeten. Die fast zwei Kriegsjahre hatten genügt, um nicht nur die Armee, sondern das gesamte zaristische System zu zerrütten. Die Wirtschaft des Zarenreiches befand sich in einem katastrophalen Zustand. Bis zum Jahresende 1915 hatte das Heer bereits 3,5 Millionen Mann verloren.

Der russische Verbindungsoffizier bei der britischen Flotte, Kapitän zur See von Schoultz, verlangte, dass zumindest ein Teil der Grand Fleet seine Kampfhandlungen bis in die Ostsee ausdehnt. Dadurch sollte einerseits Russland militärisch entlastet und andererseits die Seeverbindungen zu den russischen Ostseehäfen wiederhergestellt werden. Da das ohne eine entscheidende Niederlage der deutschen Flotte in der Nordsee nicht möglich war, forderte er, die Kaiserliche Marine zur Schlacht zu zwingen.

Die britische Admiralität war also mehrfach genötigt, ihre bisherige Zurückhaltung beim Einsatz der Seestreitkräfte aufzugeben.

Aber auch auf deutscher Seite wuchs das Interesse an einer baldigen Seeschlacht. Ausschlaggebend dafür war das Fehlschlagen der Offensive bei Verdun ebenso wie das Steckenbleiben der Offensive Österreich-Ungarns gegen die Italiener in Tirol. Während im Norden der Ostfront die deutschen Truppen heftige russische Angriffe abzuwehren hatten, musste sich im Süden die österreichisch-ungarische Heeresleitung auf die Abwehr einer neuen russischen Offensive einstellen. Zur gleichen Zeit bereiteten sich die anglofranzösischen Armeen an der Somme auf einen Großangriff gegen die deutschen Verteidigungslinien vor. Auf dem Balkan rüstete sich das bislang noch neutrale Rumänien zum

So stolz trat die kaiserliche Armee noch am 8. August 1914 auf.

Glückwunsch der Armee an die Kaiserliche Marine!

Auch England wider uns! Hätte uns Albion nicht den Fehdehandschuh hingeworfen, so würde die Kaiserliche Marine, während die Armee in schwerem Kampf nach zwei Fronten stehen muß, zitternd vor Ungeduld gefragt haben: „Und wir?"

Die Antwort auf diese Frage ist jetzt gelöst. Unsere Marine geht mit dem mächtigsten Gegner zur See, den die Welt bisher kannte, zum Tanze.

Während die alte Armee eine lange, glorreiche Geschichte in dicken Bänden zu verzeichnen hat, ist von der jungen Kaiserlichen Marine bisher nur das Vorwort geschrieben, das einzelne glänzende Waffentaten enthält.

Jetzt aber schlägt sie das Hauptbuch auf und setzt an, in ihm ihre Taten mit eisernem Griffel niederzuschreiben, die brave „Augsburg" hat das erste Kapitel begonnen.

Daß die Flagge nur sinken, aber niemals niedergeholt werden kann, weiß jeder Deutsche! Die Armee ist stolz auf ihre junge Schwester im Hinblick auf die kommenden Tage!

Glückauf zur großen Feuerprobe!
Ran an den Feind!

Aus Nr. 105 des Militär-Wochenblattes vom 8. August 1914

Kriegseintritt gegen die Mittelmächte. Angesichts dieser Entwicklung der Kriegslage drängte die deutsche Oberste Heeresleitung auf einen verstärkten Einsatz der Seestreitkräfte. Besonders von der Hochseeflotte erwarteten die Generale mehr Aktivitäten, was wiederum den Ansichten vieler Marineoffiziere entsprach. Sie befürchteten sowohl ein Absinken der Kampfmoral der Besatzungen durch den monotonen Dienst bei der Sicherung der Deutschen Bucht, als auch ein Prestigeverlust der Kaiserlichen Marine. Der Kommandant des Linienschiffes »Bayern«, Kapitän zur See Max Hahn, drückte das in einem Schreiben vom 17. Mai 1916 an den Chef der Operationsabteilung im Stab der Hochseeflotte, Kapitän zur See von Levetzow, so aus: »Nur eins kann ... die Marine jetzt noch retten – die Schlacht mit den englischen Seestreitkräften muß gesucht werden, selbst unter der englischen Küste, koste es was es wolle. Lieber ein Ende mit Schrecken, als ein Schrecken ohne Ende. Wir müssen unsere Daseinsberechtigung jetzt schlagend klarmachen ... sonst können wir nach dem Krieg einpacken.«

Eine Seeschlacht war also für beide Seiten nicht nur in militärischer, sondern hauptsächlich auch in politischer Hinsicht wünschenswert und notwendig geworden.

Auf deutscher Seite wurde ein Operationsplan ausgearbeitet, der davon ausging, dass sich die britische Flotte in den Häfen der schottischen Nordküste, des Ärmelkanals und des Humbers aufhielt. Das deutsche Admiralstabswerk über den Ersten Weltkrieg beschreibt ihn wie folgt: »Der Operationsplan ging infolgedessen dahin, an einem noch zu bestimmenden Tage bei Hellwerden mit den beiden Aufklärungsgruppen und den drei schnellsten Flottillen vor Sunderland zu erscheinen, die militärisch wichtigsten Anlagen dieser Stadt zu beschießen und den Feind dadurch zum Vorschieben von Streitkräften zu zwingen. Um diese anzugreifen, sollte das I. und III. Geschwader mit der IV. Aufklärungsgruppe und den Rest der Torpedobootsflottillen zwischen dem Südwestflach der Dogger Bank und Flamborough Head, etwa 50 sm östlich vom letzten Punkt Aufstellung nehmen, während die U-Boote der Flottille vor Scapa Flow, dem Firth of Moray, dem Humber und nördlich von Terschelling, die U-Boote des Marinekorps vor der Themse Angriffsstellung zu besetzen und andere schon vorher die Ausfahrten einzelner feindlicher Ausfallhäfen mit Minen zu verseuchen hatten. Außerdem sollten alle Luftschiffe in den Dienst der Unternehmung treten und, abgesehen von der unmittelbaren Sicherung bei den Schlachtkreuzern, in Richtung auf den Firth of Forth, den Humber, die Hoofden und das Skagerrak aufklären. Während der Abwesenheit der Flotte wollte man ursprünglich dem II. Geschwader die Sicherung der Deutschen Bucht übertragen, schließlich entschloß man sich ..., auch diese trotz der geringen Kampfkraft und mangelnden Widerstandsfähigkeit seiner veralteten Schiffe unmittelbar an der Unternehmung teilnehmen zu lassen.«

Die Idee der Operation bestand darin, den Gegner aus seinen nördlichen Häfen herauszulocken und die anlaufende Gruppierung überraschend anzugreifen und einzeln zu zerschlagen. Nur so war es möglich, die Grand Fleet empfindlich zu treffen, denn mit ihren 28 Linienschiffen, 9 Schlachtkreuzern, 8 Panzerkreuzern, 26 Kleinen Kreuzern, 77 Zerstörern und zwei Flugzeugmutterschiffen war sie wesentlich stärker als die Hochseeflotte.

Um den Besatzungen die Möglichkeit zur Erholung zu geben sowie um Zeit für die notwendigen Reparaturen der Schiffe zu finden, wurde am 8. Mai die Bereitschaftsstufe der deutschen Hoch-

Drei Schiffe der Kaiser-Klasse in voller
Fahrt wendend

seeflotte herabgesetzt. Das Auslaufen war für den 17. Mai geplant. Allerdings machte sich durch am
13. Mai auftretende Störungen an den Kondensatoranlagen einiger Schiffe des III. Geschwaders eine
Verschiebung auf den 23. Mai notwendig. Trotzdem wurden zehn U-Boote zur Aufklärung vorentfal-
tet. In den folgenden Tagen liefen noch drei weitere zur Aufklärung aus.

Technische Schwierigkeiten führten zu einer weiteren Verschiebung der Aktion. Hinzu kam eine
Verschlechterung des Wetters, so dass auf den Einsatz der Luftschiffe verzichtet werden musste. Da
Scheer aber glaubte, dass er diese wichtigen Aufklärungsmittel bei Handlungen gegen die englische
Küste unbedingt benötigte, zog er am 28. Mai als Ausweichvariante einen Vorstoß in den Skagerrak
in Betracht. Auch hierbei hoffte er, Teile der Grand Fleet aus ihren Stützpunkten herauszulocken. Um
das zu erreichen, hatten die Aufklärungskräfte außerhalb der Küstensicht bis zur norwegischen
Küste zu laufen und sich dort zu zeigen. Man konnte sicher sein, dass die Engländer eine Sicht-
meldung von Norwegen erhielten. Bis zum Erscheinen der britischen Kräfte sollte Handelskrieg
geführt werden. Beim Eintreffen des Gegners war geplant, ihn, falls er schwächer war, sofort zu vernichten oder anderenfalls auf die Hauptkräfte zu ziehen und ihn dann zu vernichten.

Scheer musste bald handeln, denn die U-Boote konnten nur bis zum 1. Juni in See bleiben. Die
endgültige Entscheidung, welche Variante zur Anwendung kommt, sollte am 30. Mai in Abhängigkeit
von der Wetterlage gefällt werden.

Die Entfaltung der deutschen U-Boote blieb der britischen Admiralität nicht verborgen. Bereits
am 15. Mai war sie über den Aufenthalt einer außergewöhnlich großen Zahl dieser Einheiten in der

Nordsee informiert. Als erste Gegenmaßnahme wurde die seeseitige Bewachung der Flottenstützpunkte verstärkt. Minenleger legten neue Minenfelder, und die Kräfte, die die Nordsee für deutsche Schiffe blockierten, zogen sich auf vorher festgelegte Reservelinien zurück. Aufklärungsvorstöße sollten Klarheit über die Lage auf dem Seeschauplatz bringen. Da aber die Hochseeflotte noch in den Stützpunkten lag, blieben sie erfolglos.

Der Befehlshaber der Grand Fleet, Admiral Sir John R. Jellicoe, entschloss sich, seine defensive Haltung aufzugeben und einen bis dahin noch nicht dagewesenen Vorstoß zu wagen. Er plante, Teilkräfte bis in das südliche Kattegat vorstoßen zu lassen, um damit die Hochseeflotte zum Auslaufen zu provozieren. Bei ihrem Marsch nach Norden sollten die deutschen Kräfte von der britischen Flotte abgefangen und zerschlagen werden. Die Durchführung dieser Aktion war für Anfang Juni vorgesehen.

Aber die Ereignisse entwickelten sich schneller als geplant. Bereits am Morgen des 30. Mai schloss die englische Aufklärung aus aufgefangenen Funksprüchen, dass sich die deutsche Flotte auf den Außenreeden sammelt. Mittags erhielt Jellicoe von der britischen Admiralität die Warnung, dass sein Gegner wahrscheinlich am Morgen des folgenden Tages ausläuft, und dass bereits 16 deutsche U-Boote in der Nordsee entfaltet sind. Kurz nach 18.00 Uhr erhielt Jellicoe Kenntnis über das von Scheer an alle Einheiten um 16.40 Uhr abgesetzte Signal »31. Gg. 2490«. Es konnte zwar nicht entschlüsselt werden, aber es lag die Vermutung nahe, dass die Hochseeflotte ein größeres Unternehmen plante. Tatsächlich legte dieses Signal das Auslaufen für den 31. Mai fest.

Aus Scapa Flow lief das I. und IV. Schlachtgeschwader, das III. Schlachtkreuzergeschwader, das II. Kreuzer- und IV. Leichte Kreuzergeschwader sowie die IV., XII. und eine Division der XI. Zerstörerflottille unter der Führung von Jellicoe aus. Das II. Schlachtgeschwader, das I. Kreuzergeschwader sowie neun Einheiten der XI. Zerstörerflottille verließen Cromaty unter der Führung von Vizeadmiral Sir Thomas Jerram. Vizeadmiral David Beatty führte das I. und II. Schlachtkreuzergeschwader, das V. Schlachtgeschwader, das I., II. und III. Leichte Kreuzergeschwader sowie 27 Einheiten der XIII., IX. und X. Zerstörerflottille von Rosyth aus in See. Um 23.30 Uhr waren alle Verbände in See und strebten einen Treffpunkt, etwa 100 sm östlich von Aberdeen, entgegen.

Scheer hatte sich aufgrund der Wetterlage für einen Vorstoß in das Skagerrak entschließen müssen. In den frühen Morgenstunden des 31. Mai lief die deutsche Hochseeflotte aus.

Beide Flotten näherten sich an, ohne dass ihre Befehlshaber etwas davon ahnten.

Großbritannien schickte 28 Linienschiffe, neun Schlachtkreuzer, acht Panzerkreuzer, 26 Kleine Kreuzer und 79 Zerstörer in die Schlacht. Insgesamt verfügten sie über 344 Geschütze mit einem Kaliber von 30,5 bis 38,1 cm.

Deutschland hielt mit 22 Linienschiffen, fünf Schlachtkreuzern, elf Kleinen Kreuzern und 62 Torpedobooten dagegen. Sie führten insgesamt 244 Geschütze des Hauptkalibers 28 und 30,5 cm.

Die deutsche Flotte war gemessen an der Anzahl der Einheiten sowie der Anzahl und Kaliber der Geschütze unterlegen. Dafür besaßen ihre Schiffe eine sowohl an Ausmaß als auch an Stärke bessere Panzerung. Eine durchdachte Schotteneinteilung machte sie verglichen mit den britischen Schiffen sinksicherer.

John Rushworth Jellicoe (1859–1935) trat 1872 als Kadett in die britische Marine ein. Als Artilleriespezialist ausgebildet, bekleidete er verschiedene Dienststellungen auf diesem Gebiet. 1893 erhielt Jellicoe das erste Kommando über ein Schiff. Ende 1911 wurde er Befehlshaber über die II. Division der Home Fleet. Im August 1914 übernahm er den Befehl über die Grand Fleet.

David Beatty (1871–1936) trat 1884 als Kadett in die britische Marine ein. Als Kommandant verschiedener Kampfschiffe diente er sich bis 1913 zum Befehlshaber des Schlachtkreuzergeschwaders hoch. Im Dezember 1916 übernahm er von Jellicoe den Befehl über die Grand Fleet.

Die modernsten englischen Schiffe waren die der Revenge-Klasse. Das Typschiff gehörte zum I. und die »Royal Oak« zum IV. Schlachtgeschwader. Gerade fertiggestellt liefen die beiden Linienschiffe zur Schlacht aus. Acht 38,1-cm- und 14 15,2-cm-Geschütze stellten ihre Hauptbewaffnung dar. Die stärkste Panzerung betrug 330 mm. Mit einer Wasserverdrängung von 31.200 ts erreichten sie eine Geschwindigkeit von 23 kn. Die Flaggschiffe des IV. und I. Schlachtgeschwaders »Iron Duke« und »Marlborough« sowie die zum IV. Schlachtgeschwader gehörende »Benbow« wurden erst kurz vor Beginn des Ersten Weltkrieges in Dienst gestellt. Die drei Schiffe der King Georg V. Klasse, das Typschiff sowie »Ajax« und »Centurion« gehörten ebenso zum II. Schlachtgeschwader wie die »Orion«, »Monarch«, »Conqueror« und »Thunderer«. Die »Erin«, eigentlich für die Türkei gebaut, wurde beschlagnahmt und Ende August 1914 in Dienst gestellt. Als Hauptbewaffnung führte sie zehn 34,3-cm- und 16 15,2-cm-Geschütze. Mit seinen 25.250 ts Wasserverdrängung und 21 kn Geschwindigkeit komplettierte dieses Linienschiff das II. Schlachtgeschwader. Die zum IV. Schlachtgeschwader gehörenden Linienschiffe »Bellerophon«, »Superb« und »Temeraire« waren schon sieben Jahre alt. Entsprechend schwächer war auch ihre Hauptbewaffnung von zehn 30,5-cm- und 16 10,2-cm-Geschützen. Mit einer Wasserverdrängung von 22.102 ts liefen sie 20,7 kn. Auch das Linienschiff »Vanguard«, zum gleichen Geschwader und zur St. Vincent-Klasse gehörig, war nicht viel jünger. Die »Canada«, die das IV. Schlachtgeschwader vervollständigte, war demgegenüber erst neun Monate alt und besaß zehn 35,6-cm- sowie 16 15,2-cm-Geschütze. Das eigentlich für Chile gebaute Linienschiff verfügte über eine Wasserverdrängung von 28.600 ts und eine Geschwindigkeit von 22,7 kn. Die »Colossus« und »Hercules« gehörten mit ihren zehn 30,5-cm- und 16 10,2-cm-Geschützen zum I. Schlachtgeschwader. Die gleichfalls dazugehörenden »Neptune« und »Collingwood«, Schwesternschiffe der »Vanguard«, sowie die »Agincourt« war eigentlich für Brasilien bestimmt und von der Türkei halbfertig gekauft worden. Am 2. August 1914 beschlagnahmte die britische Regierung das kurz vor der Auslieferung stehende Schiff. 14 30,5-cm- und 20 15,2-cm-Geschütze bildeten die Hauptbewaffnung. Trotz einer Wasserverdrängung von 30.250 ts lief das Schiff 22,4 kn.

Das älteste deutsche Linienschiff, das zur Schlacht auslief, war die 1905 in Dienst gestellte »Hessen«. Sie hatte eine Wasserverdrängung von 13.200 ts und erreichte eine Geschwindigkeit von 18,7 kn. Die Hauptbewaffnung bestand aus vier 28-cm- und 14 17-cm-Geschützen. Sie gehörte ebenso wie die fünf Linienschiffe der Deutschland-Klasse, »Deutschland«, »Hannover«, »Pommern«, »Schlesien« und »Schleswig-Holstein«, zum II. Geschwader. Die Schiffe dieser Klasse wurden in den Jahren 1906 bis 1908 in Dienst gestellt und verfügten über eine Wasserverdrängung von 13.993 ts sowie eine Geschwindigkeit von 18 kn. Die Hauptbewaffnung entsprach der der »Hessen«.

Zum I. Geschwader gehörten die 1909/10 in Dienst gestellten Linienschiffe der Nassau-Klasse. Die »Nassau«, »Westfalen«, »Rheinland« und »Posen« verdrängten 20.120 ts und liefen 19,5 kn. Zwölf 28-cm- und zwölf 15-cm-Geschütze machten sie artilleristisch wesentlich stärker als ihre Vorgängerschiffe. Die ebenfalls zum I. Geschwader gehörenden Linienschiffe der Helgoland-Klasse, »Helgoland«, »Ostfriesland«, »Thüringen« und »Oldenburg«, verfügten mit zwölfmal 30,5-cm und vierzehnmal 15-cm über eine noch stärkere Bewaffnung. 1911/12 in Dienst gestellt, hatten sie eine Wasserverdrängung von 24.312 ts und erreichten eine Geschwindigkeit von 20 kn.

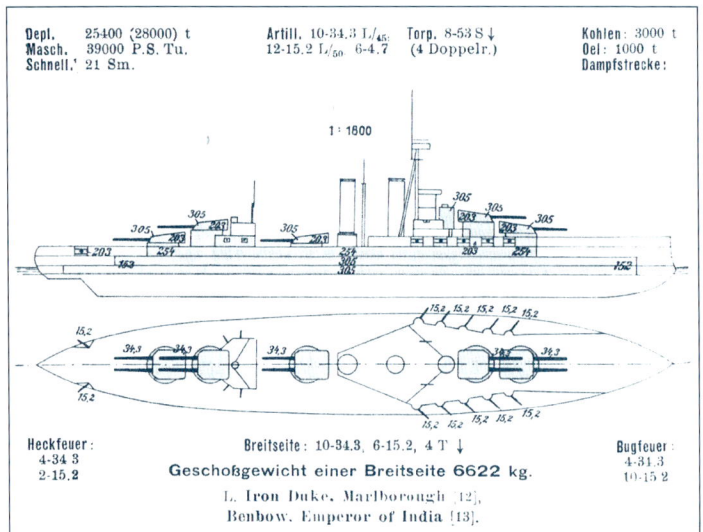

Depl. 25400 (28000) t — Artill. 10-34.3 L/45, — Torp. 8-53 S ↓ — Kohlen: 3000 t
Masch. 39000 P.S. Tu. — 12-15.2 L/50, 6-4.7 — (4 Doppelr.) — Oel: 1000 t
Schnell.' 21 Sm. — Dampfstrecke:

1:1600

Heckfeuer: 4-34.3 2-15.2 — Breitseite: 10-34.3, 6-15.2, 4 T ↓ — Bugfeuer: 4-34.3 10-15.2

Geschoßgewicht einer Breitseite 6622 kg.

L. Iron Duke, Marlborough [12],
Benbow, Emperor of India [13].

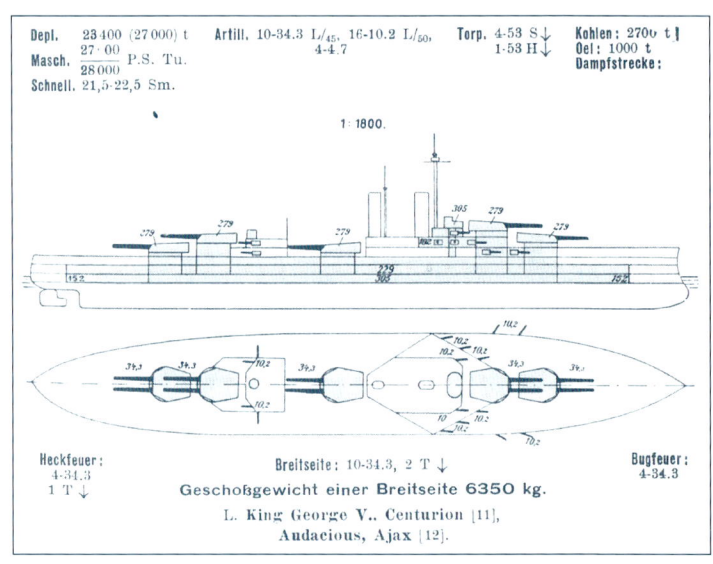

Depl. 23400 (27000) t — Artill. 10-34.3 L/45, 16-10.2 L/50, — Torp. 4-53 S ↓ — Kohlen: 2700 t
Masch. 27.00 / 28000 P.S. Tu. — 4-4.7 — 1-53 H ↓ — Oel: 1000 t
Schnell. 21,5-22,5 Sm. — Dampfstrecke:

1:1800

Heckfeuer: 4-34.3 1 T ↓ — Breitseite: 10-34.3, 2 T ↓ — Bugfeuer: 4-34.3

Geschoßgewicht einer Breitseite 6350 kg.

L. King George V., Centurion [11],
Audacious, Ajax [12].

Die Linienschiffe der Iron Duke-Klasse waren die letzten der britischen Marine, in die noch kohlebeheizte Kessel eingebaut wurden. Sie waren aber auch die ersten, die Fla-Geschütze erhielten.

Bei den Linienschiffen der King Georg V.-Klasse gab es noch während des Baus Bestrebungen, die 10,2-cm-Geschütze durch stärkere Kaliber zu ersetzen. Aus finanziellen Gründen wurde darauf verzichtet. Die Baukosten betrugen je Schiff rund 1,7 Millionen Pfund.

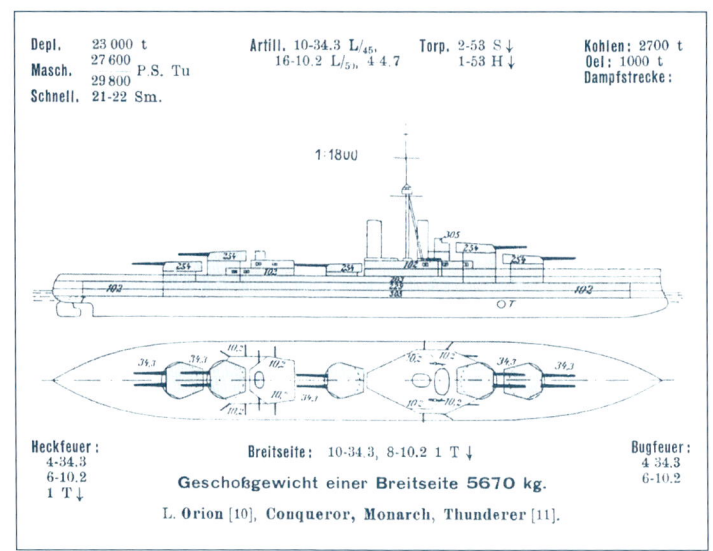

Depl. 23000 t — Artill. 10-34.3 L/45, 16-10.2 L/50, 4 4.7 — Torp. 2-53 S ↓ — Kohlen: 2700 t
Masch. 27600 / 29800 P.S. Tu — 1-53 H ↓ — Oel: 1000 t
Schnell. 21-22 Sm. — Dampfstrecke:

1:1800

Heckfeuer: 4-34.3 6-10.2 1 T ↓ — Breitseite: 10-34.3, 8-10.2 1 T ↓ — Bugfeuer: 4-34.3 6-10.2

Geschoßgewicht einer Breitseite 5670 kg.

L. Orion [10], Conqueror, Monarch, Thunderer [11].

Die Linienschiffe der Orion-Klasse waren die ersten britischen Schiffe, auf denen das Hauptkaliber auf 34,3 cm gesteigert wurde. Die Aufstellung erfolgte von nun an in der Mittschiffslinie.

Mit den Schiffen der Helgoland-Klasse ging die Kaiserliche Marine erstmals zum Kaliber 30,5 cm über. Dadurch konnten 390 kg schwere Granaten verschossen werden. Hier ein seitlich angeordneter 30,5 cm Geschützturm der »Ostfriesland« mit zwei darunter befindlichen 15-cm-Kasemattgeschützen.

Das III. Geschwader bestand aus den modernsten Linienschiffen. Die der Kaiser-Klasse, »Kaiser«, »Kaiserin«, «Prinzregent Luitpold« sowie das Flottenflaggschiff »Friedrich der Große«, verdrängten 26.573 ts und liefen 21 kn. 1912/13 in Dienst gestellt, waren sie die ersten deutschen Linienschiffe mit Turbinenantrieb. Zehn 30,5-cm- und 14 15-cm-Geschütze bildeten die Hauptbewaffnung. Die ebenfalls zum III. Geschwader gehörenden Linienschiffe der König-Klasse, »König«, »Großer Kurfürst«, »Markgraf« und »Kronprinz«, waren eine Weiterentwicklung der Kaiser-Klasse. Die Hauptkaliber glichen sich in der Anzahl, allerdings waren die 30,5-cm-Geschütze zweckmäßiger aufgestellt. Auch die Geschwindigkeit war gleich, die Wasserverdrängung um 1.575 ts größer.

Das Auslaufen der britischen Flotte blieb nicht unbemerkt. Die deutschen U-Boote »U-32« und »U-66« sichteten Teile von ihr und meldeten ihre Beobachtungen der Flottenleitung. Auch die Funkbeobachtungsstelle Neumünster schloss aus abgehörten englischen Funksprüchen, dass Teile der Grand Fleet ausgelaufen waren. Es gelang der deutschen Führung allerdings nicht, aus diesen Einzelmeldungen einen operativen Zusammenhang herzustellen. Im Gegenteil, sie verstärkten die Hoffnungen, nur auf gegnerische Teilkräfte zu stoßen.

Die britische Flotte vor der Schlacht in voller Fahrt

Die britische Seite erlangte überhaupt keine mit der Realität übereinstimmenden Aufklärungsergebnisse. Sie hörte zwar den deutschen Funkverkehr mit, da aber eine Station in Wilhelmshaven den Rufnamen des Flottenflaggschiffs benutzte, wusste man am Mittag des 31. Mai noch nichts vom Auslaufen der deutschen Flotte.

Inzwischen marschierten die deutschen Kräfte nach Norden. An der Spitze lief Hipper. 50 sm hinter ihm folgte unter Scheers Führung die Hochseeflotte.

Um 14.00 Uhr liefen die britischen Kräfte mit östlichen Kursen. Jellicoe hatte sich bereits mit Jerram vereinigt und Beatty stand ca. 70 sm südöstlich von seinem Befehlshaber sowie rund 45 sm westlich von Hipper. Zu diesem Zeitpunkt befand sich genau zwischen Beatty und Hipper der dänische Frachtdampfer »N. J. Fjord«. Beide Seiten sichteten ihn. Die deutschen Torpedoboote »B 109« und »B 110« liefen zur Aufklärung ab. Die Briten schickten die Kleinen Kreuzer »Galatea« und »Phaeton«. Um 14.28 Uhr eröffneten sie das Feuer auf die nun in Sicht gekommenen Aufklärungskräfte. Damit krachten die ersten Salven einer Seeschlacht, die in die Geschichte eingehen sollte.

Kurz darauf war der deutsche Kleine Kreuzer »Elbing« heran. Um 14.32 Uhr schoss er zurück und erzielte auf der »Galatea« einen Treffer. Die Granate detonierte allerdings nicht.

Bereits um 14.20 Uhr setzte die »Elbing« mit dem Scheinwerfer eine Gegnermeldung ab, die aber falsch gelesen wurde. Nach ihr sollten 24 bis 26 Linienschiffe gesichtet worden sein. Es dauerte geraume Zeit, bis Hipper endlich die tatsächliche Lage erkannte.

Aber auch bei den Engländern gab es Fehler in der Signalübermittlung. Daraus resultierte, dass sich das V. Schlachtgeschwader (vier Linienschiffe, ein Kleiner Kreuzer, neun Zerstörer) von Beatty entfernte, so dass er nur noch über sechs Schlachtkreuzer, 13 Kleine Kreuzer und 18 Zerstörer verfügte.

Franz Ritter von Hipper (1863–1932) trat 1881 in die Kaiserliche Marine ein. Er durchlief unterschiedliche Dienststellungen und spezialisierte sich besonders auf die Torpedowaffe. Im Januar 1912 wurde Hipper zum Führer der Zerstörer und im Oktober 1913 zum Führer der Aufklärungsstreitkräfte der Hochseeflotte ernannt. Den Adelstitel erhielt er nach der Skagerrakschlacht vom bayrischen König.

31. Mai 1916. 20.15 Uhr, Signal »Ran an den Feind!«. Von links Panzerkreuzer »von der Tann«, »Moltke«, »Seydlitz und »Derfflinger«; im Hintergrund die britische Flotte.

Der britische Schlachtkreuzer »Lion«, hier eine Darstellung aus der Seeschlacht auf der Doggerbank vom 24. Januar 1915, war in der Skagerrakschlacht das Flaggschiff Beattys. In beiden Seeschlachten wurde das Schiff schwer beschädigt. Auf der Doggerbank erhielt es 18 und vor dem Skagerrak zwölf schwere Treffer. Die acht 34,3-cm-Geschütze verfeuerten in der Skagerrakschlacht 326 Granaten. Außerdem wurden sieben Torpedos verschossen.

Um 15.25 Uhr sichteten sich die gegnerischen Schlachtkreuzergeschwader. Kurz danach gingen beide Gruppierungen auf ungefähren SO-Kurs. Hipper wollte Beatty auf seine Hauptkräfte ziehen und Beatty, der nicht ahnte, dass er auf die deutsche Hochseeflotte zulief, wollte Hipper den Rückweg zu den deutschen Basen abschneiden. Die Distanz zwischen den beiden Gegnern verringerte sich schnell. 15.48 Uhr lagen zwischen ihnen nur noch rund 15.000 m.

Hipper erteilte für seine Kräfte die Feuererlaubnis. Sekunden später folgte Beatty. Zwar hatten die britischen Geschütze die größeren Reichweiten, dafür waren aber die deutschen Feuerleitgeräte wesentlich besser. Kein Wunder, dass sich die kaiserlichen Artilleristen bereits nach zwei Minuten eingeschossen hatten. Beattys Flaggschiff, der Schlachtkreuzer »Lion«, erhielt ebenso wie die »Princess Royal« bereits drei Minuten nach Feuereröffnung zwei schwere Treffer. »Tiger« zählte sogar schon vier. Weitere Treffer schlugen in die britischen Schiffe ein. Die Entfernung sank um 15.55 Uhr auf ca. 12.000 m. Erst jetzt waren die britischen Kanoniere erfolgreich. Die »Seydlitz« wurde leicht getroffen. Zwei Minuten danach schwer. Um 16.00 Uhr erhielt Hippers Flaggschiff, die »Lützow«, den ersten Treffer. Beide Admirale ließen Zick-Zack-Kurse laufen, um das Zielen für den Gegner zu erschweren. Aber das nutzte nicht viel, denn die Geschützbedienungen hatten sich eingeschossen. Alle 20 Sekunden schossen zwei Türme jedes deutschen Schlachtkreuzers. Um 16.03 Uhr zerriss eine gewaltige Detonation den britischen Schlachtkreuzer »Indefatigable«.

In der Zwischenzeit war das V. Schlachtgeschwader mit vier der zu dieser Zeit modernsten Linienschiffe herangekommen und griff in den Kampf ein. Das Artillerieduell nahm an Heftigkeit zu. Treffer auf Treffer schlugen auf beiden Seiten ein. Um 16.26 Uhr explodierte die »Queen Mary«. Eine 700 m hohe Rauchsäule stand über ihrer Untergangsstelle. Als Beatty sich umblickte, sagte er nur: »Mir scheint, daß mit unseren verdammten Schiffen etwas nicht stimmt.« Der Admiral hatte Recht, denn der Schutz der Munitionskammern gegen Brände war ebenso unzureichend wie die Qualität der Geschosse. Hipper sagte dazu später: »Nur die schlechte Qualität der britischen Sprenggranaten rettete uns vor einer Katastrophe.«

Beide Seiten setzten nun neben der Artillerie auch ihre Zerstörer und Torpedoboote zum Torpedoangriff ein. Die Deutschen verloren dabei »V 27« und »V 29« und die Briten »Nomad« sowie »Nestor«. Von den geschossenen Torpedos traf keiner. Die britischen Zerstörer bereiteten sich auf einen zweiten Torpedoangriff vor. Plötzlich erhielten sie den Befehl zum Sammeln.

Was war geschehen? Die »Southampton«, zwei Seemeilen vor der »Lion« laufend, hatte um 16.30 Uhr den deutschen Kleinen Kreuzer »Rostock« ausgemacht, der zur Vorhut Scheers gehörte. Acht Minuten später setzte sie dann den Funkspruch ab: »Habe feindliche Schlachtflotte in Südost gesichtet. Kurs des Feindes ist Nord. Meine Position 56 Grad 34 Minuten Nord, 6 Grad 20 Minuten Ost.«

Diese Meldung kam sowohl für Jellicoe als auch für Beatty völlig überraschend. Damit hatten sie nicht gerechnet. Für letzteren zerstreuten sich alle Zweifel, als er ein deutsches Linienschiff nach dem anderen an der Kimm auftauchen sah. Beatty gab den Befehl, auf Gegenkurs zu gehen.

Jetzt änderte sich die Lage vollständig, denn nun versuchte Beatty Scheer auf die britischen Hauptkräfte, von deren Anwesenheit die Deutschen nichts ahnten, zu ziehen. Der deutsche Oberbefehlshaber folgte willig, denn nun schien die lang ersehnte Gelegenheit gekommen zu sein. Endlich konnte er seine gesamte Flotte gegen britische Teilkräfte zum Einsatz bringen. Seine Freude vergrößerte sich noch, als seine Spitzenschiffe in den Kampf gegen die Schlachtkreuzer eingreifen konnten.

Die um 16.48 Uhr vollzogene Schwenkung Beattys geschah also unter dem Beschuss der Kräfte Hippers und eines Teiles der Kräfte Scheers. Das V. Schlachtgeschwader verstand das Gefechtssignal Beattys zu spät und ging erst 16.55 Uhr auf Gegenkurs.

In dieser komplizierten Situation, in der beide Seiten ununterbrochen feuerten und Treffer erzielten, griffen versprengte britische Zerstörer an. Sie hatten das Sammelsignal nicht verstanden. Die »Seydlitz« erhielt 16.57 Uhr einen Torpedotreffer im Vorschiff, der große Zerstörungen anrichtete. Seine Auswirkungen auf die Kampfkraft blieben aber vorerst gering. Auch die deutschen Torpedoboote griffen wieder an. Treffer konnten sie allerdings nicht erzielen.

Schwere Zerstörungen richteten die britischen Granaten auf dem deutschen Schlachtkreuzer »Seydlitz« an. Insgesamt erhielt das Schiff 21 Treffer der schweren, zwei Treffer der mittleren und leichten Artillerie sowie einen Torpedotreffer. Die 28-cm-Geschütze des Schiffes verfeuerten 376 und die 15-cm-Geschütze 450 Granaten.

Der britische Schlachtkreuzer »Queen Mary« verschwindet, bevor er versinkt, in einem riesigen Rauch- und Feuerball. Er riss 1.266 Mann mit in die Tiefe.

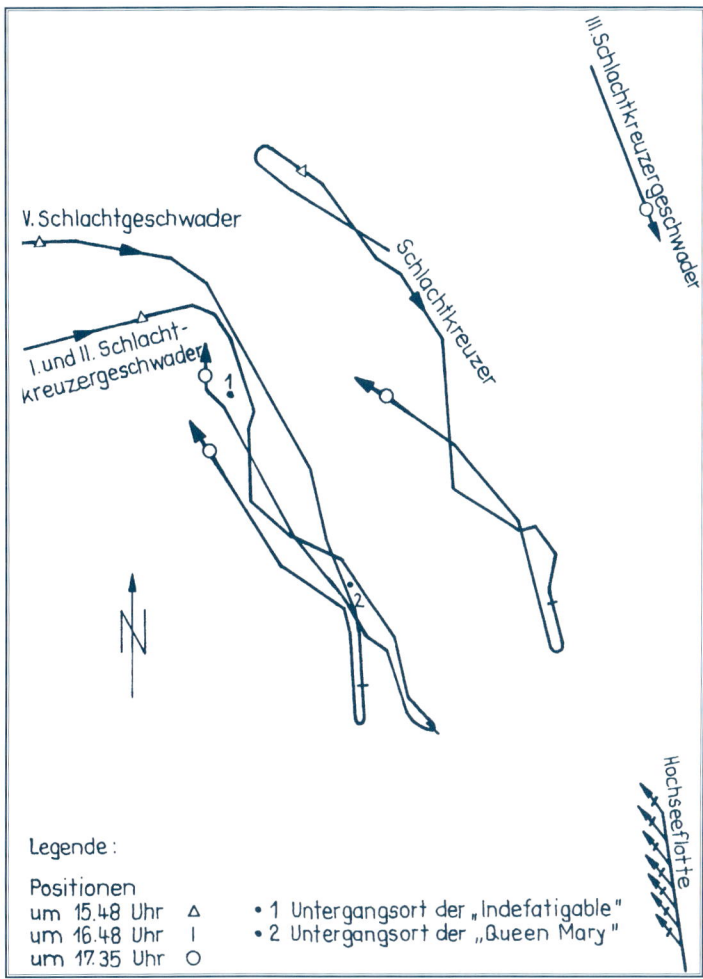

III. Schlachtkreuzergeschwader

V. Schlachtgeschwader

Schlachtkreuzer

N

Hochseeflotte

Legende:

Positionen
um 15.48 Uhr △
um 16.48 Uhr I
um 17.35 Uhr O

• 1 Untergangsort der „Indefatigable"
• 2 Untergangsort der „Queen Mary"

Gefechte der Schlachtkreuzer am 31. Mai 1916

Das Artillerieduell der mit ungefähren NO-Kursen laufenden Gegner setzte sich bis gegen 18.00 Uhr mit wechselnder Intensität fort. Die deutschen Schiffe erzielten 17, die britischen zwölf Treffer.

Jellicoe hatte seine ungefähr SO-Kurs laufenden Kräfte inzwischen zur Dwarslinie umformiert. 24 Linienschiffe, acht Panzerkreuzer, zwölf Leichte Kreuzer und 48 Zerstörer konnte er in die Schlacht führen. Das III. Schlachtkreuzergeschwader mit drei Schlachtkreuzern und vier Zerstörern unter dem Befehl von Konteradmiral L. H. A. Hood hatte sich von ihm gelöst und versuchte Hipper in die Zange zu nehmen. Dieser wiederum schwenkte, gefolgt von Scheer, langsam auf nordöstliche Kurse. Jellicoes Plan bestand nun darin, mit seinen Kräften die deutsche Flotte in ihrem Voraussektor zu umfassen, sie danach zu umgehen und sie schließlich von ihren Basen abzuschneiden. Sich widersprechende Meldungen über den Gegnerstandort machten ihm eine exakte Entschlussfassung nicht leicht. Immer noch lief er in Dwarslinie.

Die Meldungen über die deutschen Hauptkräfte häuften sich, aber alle waren unklar oder ungenau. Erst um 18.14 Uhr erhielt der britische Oberbefehlshaber eine genaue Standortmeldung über seinen Gegner. Er stand 11 sm näher als vermutet. Gleichzeitig schlugen die ersten deutschen Granaten in der Nähe des rechten Flügels von Jellicoes Dwarslinie ein. Jetzt musste schnell gehandelt werden. Um 18.16 Uhr gab Jellicoe den Befehl zur Einnahme der Kiellinie. Eine geordnete Gefechtsordnung kam allerdings erst 18.38 Uhr zustande.

Um 18.17 Uhr eröffnete die »Marlborough« als erstes Schiff der britischen Hauptkräfte das Feuer. Nun erkannte Scheer seinen Irrtum. Vor ihm lief eine unendlich erscheinende Reihe von Linienschiffen auf, deren Ende er aufgrund der Rauchschwaden nicht ausmachen konnte. Scheer begriff, dass er in eine Falle lief.

Während des Aufmarsches der beiden Hauptkräfte setzten sich die Kämpfe zwischen den anderen Einheiten fort. Die manövrierunfähige »Wiesbaden« wurde zusammengeschossen, der Panzerkreuzer »Defence« sank um 18.20 Uhr, Hippers Flaggschiff erhielt 20 Treffer und der Admiral musste auf ein Torpedoboot umsteigen. Das gelang Hood nicht mehr. Er ging mit seinem Flaggschiff, der »Invincible«, um 18.33 Uhr unter. Zwischen den Linien der Hauptkräfte liefen Zerstörer und Torpedoboote mit Höchstfahrt. Torpedolaufbahnen zerfurchten die See. Geschützqualm und Rauch aus den Kesseln verdeckten immer wieder die Ziele. Für beide Oberbefehlshaber war es kaum noch möglich, den Gesamtüberblick zu behalten. Sie konnten sich fast nur noch auf den Einsatz ihrer Hauptkräfte konzentrieren. Die Initiative der unterstellten Kommandeure musste jetzt zum Tragen kommen.

Ein Linienschiff der König-Klasse beim Breitseitenschießen. Dieses Foto macht die starke Rauchentwicklung deutlich, die häufig die Ziele verdeckte und zur Feuerverlegung oder gar zur Feuereinstellung zwang.

Scheers Lage wurde immer komplizierter, denn Jellicoe gelang es, »to cross the T«. Dadurch konnten alle Steuerbordbreitseiten seiner Schiffe gegen die deutschen Schiffe, die nur im Voraussektor schießen konnten, eingesetzt werden. Ein Idealfall, von dem zur damaligen Zeit alle Seekriegstheoretiker und Kommandeure träumten und der bis dahin lediglich in der Seeschlacht bei Tsushima partiell auftrat.

Scheer sah sich einer Linie von gegnerischen Schiffen gegenüber, in der pausenlos Mündungsfeuer aufblitzte. Die deutschen Spitzenschiffe gerieten in einen unvorstellbaren Feuerhagel. Um 18.33 Uhr musste Admiral Scheer das Signal geben: »Gefechtskehrtwendung nach Steuerbord bis zur Herstellung der Kielwasserlinie in entgegengesetzter Richtung!«. Seine Schiffe gingen zugleich auf Gegenkurs und liefen damit aus dem Feuerorkan heraus.

Während der Gefechtskehrtwendung griffen zur Ablenkung des Gegners sowie zur Entlastung der eigenen Hauptkräfte wiederum deutsche Torpedoboote an. Gefechtserfolge erzielten sie nicht.

Um 18.45 Uhr befanden sich die deutschen Schiffe auf Gegenkurs. Die britischen mussten nach und nach das Feuer einstellen, denn ihre Ziele wurden mehr und mehr durch Rauch verdeckt. Das war auch die Ursache dafür, dass Jellicoe das Manöver seines Gegners nicht bemerkte. Er behielt seinen Kurs bei und entfernte sich dadurch von Scheer. Erst um 18.50 Uhr ging er auf südliche Kurse.

Zu diesem Zeitpunkt befand sich das deutsche Flaggschiff »Friedrich der Große« rund 12 sm südwestlich von der britischen Flotte. Auf ihm fasste Scheer einen Entschluss, der später viele Diskussionen auslösen sollte. Um 18.55 Uhr befahl er: »Gefechtskehrtwendung nach Steuerbord!«. Damit gab er Jellicoe zum zweiten Mal die Möglichkeit, den »Strich über das T« zu ziehen. Dieser

Die beiden Hecktürme mit jeweils zwei 30,5-cm-Geschützen des Flottenflaggschiffs »Friedrich der Große« im Gefecht. Beim Breitseitenfeuer konnten insgesamt zehn 30,5-cm- und sieben 15-cm-Geschütze eingesetzt werden. Das Geschossgewicht einer Breitseite betrug 4.222 kg.

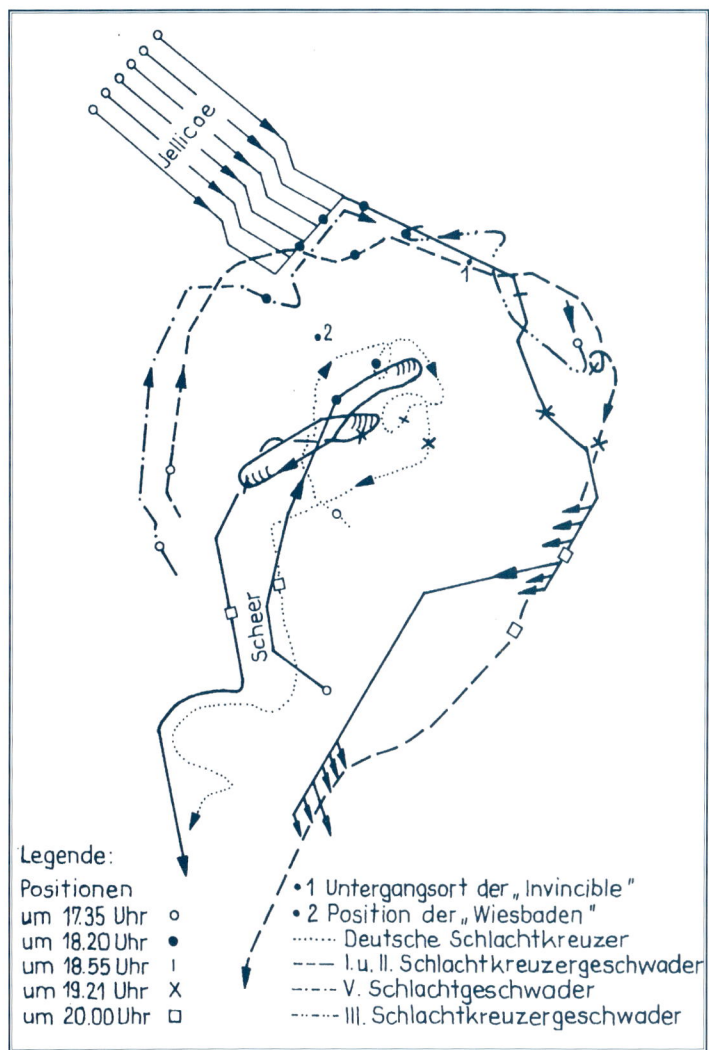

Gefechte der deutschen und britischen Hauptkräfte am 31. Mai 1916

Entschluss ist umso unverständlicher, da dadurch Hippers schon stark angeschlagene Schlachtkreuzer wiederum die volle Wucht des britischen Artilleriefeuers aushalten mussten. Und das auf einer Entfernung von nur etwas mehr als 9.000 m. Später rechtfertigte Scheer seinen Entschluss mit der Absicht, »dem Gegner durch einen nochmaligen Vorstoß einen zweiten Schlag zu versetzen und die Torpedoboote mit Gewalt zum Angriff zu bringen. Das Manöver mußte den Feind überraschen, seine Pläne für den Rest des Tages über den Haufen werfen und, wenn der Vorstoß wuchtig ausfiel, das Loslösen für die Nacht erleichtern. Daneben gewährte es die Möglichkeit, einen letzten Versuch zu machen, der schwer bedrängten ›Wiesbaden‹ Hilfe zu bringen und wenigstens die Besatzung zu bergen.«

Es sei dahingestellt, was sich Scheer bei diesem Befehl dachte, fest steht, dass er blindlings ins Ungewisse stürmte, denn zuverlässige Informationen über den Standort der einzelnen britischen Einheiten besaß er nicht.

Um 19.05 Uhr begann das Artillerieduell von neuem. Die Sicht war durch tief hängende Wolken sowie durch Pulver- und Rauchschwaden äußerst eingeschränkt. Beide Seiten mussten deshalb häufig die Ziele wechseln. Die Angriffe der deutschen Torpedoboote brachten keine Entlastung. Immer mehr britische Schiffe kamen zum Breitseitenfeuer. Nur einige deutsche konnten ihre Artillerie, und das auch nur im Voraussektor, einsetzen. Die Lage von Scheers Spitzenschiffen wurde immer bedrohlicher. In dieser Situation entschloss sich der kaiserliche Admiral zum Äußersten. Um 19.13 Uhr gab er das Signal: »Schlachtkreuzer Gefechtswendung rein in den Feind! Ran!« Aber keiner konnte diesen Selbstmordbefehl befolgen, denn die Schlachtkreuzer waren schon am Feind, und schwer beschädigt zu dem gedachten und gewünschten Angriff nicht mehr in der Lage.

Scheer hoffte im Schutz dieses Angriffes zu entkommen. Um 19.16 Uhr gab er zum dritten Mal den Befehl: »Gefechtskehrtwendung nach Steuerbord!«. Aber dieses Mal gelang die Ausführung des Manövers nicht mehr so exakt wie vorher. Unter schwerstem Beschuss liegend und auf engstem Raum zusammengedrängt, versuchte jeder Kommandant irgendwie auf Gegenkurs zu kommen. Nur raus aus dieser Hölle, war die Devise.

Zur Entlastung der großen Einheiten griffen wiederum deutsche Torpedoboote in mehreren Wellen an. Sie liefen in einen Feuersturm, kamen aber auch zum Schuss. Im Schutz dieser Torpedoangriffe gelang es Scheer nach Westen abzulaufen. Jellicoe hingegen wich mit seinen Kräften den aus Westen

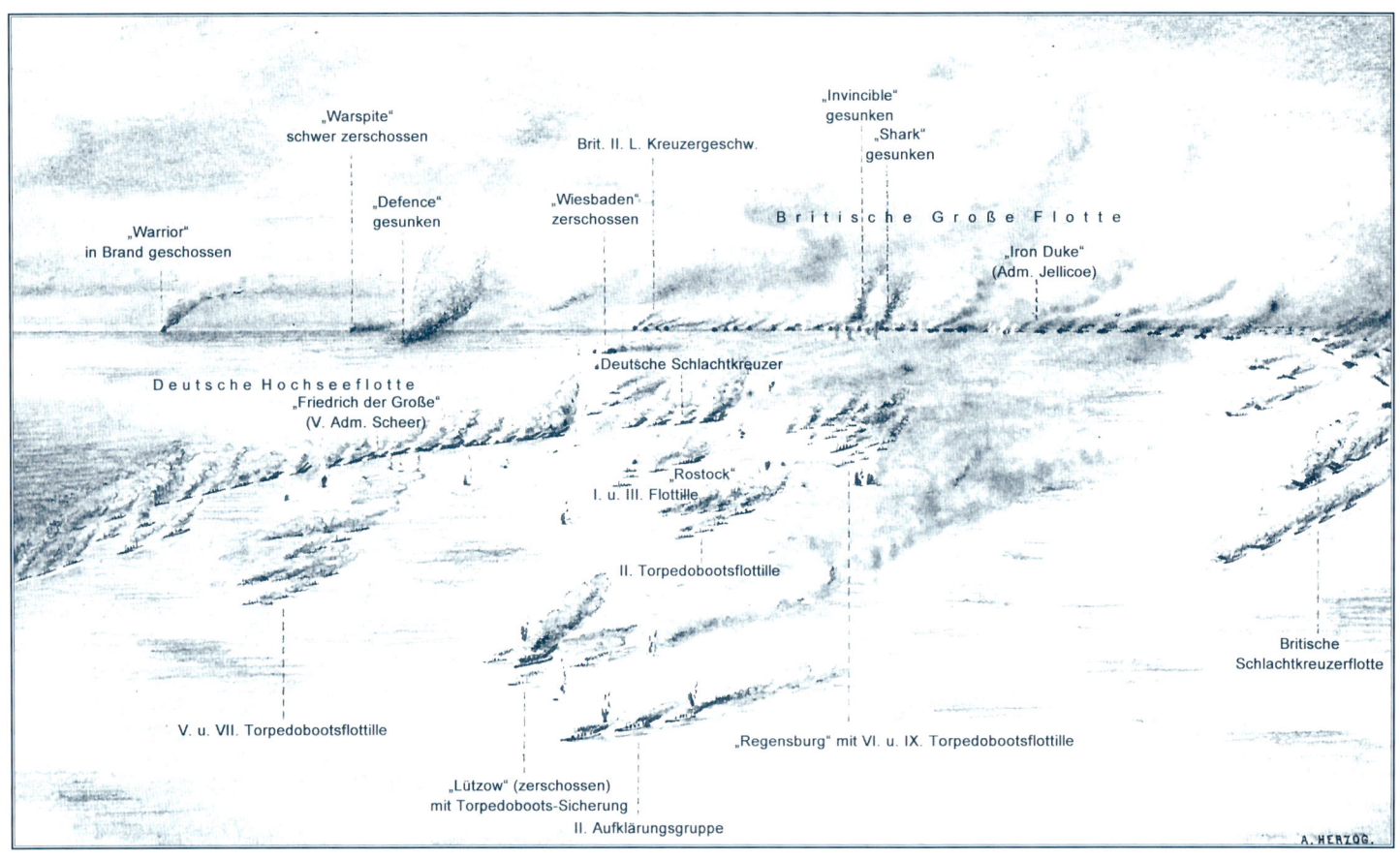

Darstellung der Skagerrakschlacht mit der Lage vom 31. Mai 1916 19.15 Uhr

anlaufenden Torpedos mit östlichen Kursen aus. Dadurch vergrößerte sich der Abstand zwischen beiden Flotten, die sich nun mit einer Relativgeschwindigkeit von 20 kn voneinander entfernten.

Viele Seekriegshistoriker vertreten die Meinung, dass Jellicoe in diesem Moment den Sieg verschenkte. Wäre er den Torpedos mit westlichen Kursen ausgewichen, hätte er am Gegner bleiben können und die noch verbleibenden 115 Minuten Tageslicht wären ausreichend gewesen, um die deutsche Flotte zu zerschlagen. Tatsächlich wusste Jellicoe aber nicht, dass sein Gegner nach Westen drehte. Auch seine unterstellten Kommandeure, die das sahen, meldeten es nicht.

Scheer rechnete damit, dass Jellicoe den Kampf bis zum Einbruch der Dämmerung erneut aufnehmen würde. Er nahm auch an, dass während der Dunkelheit Zerstörerangriffe erfolgen, um ihn weiter nach Westen, also weg von seinen Basen, zu drängen. Dadurch hätten für die britische Flotte am Morgen des folgenden Tages günstige Bedingungen zur Fortsetzung des Kampfes bestanden. Um das zu verhindern, musste die deutsche Flotte versuchen, in die Nähe der Jütländischen Küste zu gelangen. Scheer ließ seine Hauptkräfte um 19.27 Uhr auf SW-Kurs und um 19.45 Uhr auf S-Kurs gehen. Das Ziel, das er ansteuerte, hieß Horns Riff.

Noch befand sich die Hochseeflotte in einem relativ guten Zustand. Das III. Geschwader, das kampfkräftigste, war noch voll einsatzfähig. »Kaiser«, »Kaiserin«, Prinzregent Luitpold« und »Kronprinz« hatten kaum nennenswerte Schäden. »Markgraf« fünfmal, »Großer Kurfürst« zehnmal getroffen, konnten noch alle schweren Geschütze einsetzen. Allerdings hatten »Großer Kurfürst« 800 t und »König« 1.600 t Wasser im Rumpf.

Die Schiffe des I. und II. Geschwaders wiesen fast überhaupt keine Beschädigungen auf.

Schlimm sah es allerdings auf Hippers Einheiten aus. Auf »Von der Tann« gelang es nur mit Mühe, die Hauptkaliber wenigstens notdürftig wieder einsatzbereit zu machen. Ob sie ein erneutes Artillerieduell durchhalten würden, musste bezweifelt werden. »Lützow« war schwer beschädigt und konnte nur noch mit halber Fahrt laufen. »Seydlitz« und »Derfflinger« hatten schwere Treffer erhalten und besaßen nur noch ein Bruchteil der eigentlichen Kampfkraft. Lediglich »Moltke« hatte relativ geringe Beschädigungen.

Jellicoe verlor indessen die Fühlung zu seinem Gegner. Nach und nach ging er mit seinen Einheiten auf SW-Kurs. Beatty hingegen hatte noch Sichtkontakt zu den feindlichen Schlachtkreuzern, der allerdings um 19.45 Uhr abbrach. In dieser Situation bat er um die Unterstellung der an Jellicoes Spitze laufenden Linienschiffe. Mit ihnen wollte er Scheer den Rückweg abschneiden. Aber die Umunterstellung war aufgrund der großen Entfernung nicht mehr realisierbar. Beattys Bitte ist Bewunderung zu zollen, denn er verfügte nur noch über stark angeschlagene Einheiten. Von je acht schweren Geschützen waren auf der »Lion« drei, auf der »Princess Royal« zwei und auf der »Indefigable« eins ausgefallen. Die »Tiger« hatte starke Schlagseite und nahm ständig Wasser.

Um die Distanz zu verkürzen, ging Jellicoe gegen 20.00 Uhr auf Westkurs. Beatty bekam um 20.15 Uhr Gefechtsberührung mit den deutschen Schlachtkreuzern. Der letzte einsatzklare Turm der »Derfflinger« und die Kommandobrücke der »Seydlitz« wurden zerstört. Auch das II. Geschwader, das zur Hilfe eilte, konnte keine Entlastung bringen. »Schleswig-Holstein«, »Pommern« und »Schlesien« erhielten Beschädigungen. Aber auch die britischen Schlachtkreuzer »Lion« und »Princess Royal« bekamen Treffer. Um 20.40 Uhr verstummten die Geschütze. Jellicoe, der einem Nachtgefecht ausweichen wollte, stieß nicht nach.

Um 21.00 Uhr, es war schon dunkel, liefen beide Flotten mit südlichen Kursen. Beatty befand sich rund 8 sm vor Scheer und Jellicoe 9 sm querab östlich von Scheer. Keine der beiden Seiten wusste genau, wo sich der Gegner befand.

Der britische Befehlshaber ahnte, dass sein Gegner versuchen würde, durch die Minenfelder bei Horns Riff zu schlüpfen. Um das zu verhindern, schickte er den schnellen Minenleger »Abdiel« voraus, der die Gassen zwischen den Minenfeldern schließen sollte.

Scheer wiederum vermutete, dass Jellicoe ihm den Weg verlegen würde. Aber er hatte keine andere Wahl. Er musste unbedingt zwischen seinen Gegner und die Küste gelangen, um in seine Stützpunkte durchbrechen zu können. Im Interesse der Erreichung dieses Zieles war er auch bereit, ein Nachtgefecht anzunehmen. Die »Lützow«, die die Geschwindigkeit nicht mehr halten konnte, blieb zurück. Die Kiellinie wurde umformiert. Nun liefen die stärksten Einheiten an der Spitze und die schwächsten am Schluss. Leichte Einheiten deckten den Verband an Steuerbord und Backbord.

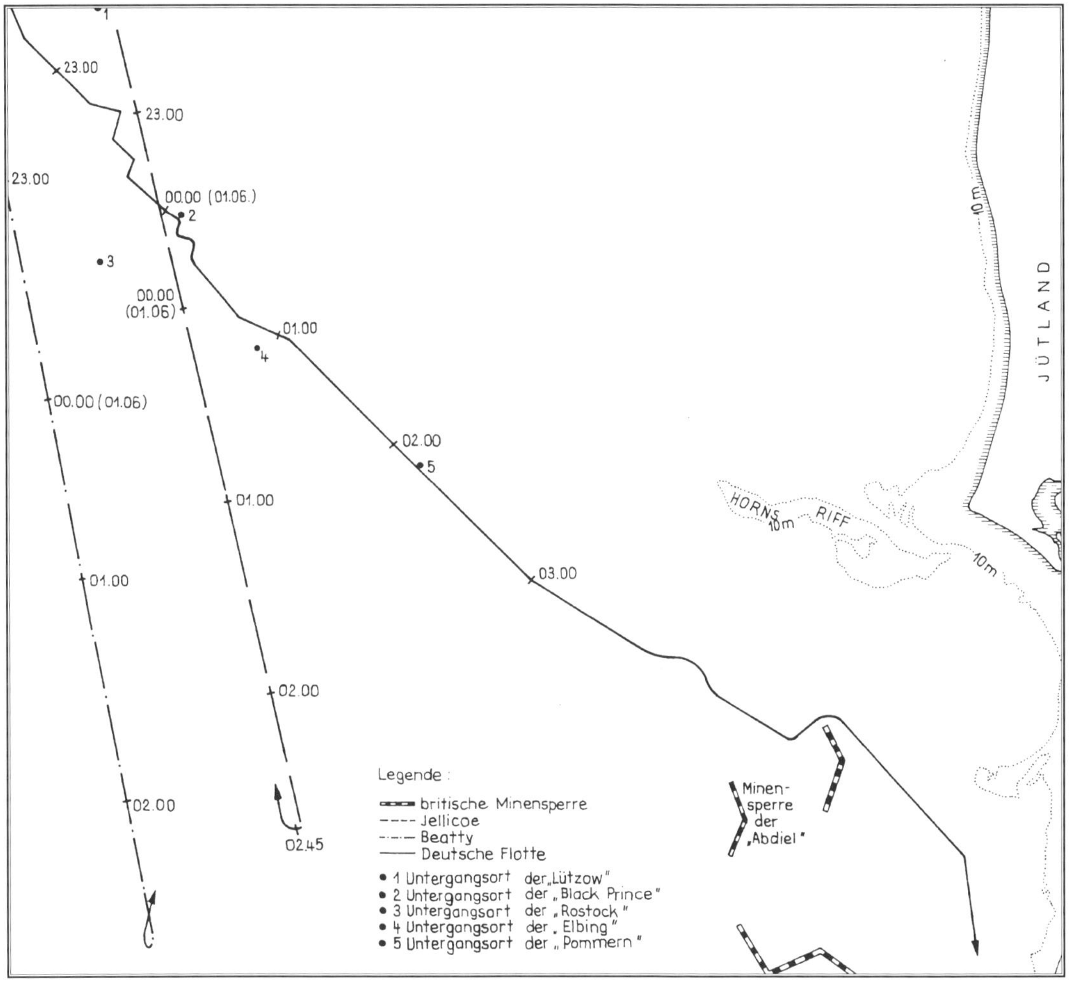
1
23.00
23.00
23.00
00.00 (01.06.)
2
3
00.00
(01.06)
01.00
4
00.00 (01.06)
02.00
5
01.00
HORNS RIFF
10m
10m
10 m
JÜTLAND
03.00
01.00
02.00
02.00
02.45
Legende:
britische Minensperre
Jellicoe
Beatty
Deutsche Flotte
1 Untergangsort der „Lützow"
2 Untergangsort der „Black Prince"
3 Untergangsort der „Rostock"
4 Untergangsort der „Elbing"
5 Untergangsort der „Pommern"
Minen-
sperre
der
„Abdiel"

Nachtgefechte der deutschen und britischen Kräfte am 31. Mai 1916

Jellicoe ließ ab 21.17 Uhr seine vier Schlachtgeschwader jeweils in Kiellinie mit einer Seemeile Abstand untereinander laufen. Dieser Verband wurde nach vorn, Steuerbord und achtern durch leichte Kräfte gesichert. Beatty befand sich 13 sm Steuerbord voraus.

Scheer gelang das Unglaubliche. Er kreuzte Jellicoes Kurs rund sechs Seemeilen hinter den britischen Linienschiffen.

Es blieb nicht aus, dass es zu Gefechten zwischen den Sicherungskräften kam. Eine zentrale Führung war dabei nicht mehr möglich.

Der englische Zerstörer »Castor« wurde zehnmal getroffen, »Tipperary« geriet in Brand und blieb liegen. Die Kleinen Kreuzer »Southampton« und »Dublin« erlitten schwere Beschädigungen. Der Kleine Kreuzer »Frauenlob« erhielt einen Torpedotreffer, kenterte und sank anschließend. Das Durcheinander nahm zu. In der dunklen Nacht konnte keiner erkennen, ob es sich bei den kaum wahrnehmbaren Schatten um eigene oder gegnerische Schiffe handelte. Die mit Scheinwerfern gegebenen Erkennungssignale wurden zur tödlichen Falle, da nun auch der Gegner wusste, wen er vor sich hatte. Die Verwirrung wurde noch größer, als die Deutschen begannen, mit den englischen Erkennungssignalen zu arbeiten. Das Linienschiff »Nassau« rammte den britischen Zerstörer »Spitfire«, der wie durch ein Wunder schwimmfähig blieb. Der Kleine Kreuzer »Elbing« wurde vom eigenen Linienschiff »Posen« gerammt. Die englischen Zerstörer »Sparrowhawk« und »Broke« verkeilten sich ineinander. In dieses Knäuel lief der Zerstörer »Contest« hinein. Die »Rostock« erhielt einen Torpedotreffer. Der dramatische Höhepunkt des grausigen Geschehens wurde erreicht, als der zurückgefallene Panzerkreuzer »Black Prince« irrtümlich versuchte, sich in die deutsche Kiellinie einzureihen. Die Breitseiten von vier deutschen Linienschiffen machten ihn zu einen glühenden Haufen Eisen. Der Zerstörer »Ardent« blieb zusammengeschossen als hilfloses Wrack liegen.

Jellicoe erkannte zwar am Aufblitzen der Mündungsfeuer, dass sich in seinem Rücken Kampfhandlungen abspielten, ging aber fälschlicher Weise davon aus, dass es sich lediglich um Durchbruchsversuche deutscher Torpedobootsflottillen handelte. Seine unterstellten Kommandeure korrigierten diesen Irrtum nicht, da sie es für »unschicklich« hielten, den in der Nähe befindlichen Befehlshaber zu informieren. So glaubte Jellicoe immer noch, dass er sich zwischen der Küste und den gegnerischen Hauptkräften befand.

Inzwischen gingen die unkontrollierten Einzelkämpfe weiter. Der britische Zerstörer »Petrad« wurde zerschossen und blieb liegen, die »Turbulent« sank. Die Besatzung der »Lützow« kämpfte schon seit Stunden um ihr Schiff, aber es war nicht mehr zu retten. Die Überlebenden wurden von vier Torpedobooten abgeborgen. Zwei deutsche Torpedos machten dem Schlachtschiff ein Ende. Um 1.47 Uhr versank es in den Fluten. Fast gleichzeitig mit der »Lützow« ging die »Wiesbaden« unter. Nur ein Mann konnte gerettet werden. Gegen 2.00 Uhr, es begann zu dämmern, befahl der Kommandant der »Elbing« die Sprengung seines Schiffes. Nicht weit von dem Kleinen Kreuzer sank fast zeitgleich die »Sparrohawk«. Die Besatzung der »Elbing« rettete sich gemeinsam mit den Überlebenden der um 1.45 Uhr untergegangenen »Tipperrary«. Die britischen Zerstörer griffen wiederum an. Zwei Torpedos trafen um 2.10 Uhr die »Pommern«. Das Linienschiff brach in der Mitte auseinander und versank in den Fluten. Die »Rostock« musste um 4.25 Uhr durch eigene Torpedos versenkt werden.

Die von der »Abdiel« unbemerkt gelegten Minen blieben wirkungslos. Scheer schlüpfte durch. Ganz ohne Verluste sollte es aber doch nicht abgehen. Um 5.20 Uhr zerriss eine Detonation die Morgenstille. Die »Ostfriesland« war auf eine Mine gelaufen, die allerdings nicht von der »Abdiel« stammte. Trotz des Minentreffers konnte das Linienschiff mit eigener Kraft und 15 kn Geschwindigkeit einlaufen.

Der »Seydlitz« gelang das nicht. Um 2.40 Uhr lief das Schiff bei Horns Riff auf Grund, kam aber aus eigener Kraft wieder frei. Mittlerweile hatte der schwer beschädigte Schlachtkreuzer vorn 13 m Tiefgang. Gegen 9.00 Uhr saß er wieder fest. 5.000 t Wasser befanden sich im Vorschiff. Ein zur Hilfe geeilter Schlepper brachte die »Seydlitz« in den rettenden Hafen.

Jellicoe erkannte gegen 2.30 Uhr, dass er nicht mehr zwischen der deutschen Flotte und der Küste stand. Eine halbe Stunde später ging er auf Nordkurs. Vor ihm lag die leere See.

Der Kleine Kreuzer »Wiesbaden« erhielt am 31. Mai, kurz vor 18.00 Uhr, schwere Treffer, die beide Maschinen außer Betrieb setzten. Er blieb hilflos, genau zwischen den beiden Linien, liegen. Dort wurde das Schiff zum Wrack geschossen. Es sank mit 589 Mann.

Die Skagerrakschlacht war zu Ende. Was hatte sie gebracht? Sofort sichtbar waren die Verluste, die sich wie folgt verteilten:

Großbritannien		
Tote, Verwundete, Gefangene	6.784	
Tonnageverluste (ts)		111.980
Schiffsverluste		
Linienschiffe	0	
Schlachtkreuzer	3	
Panzerkreuzer	3	
Kleine Kreuzer	0	
Zerstörer/Torpedoboote	8	
Beschädigte Schiffe		
Linienschiffe	4	
Schlachtkreuzer	3	
Kleine Kreuzer	3	
Zerstörer/Torpedoboote	10	

Deutschland		
Tote, Verwundete, Gefangene	3.039	
Tonnageverluste (ts)		62.233
Schiffsverluste		
Linienschiffe	1	
Schlachtkreuzer	1	
Panzerkreuzer	0	
Kleine Kreuzer	4	
Zerstörer/Torpedoboote	5	
Beschädigte Schiffe		
Linienschiffe	12	
Schlachtkreuzer	5	
Kleine Kreuzer	5	
Zerstörer/Torpedoboote	5	

S. M. S. „Seydlitz" nach der Skagerrak-Schlacht schweren Treffern in der Schleuse Wilhelmshaven.

Der schwer beschädigte Schlachtkreuzer »Seydlitz« nach der Schlacht
im Hafen

Auf den ersten Blick hatte die kaiserliche Flotte einen Sieg errungen. In einem ungefähren Kräfteverhältnis von 5:8 zur königlichen war sie ausgelaufen, mit einem ungefähren Verlustverhältnis von 8:5 zu ihren Gunsten kehrte sie zurück. Kein Wunder, dass sich die deutsche Presse vor Jubel überschlug. In Großbritannien hingegen wurde weder von offizieller Seite noch von der Presse der Versuch unternommen, die Verluste zu verheimlichen. Die Öffentlichkeit nahm sie mit Bitterkeit zur Kenntnis.

Aber der deutsche Jubel war ebenso verfrüht wie die britische Niedergeschlagenheit, denn strategisch gesehen hatte die Seeschlacht kaum Auswirkungen.

Die Blockade der deutschen Flotte dauerte an und die Verstärkung der alliierten Kräfte in Frankreich konnte ohne ernsthafte Behinderung durchgeführt werden. Nicht zuletzt dadurch scheiterte die deutsche Offensive vor Verdun. Aber auch die deutsche Blockade der Ostsee blieb bestehen. Eine Seeverbindung mit Russland konnte nicht hergestellt werden.

Die Skagerrakschlacht war die letzte Seeschlacht der klassischen Linientaktik und die letzte, die zwischen Großkampfschiffen bei Tageslicht ausgefochten wurde. Sie enthielt allerdings schon Elemente der sich entwickelnden Seeoperation.

In ihr kamen drei Waffengattungen zum Einsatz, die mit unterschiedlichem Erfolg handelten und einer einheitlichen Führung unterstanden.

Die Unterwasserkräfte waren zwar an der Schlacht nicht direkt beteiligt, klärten aber im Interesse ihrer Führung auf. Deutsche U-Boote führten verschiedene, allerdings erfolglose Angriffe auf die aus- und einlaufende Grand Fleet durch.

Die Seefliegerkräfte wurden, wenn auch ohne greifbare Resultate, von beiden Seiten eingesetzt. Deutsche Luftschiffe versuchten in den späten Abendstunden des 31. Mai und den sich daran anschließenden Nacht- sowie frühen Morgenstunden des folgenden Tages den Gegner aufzuklären. Tief hängende Wolken verhinderten einen Erfolg. Beatty setzte von Seeflugzeugmutterschiff »Engadine« aus ein Aufklärungsflugzeug ein, das auch Gegnermeldungen absetzte, aber wegen Motorschaden frühzeitig zurückkehren musste.

So blieben die Überwasserkräfte die einzige Waffengattung, die effektiv zum Einsatz kam. Sie waren in verschiedenen Gruppierungen, Aufklärungskräfte unter Beatty und Hipper sowie Hauptkräfte unter Jellicoe und Scheer, unterteilt. Ihnen unterstanden wiederum verschiedene Gruppierungen leichter Kräfte. Die Schaffung solcher Gruppierungen machte sich wegen der veränderten materiell-technischen Basis des bewaffneten Kampfes auf See zwingend notwendig. Unter diesen, für beide Seiten neuen Bedingungen war es notwendig, die Abwehr der U-Boote und die der Luftangriffsmittel ebenso zu organisieren, wie die der Torpedos und die der Minen. Diese bisher nicht existierenden Aufgaben konnten die in Kiellinie laufenden Großkampfschiffe nicht mehr allein erfüllen. Sie benötigten Unterstützungskräfte, die mehr und mehr diese Aufgaben übernahmen.

Der deutsche Marinemaler Claus Bergen nahm an der Skagerrak- schlacht teil. Hier stellt er das Innere eines 30,5- cm-Geschützturmes beim Laden einer Granate dar.

Die Vielzahl der zum Einsatz gekommenen unterschiedlichen Kräfte und Mittel, die Schnelligkeit der Ereignisentwicklung sowie die daraus resultierende große Anzahl von Lagemeldungen, aber auch die oftmals fehlenden, ungenauen oder gar falschen Informationen über die Handlungen des Gegners und der eigenen Kräfte machte es den beiden Oberbefehlshabern unmöglich, die Lageentwicklung voll zu überschauen und die Führung der Kräfte immer zu gewährleisten.

Die Linientaktik, die in ihrer ursprünglichen Form in dieser Seeschlacht schon nicht mehr zur Anwendung kam, wurde zur Fessel, die schon teilweise während der Schlacht gesprengt wurde. Um sie völlig abstreifen zu können, bedurfte es qualitativ neuer Führungs- und Beobachtungsmittel, denn die eingesetzten entsprachen weder den Schiffsgeschwindigkeiten und Artilleriereichweiten noch der gegenüber früheren Zeiten höheren Dynamik der Kampfhandlungen. Die Lösung dieser Aufgabe sollte der Zukunft vorbehalten bleiben.

Der Überfall auf Pearl Harbour
(7. Dezember 1941)

Am 8. Dezember 1941, um 7.00 Uhr Tokioter Zeit, oder anders gerechnet, am 7. Dezember 1941 um 17.00 Uhr Washingtoner Zeit, unterbrach der Japanische Rundfunk mit folgender Meldung sein Programm: »Heute, am 8. Dezember, sind mit dem Morgengrauen die kaiserliche Armee und Flotte mit den im westlichen Teil des Stillen Ozeans befindlichen Streitkräften Amerikas und Englands in den Kriegszustand getreten.« Am gleichen Tage verkündete der Tenno seinem Volk. »Wir erklären hiermit den Vereinigten Staaten von Amerika und dem Britischen Empire den Krieg. Mannschaften und Offiziere Unseres Heeres und Unserer Marine sollen zur Durchführung dieses Krieges ihr Äußerstes leisten ...« Scheinheilig erklärte die japanische Regierung: »Es ist die unabänderliche Politik Japans, die Stabilität Ostasiens sicherzustellen und der Sache des Weltfriedens seinen Beitrag zu leisten ...«

Im Erlass des Tennos vom 8. Dezember 1941 erklärte Kaiser Hirohito: »... wollen (wir) die Wurzeln des Bösen rasch vernichten und einen dauerhaften Frieden in Ostasien errichten.«

Was war geschehen? Was führte zu dem Überfall auf Pearl Harbour, der Hauptflottenbasis der US-Navy im Stillen Ozean? Hatte Japan mit seinem am 7. Juli 1937 begonnenen Krieg gegen China nicht schon genug Probleme zu lösen?

Um all diese Fragen zu beantworten, müssen die Jahre vor dem Desaster von Pearl Harbour einer näheren Betrachtung unterzogen werden.

Aufgrund der wirtschaftlichen Entwicklung in Japan verstärkte sich der ohnehin schon stark ausgeprägte Nationalismus nach dem Ersten Weltkrieg immer mehr. Verbunden mit dem durch den Samuraigeist geprägten Militarismus und einer nicht ausreichenden eigenen Rohstoffbasis ergab sich fast automatisch eine politische, ökonomische und militärische Orientierung auf fremde Territorien. Südsachalin, Korea und Taiwan, bereits im japanischen Besitz, konnten weder die wirtschaftlichen noch die politischen Bedürfnisse der herrschenden Kreise befriedigen.

In dieser Situation bot sich China als Ausweg an. Zwar dominierte hier Großbritannien, doch für Japan blieb noch genug Platz, zumal in der Mandschurei schon vor Jahren das Erbe Russlands angetreten und feste Positionen gesichert worden waren. Als aber die USA in China einzudringen begannen, kam es zu ernsthaften Komplikationen. Die USA, zu dieser Zeit der ökonomisch stärkste Staat der Welt, strebte die Vorherrschaft nicht nur in Teilen, sondern in ganz China an.

Japan, wirtschaftlich wesentlich schwächer als die USA, forcierte die militärischen Anstrengungen, wobei es sich vorläufig noch auf Nordostchina beschränken musste. Als 1927 General Gi-ichi Tanaka, ein Exponent des aggressivsten Flügels der herrschenden japanischen Kreise, die Ämter des Ministerpräsidenten und Außenministers übernahm, verschärften sich die militanten Züge der

Die Einbeziehung der japanischen Bevölkerung in die Kriegsvorbereitungen reichte bis zur militärischen Ausbildung von Priestern.

japanischen Chinapolitik. Auf militärischem, politischem, ökonomischem sowie ideologischem Gebiet begannen die Aggressionsvorbereitungen auf Hochtouren zu laufen. Nordostchina stellte das erste Ziel dar. Von hieraus konnten Feldzüge gegen die Mongolische Volksrepublik, gegen die Sowjetunion und gegen ganz China beginnen.

Die Weltwirtschaftskrise, die auch Japan in vollem Ausmaß erfasste, verstärkte die Aggressionsbestrebungen beträchtlich, denn mit außenpolitischen Schritten sollten die innenpolitischen Probleme gelöst oder zumindest unterdrückt werden.

Am 18. September 1931 begann der Überfall auf die Mandschurei. Mangelnder Widerstand ermöglichte es, den Feldzug innerhalb von drei Monaten zu beenden. Auch die Haltung der Regierungen der USA und Großbritanniens ermunterte den Aggressor geradezu, befand sich doch nördlich des eroberten Gebietes die Sowjetunion. Japan enttäuschte die Hoffnungen der beiden Mächte nicht und lehnte ein im Dezember 1931 von der Sowjetunion vorgeschlagenen Nichtangriffspakt prompt ab.

Japan rüstete weiter. 1935 erreichten die Streitkräfte eine Stärke von 400.000 Mann. Die Flotte verfügte über neun Schlachtschiffe, fünf Flugzeugträger, zwei Flugzeugmutterschiffe, zwölf schwere, 22 leichte und sieben völlig veraltete Kreuzer, 110 Zerstörer sowie 63 U-Boote. 1.980 neue land- und bordgestützte Flugzeuge ersetzten ausgesonderte Typen. Es muss eingeschätzt werden, dass in Japan früher als in anderen Ländern die wachsende Bedeutung des Flugzeugträgers im Seekrieg erkannt wurde. Hauptursache dafür war die geographische Lage Japans und die der zu erobernden Gebiete. Die Ausbildung der Streitkräfte war angriffsorientiert. Das Heer trainierte unter allen Klimabedingungen und die Flotte übte nach langen Seetörns »Seeschlachten« sowie Kampfhandlungen um die Seeverbindungen.

In Japan wurde früher als in anderen Ländern die wachsende Bedeutung des Flugzeugträgers im Seekrieg erkannt. Auf der anlässlich des 2.600-jährigen Bestehens des Kaiserreiches durchgeführten Flottenparade, an der rund 100 Kampfschiffe und mehr als 300 Flugzeuge teilnahmen, wurde die Kriegsbereitschaft vor den Augen der Welt, besonders denen der USA, demonstriert.

Das gesamte gesellschaftliche Leben richtete sich auf die ideologische Kriegsvorbereitung des Volkes und besonders der Armee aus. Es gelang, das Bewusstsein der Soldaten und Offiziere so zu manipulieren, dass sie in ihrer übergroßen Mehrheit bereit waren, für die heilige Sendungsmission Japans unter der Führung des Tennos ihr Leben zu opfern.

Durch die Ausnutzung religiöser Gefühle wurden die Soldaten zum fanatischen Glauben an ihren gottähnlichen Kaiser erzogen. Das machte sie in den Händen ihrer Vorgesetzten zu willfährigen Werkzeugen, die bedingungslos alle Befehle erfüllten.

Moralisch und ideologisch manipuliert sowie militärisch speziell gedrillt, bildete die Kwangtung Armee, an der Grenze zur Sowjetunion disloziert, den Kern des japanischen Heeres. Allein 1935 begingen oder duldeten ihre Angehörigen 80 militärische Provokationen gegen die sowjetische Grenze. Auch an der mongolischen Grenze spitzte sich die Lage zu. Deshalb schlossen die Mongolei und die Sowjetunion am 12. März 1936 ein Abkommen über gegenseitige Hilfeleistung, einschließlich militärischen Beistandes. Wie richtig dieser Schritt war, zeigte der japanische Überfall auf die Mongolei vom 11. Mai 1939. Mit Hilfe der sowjetischen Armee wurde er am Chalchyn gol zurück-

Die Japaner gingen in China mit grausamen Terrormethoden vor, um jeglichen Widerstand schon im Keim zu ersticken.

geschlagen. Bereits im August des Vorjahres hatten sich die Japaner am Chassansee blutige Köpfe geholt. Der Traum von der Errichtung eines Großjapans vom Baikal bis nach Tibet war zumindest erst mal in Richtung Baikal ausgeträumt. In Richtung Tibet sah es dagegen schon besser aus.

Der am 7. Juli 1937 begonnene Krieg gegen China verlief trotz mancher Schwierigkeiten erfolgreich. Ende Oktober 1938 befanden sich die chinesischen Hauptindustriezentren und die wichtigsten Eisenbahnverbindungen in japanischer Hand.

Dieses Vorgehen bedrohte nun direkt die Interessen der USA und Großbritanniens in China. Die chinesische Küste war blockiert und japanische Fliegerkräfte bombardierten amerikanische und britische Niederlassungen. Mit der Einnahme der Insel Hainan standen die japanischen Truppen vor den Toren britischer und französischer Kolonien.

Wie im spanischen Bürgerkrieg (1936-1939) verhielten sich die Westmächte auch in China »neutral«. Der amerikanische Präsident Franklin D. Roosevelt forderte zwar am 5. Oktober die Aggression unter »Quarantäne« zu stellen. Strategische Lieferungen aus den USA nach Japan unterband er allerdings nicht.

Der Völkerbund verabschiedete einen Tag später eine Resolution, in der er China seine moralische Unterstützung gewährte. Zu mehr reichte es nicht.

Dafür forcierte Japan seine Anstrengungen weiter. Mit dem am 1. April 1938 verkündeten »Gesetz über die allgemeine Mobilisierung der Nation« trat ein Ausnahmegesetz für Kriegszeiten in Kraft. Die Macht lag jetzt allein in den Händen der Regierung. Das Parlament spielte nur noch ein Schattendasein. Selbst die geringsten Reste der bürgerlichen Demokratie wurden liquidiert, dafür aber die militärische Diktatur gestärkt.

Die Haltung der herrschenden Kreise Japans zu den USA und Großbritannien war entsprechend den ökonomischen Interessen recht unterschiedlich. Auf dieser Basis kam es zu einer noch größeren Annäherung an Deutschland, in dessen Ergebnis Hitler im Oktober 1938 ein Militärbündnis vorschlug. Aber so einfach, wie es auf den ersten Blick aussah, war es nicht, denn die Interessengegensätze zwischen den Verbündeten waren nicht unerheblich.

Hitler bezeichnete die Japaner als »gelbe Teufel«, die die deutschen Vorposten im Stillen Ozean, z.B. Tsingtau sowie die Marianen-, Karolinen- und Marshall-Inseln nach dem Ersten Weltkrieg einkassierten und sich nicht einmal dafür entschuldigten. Darüber hinaus verfolgten die deutschen Faschisten selbst handfeste Interessen in China und in Südostasien. Das wurde nicht zuletzt durch 430 Generale und Offiziere, die als Berater bei der chinesischen Kuomintang Armee tätig waren sowie durch die umfangreichen Waffenlieferungen unterstrichen. Beides musste sich natürlich gegen Japan richten. Andererseits stellte Japan einen in militärischer und geographischer Hinsicht nicht zu unterschätzenden Partner im Kampf gegen die Sowjetunion dar. Hitler brachte diese zwiespältige Haltung zum Ausdruck, indem er sagte: »... selbst der größte Sieg Japans (ist) für die Kultur und den allgemeinen Frieden der Welt unendlich weniger gefährlich ..., als es ein Sieg des Bolschewismus sein würde.«

Zwischen beiden Partnern stand auch die Frage, wer zuerst die Sowjetunion angreifen würde. Japan wünschte einen gemeinsamen Überfall, Deutschland wollte dem Land der Morgenröte den

Die japanischen Militaristen konnten sich bei ihren Aggressionen immer auf die Hilfe und Unterstützung der deutschen und italienischen Faschisten stützen. Antikomintern- und Dreimächtepakt waren die juristische Grundlage dafür. Hier die Flaggen der drei Teilnehmerstaaten im Jahre 1939 in den Straßen Tokios.

Vortritt lassen. All das veranlasste im März 1939 das japanische Kabinett, mit dem Abschluss eines Militärbündnisses noch zu warten.

Der Abschluss des deutsch-sowjetischen Nichtangriffspaktes im August 1939 sowie die endgültige Zerschlagung der 6. japanischen Armee am Chalchyn gol am 31. August 1939 waren wohl die Hauptgründe, warum Japan den Abschluss eines Militärbündnisses mit Deutschland weiter vor sich her schob.

Der am 27. September 1940 zwischen Deutschland, Italien und Japan trotz aller Widersprüche unterzeichnete Dreimächtepakt legte fest: »Japan anerkennt und respektiert die Führung Deutschlands und Italiens bei der Schaffung einer neuen Ordnung in Europa« sowie »Deutschland und Italien anerkennen und respektieren die Führung Japans bei der Schaffung einer neuen Ordnung im großasiatischen Raum.« Dieser Pakt richtete sich offen gegen Großbritannien und die USA und in letzter Konsequenz auch gegen die Sowjetunion.

Die gesamte militärische Tätigkeit Japans beruhte auf dem »Programm zur nationalen Verteidigung des Kaiserreiches«. Es wurde von den Chefs des General- und Admiralstabes ausgearbeitet und vom Kaiser bestätigt. Sein wesentlicher Inhalt bestand in der Festlegung der japanischen Interessen auf dem Festland, des Hauptgegners sowie der Einsatzprinzipien des Heeres und der Flotte. Ein solches Programm wurde erstmals 1907 ausgearbeitet und erfuhr aufgrund der Veränderungen der internationalen Lage in den Jahren 1919, 1923 und 1936 wesentliche Präzisierungen. Lediglich der Hauptgegner blieb immer der gleiche, nämlich Russland oder, und hier wurde doch präzisiert, die Sowjetunion. Die jährlich erarbeiteten Operativpläne konkretisierten die Festlegungen des Programms und die allgemeinen Prinzipien des Gefechtseinsatzes der Streitkräfte. Die Erarbeitung des Planes für das folgende Jahr wurde immer im Oktober des Vorjahres abgeschlossen.

Im Sommer 1940 gelangte das japanische Oberkommando zu dem Schluss, dass aufgrund der Entwicklung in Europa ein überfallartiger, zentralisierter Schlag in Südrichtung möglich ist. Hauptziel sollte Holländisch-Indien sein. Aber auf dem Weg dahin lagen u.a. der USA-Stützpunkt Manila und der britische Stützpunkt Singapur. Die japanische Regierung ging im Juni 1940 davon aus, dass sich die beiden Bündnispartner wegen des Schutzes einer fast herrenlosen Kolonie nicht in militärische Verwicklungen mit den japanischen Streitkräften einlassen würden.

Ende 1940/Anfang 1941 rückte die Südvariante immer mehr in den Vordergrund der strategischen Planung der japanischen Militärs. Am 2. Juli 1941 wurde die Verwirklichung der Nordvariante, also der Angriff auf die Sowjetunion, auf frühestens Frühjahr 1942 verschoben. Die Admirale forderten die Kampfhandlungen mit einem Schlag gegen die Philippinen zu eröffnen. Durch den Besitz dieser US-amerikanischen Halbkolonie versprachen sie sich einerseits die Schaffung einer zentralen Ausgangsbasis für die Flotte, um weitere Eroberungen durchführen zu können und andererseits die Beseitigung einer Bedrohung der Seeverbindungen zwischen Japan und den noch zu erobernden Territorien durch gegnerische Flotten. Erstmals stellte nun nicht mehr die Sowjetunion, sondern die USA den Hauptgegner dar. Am 6. September 1941 wurde auf einer Beratung beim Kaiser die Schlussfolgerung gezogen, dass im Kriegsfalle die USA, Großbritannien und die Niederlande in einer geschlossenen Front gegen Japan auftreten werden.

Der zwischen Deutschland und Japan am 25. November 1936 abgeschlossene Antikominternpakt verpflichtete beide Partner zum Kampf gegen die Kommunistische Internationale. In einem geheimen Zusatzprotokoll wurde die gegenseitige Haltung im Falle eines Krieges gegen die Sowjetunion präzisiert. Italien trat dem Pakt am 6. November 1937 bei, Ungarn und Mandschuko am 24. Februar und Spanien am 27. März 1939.

In der Zwischenzeit hatte sich die Lage in Europa dramatisch verschärft. Der Krieg erhielt mit dem am 22. Juni begonnenen Überfall Hitlerdeutschlands auf die Sowjetunion eine völlig andere Dimension. Dieser Umstand bereitete zwar den führenden Kräften Japans keinerlei Kopfschmerzen, aber die veränderte Kräftekonstellation blieb natürlich nicht ohne Auswirkungen auf ihr Denken und Handeln. Die Südvariante war schon fast beschlossene Sache. Allerdings konnte die Frage, was wird, wenn Japan den Krieg eröffnet und Deutschland einen Separatfrieden mit Großbritannien und der Sowjetunion abschließt, noch nicht eindeutig beantwortet werden. Klar schien aber, dass ein unmittelbares militärisches Zusammenwirken mit Deutschland und Italien kaum realisierbar war und dass die Eröffnung von Kampfhandlungen gegen den Erbfeind im Norden vorläufig unterbleiben konnte. Ein Angriff der Roten Armee wurde als wenig wahrscheinlich eingeschätzt und wenn er doch käme, hatte man ja noch die Kwangtung-Armee.

Der Krieg gegen die USA, Großbritannien und die Niederlande wurde am 1. Dezember 1941 um 16.00 Uhr im Kaiserpalast durch den Kaiser bei Anwesenheit des gesamten Kabinetts beschlossen. Er sollte in drei Phasen geführt werden.

Die erste sah die Besetzung der rohstoffreichen »Südlichen Gebiete«, den Überfall auf die amerikanischen Flottenkräfte in Pearl Harbour sowie die Einnahme solcher strategischer Räume und Positionen vor, die den Schutz der eroberten Gebiete und des Mutterlandes garantierten. Konkret sollte eine Linie erreicht werden, die bei den Kurilen begann und sich über die Marshall Inseln, einschließlich Wake, den Bismarck Archipel, Timor, Sumatra bis nach Borneo erstreckte. Beliebige angreifende Kräfte waren zu vernichten und gleichzeitig der Wille der USA zum Kampf zu brechen. Die Realisierung dieses Planes hätte Japan von Rohstoffimporten unabhängig gemacht.

Die zweite Phase sah vor, die Herrschaft über den Stillen Ozean zu erringen. Zur Verstärkung der Verteidigung des Bismarck Archipels und Neu Guineas sollte Port Moresby genommen werden. Um die Verteidigung des zentralen Teils des Stillen Ozeans zu gewährleisten und die Flotte der USA zu einer Entscheidungsschlacht zu zwingen, sollte Midway besetzt werden. Damit wären die Voraussetzung für die Einnahme von Neu Kaledonien sowie der Fidschi- und Samoainseln geschaffen. Von hieraus konnten die Seeverbindungen zwischen den USA und Australien unterbrochen werden.

Nach diesen Angriffsoperationen sollte die dritte Phase mit der Befestigung der nördlichen Gebiete bis Juni 1942, der Salomonen Inseln und des Ostteils von Neu Guinea bis November 1942 sowie des Gebietes der Südlichen Meere bis Januar 1943 beginnen. Die allgemeine Befestigung sollte bis März 1943 abgeschlossen sein.

Es war nur natürlich, dass die USA, als Anrainerstaat des Stillen Ozeans, die Entwicklung der aufstrebenden und immer aggressiver werdenden fernöstlichen Macht aufmerksam beobachteten und sich auf ihre Politik einstellten.

In diesem Sinne entstand schon 1924 der Orange-Plan, der die Schaffung einer Überlegenheit an Flottenkräften im westlichen Stillen Ozean sowie die Stärkung der Philippinen als Brückenkopf gegen das Inselreich vorsah.

Bereits Mitte der 30er Jahre zwang die Entwicklung der internationalen Lage zu der sich später tatsächlich bewahrheitenden Einschätzung, dass die Philippinen in einem Krieg gegen Japan nicht gehalten werden können und dass ein amerikanischer Angriff die Form einer »methodischen Vorwärtsbewegung« von Insel zu Insel annehmen muss. Dabei sollte eine Linie erreicht werden, die die Aufrechterhaltung der eigenen Seeverbindungen im westlichen Teil des Stillen Ozeans gewährleistet.

Am 26. Oktober 1938, also nach dem Münchner Diktat, verkündete Roosevelt im Radio, dass sich die Vereinigten Staaten der wachsenden Kriegsgefahr bewusst sind und gegen sie, besonders in der westlichen Hemisphäre, kämpfen werden. Aber sein Auftritt machte weder in den USA noch im Ausland Eindruck. Im eigenen Land tendierte die Stimmung aufgrund isolationistischer Tendenzen eher zu Kompromissen mit den europäischen und asiatischen Faschisten, als zum Kampf gegen sie. Im Ausland glaubte man nicht, dass die USA das Risiko eines Krieges auf sich nehmen würden.

Im Frühjahr 1939 begann in den Vereinigten Staaten die Ausarbeitung einer Reihe strategischer Pläne, die die Bezeichnung »Rainbow 1 bis 5« trugen. Sie befassten sich mit den möglichen Varianten der Kriegführung durch die USA. Die am 30. Juni 1939 bestätigten Pläne basierten auf einer Grundvariante, »Rainbow 1«, die von der Verletzung US-amerikanischer Interessen nördlich 10 Grad südlicher Breite ausging. Darauf aufbauend präzisierte »Rainbow 2« die Handlungen der USA bei einer Nichtteilnahme an einem Krieg in Europa und der Konzentration der Hauptanstrengungen auf die Vernichtung eines Gegners im Stillen Ozean. »Rainbow 3« sah die Besetzung des Westteils des Pazifiks zum Schutz der eigenen Interessen vor.

Die allgemeine Lageentwicklung machte »Rainbow 2« immer aktueller. Während die USA in Europa noch nicht fest gebunden waren, kam es im Stillen Ozean darauf an, die eigenen Handlungen mit denen Australiens und Neuseelands sowie den europäischen Mächten zu koordinieren. Als Hauptvariante sollten die eigenen Streitkräfte mit den Streitkräften Großbritanniens, Frankreichs und der Niederlande im Gebiet Niederländisch-Indien zusammenwirken.

Wie jedes Jahr üblich, verlegte die US-Navy auch im April 1940 eine Reihe von Einheiten zur Teilnahme an Übungen nach Pearl Harbour. Am 27. Mai, 17 Tage nach Beginn der deutschen Offensive gegen Frankreich und den Einfall in die Niederlande, in Belgien und Luxemburg, befahl Admiral Harold R. Stark, dass diese Kräfte bis auf weiteres im Stützpunkt verbleiben und nicht an die Westküste der USA zurückzuverlegen sind. Seiner Ansicht nach würde durch diese Maßnahme die Bewegung der Japaner nach Süden, also in Richtung Niederländisch-Indien, unterbunden werden. Nicht unberechtigt erwartete der Admiral, dass die Japaner in kürze das französische Indochina besetzen.

Im Kriegsministerium dachte man anders und ging davon aus, dass die japanische Regierung den Aufenthalt des Geschwaders in Pearl Harbour als Vorwand für den Beginn von Kampfhandlungen betrachten könnte. In diesem Zusammenhang bezeichnete bereits am 17. Juni 1940, also rund anderthalb Jahre vor dem japanischen Überfall auf die amerikanische Flotte in Pearl Harbour, der Chef des Generalstabes der Armee, General George C. Marshall, als die ungünstigste Variante des Kriegsbeginns einen plötzlichen Überfall auf eben diese Kräfte in eben diesen Stützpunkt. Mit dieser Meinung stand er nicht allein. Viele Offiziere des Armee- und Flottenstabes vertraten schon mehrere Jahre die Meinung, dass ein Überfall von See, aus der Luft und von den auf den Hawaii Inseln lebenden Japanern durchaus wahrscheinlich sei.

Ein möglicher Krieg mit Japan war für die Gedankengänge und Pläne der verantwortlichen Politiker und Militärs nichts Ungewöhnliches. In einem gemeinsamen Memorandum der Marineminister der USA und Großbritanniens vom 26. Januar 1941, in das Roosevelt naturgemäß Einsicht nahm und das er sogar redigierte, wurde festgelegt: »Die Vereinigten Staaten und Großbritannien werden versuchen, Japan von einem Kriegseintritt und einem Überfall auf Holland [gemeint war Niederländisch-Indien. Der Verf.] abzuhalten. Sollte Japan trotzdem in den Krieg eintreten, so werden die Handlungen der Vereinigten Staaten im zentralen Teil des Stillen Ozeans und im Fernen Osten so durchgeführt, dass sie die militärischen Anstrengungen der Engländer im Atlantischen Ozean und im Mittelmeer erleichtern.«

Zwei Tage vorher und einen Tag später liefen in Washington Meldungen, unter anderem auch aus Tokio, über einen möglichen japanischen Überfall auf Pearl Harbour ein. Natürlich waren zu dieser Zeit in Japan noch keine dementsprechenden Entschlüsse gefasst, aber eine kritische Analyse der gegenwärtigen und sich wahrscheinlich entwickelnden Lage zwang dazu, diese Meldungen ernst zu nehmen. So wird auch verständlich, dass entsprechend »Rainbow 5« im Falle einer Mobilmachung, die allerdings nicht vor dem 1. September erwartet wurde, 44.000 Mann zur Verstärkung der Garnison auf den Hawaii Inseln vorgesehen waren.

Im Frühjahr 1941 wurden die USA auf außenpolitischem Gebiet aktiv. Am 6. Mai verkündete der Präsident, dass die Verteidigung Chinas für die Verteidigung der USA lebenswichtig sei. Dadurch gelangte China in den Genuss der Vorteile aus dem Land and Lease-Abkommen. Bereits Mitte Mai verließ das erste Schiff mit Kriegsmaterial an Bord New York in Richtung China.

Allen war klar, dass eine gewisse Zeit vergehen musste, bevor diese Maßnahme gegen Japan zum Tragen kommt. Demgegenüber machte sich das im Sommer 1941 verkündete Ölembargo gegen Japan sofort bemerkbar. Allerdings hatte es auch schwer kalkulierbare Nebenwirkungen. Japan verfügte im eigenen Land und in den besetzten Gebieten nur über unbedeutende Ölquellen und konnte ohne Ölimporte weder seine Wirtschaft noch seine Streitkräfte aufrechterhalten. Die Reserven reichten nur für 18 Monate. Tokio musste also entweder von seinen weit gesteckten strategischen Zielen Abstand nehmen oder sich anderweitig Öl besorgen. Das gab es aber nicht im Norden, sondern in den britischen Kolonien sowie in Niederländisch-Indien. Verständlich, dass die Japaner am 2. Juli von der Nordvariante vorläufig abrückten und die Südvariante zur zwingenden Notwendigkeit wurde.

Roosevelt, als erfahrener Staatsmann und bereits im achten Jahr seiner Präsidentschaft, waren die Konsequenzen nicht nur bekannt, sondern sogar erwünscht. Das bezeugen nicht nur seine Warnung vom 4. Juli an die Japaner vor einem Überfall auf die Sowjetunion sowie die einen Tag vorher erfolgte Mitteilung an London, dass an eine Verstärkung der Verteidigung der Philippinen nicht gedacht sei, sondern auch viele andere Maßnahmen und Handlungen dieser Zeit.

Darunter fielen besonders die Unterbindung des Schrottexportes, wodurch die japanische Stahlerzeugung empfindlich gestört wurde sowie die Einfrierung der japanischen Guthaben auf den amerikanischen Banken.

All das kam einem faktischen Abbruch der wirtschaftlichen Beziehungen gleich und wurde von Tokio nicht ganz unberechtigt als feindselige Haltung bewertet.

Sicher ist es falsch zu behaupten, dass Roosevelt die Japaner zum Angriff provozierte, denn dieser wäre auch ohne ihn erfolgt, aber auf die Wahl der Angriffsrichtung hatte er im Rahmen seiner Möglichkeiten aktiv Einfluss genommen.

Es erhebt sich natürlich die Frage, warum er das getan hat. Die Antwort darauf lässt sich nur aus der außen- und innenpolitischen Situation ableiten, mit der sich der amerikanische Präsident konfrontiert sah. Außenpolitisch standen die Zeichen auf Krieg. In Europa tobte er bereits und die USA hatten, wenn sie auch noch nicht offiziell beteiligt waren, Partei ergriffen. Für einen aufmerksamen Beobachter war ersichtlich, dass der Krieg im Stillen Ozean kurz vor seinem Ausbruch stand.

Innenpolitisch legte der Kongress dem Präsidenten finanzielle Fesseln an, die eine Modernisierung der Pazifikflotte unmöglich machte. Die Folge davon war, dass sich das Verhältnis der Kampfkraft zwischen der japanischen und amerikanischen Flotte im Pazifik immer schneller zugunsten der japanischen veränderte.

Außerdem waren in der öffentlichen Meinung starke Tendenzen der Unterstützung des Faschismus zu verzeichnen.

So paradox es klingen mag, aber im Interesse des Sieges über Japan war es für die USA notwendig geworden, den unausweichlichen Krieg bald zu führen. Aber beginnen konnten sie ihn nicht. Das musste schon der Gegner tun. Und damit er es auch tat, war ein geschicktes Vorgehen nötig, das weder vom Gegner noch vom eigenen Volk oder den eigenen Streitkräften durchschaut werden durfte. Anderenfalls hätte sich der Präsident nicht länger auf seinen Sessel halten können.

Roosevelt war nicht nur ein geschickter Diplomat, sondern auch ein maritim gebildeter Mann. Von 1913 bis 1920 hatte er die Funktion eines Stellvertreters des Staatssekretärs der Kriegsmarine ausgeübt. Diensteifer, Wissbegierde und Liebe zur See führten dazu, dass er die Probleme seines Ministeriums bald besser kannte als der Staatssekretär. Häufige Besuche von Flottenbasen, auch der im Ausland, persönliche Bekanntschaften mit Marineoffizieren und vor allem der Erste Weltkrieg machten ihn zu einem profunden Kenner maritimer Angelegenheiten. Deshalb konnte er auch vom militärischen Standpunkt aus die ersten Handlungen der Japaner gegen die Vereinigten Staaten relativ richtig einschätzen. Er gelangte zu dem Schluss, dass der erste Schlag gegen die Hauptkräfte der Pazifik Flotte erfolgen würde. Das Problem bestand nun darin, seine Folgen in Grenzen zu halten.

Einigermaßen lösbar war es nur durch eine zweckmäßige Dislozierung der Kräfte. Aber alle möglichen Varianten waren wenig erfreulich.

Als erstes kam eine verstreute Dislozierung der gesamten Flotte über die riesigen Weiten des Pazifiks in Frage. Damit hätte sie aber ihre ohnehin schon unterlegene Kampfkraft vollends eingebüßt, denn die für eine solche Maßnahme notwendige Sicherstellung war nicht zu organisieren. Zudem wäre sie, bei einer doch irgendwann notwendig gewordenen Vereinigung, den Japanern hilflos ausgeliefert.

Die zweite Variante bestand in der dezentralisierten Verlegung der Schiffe in der Inselwelt der Philippinen. Aber auch das schied aus, da dieses Gebiet nicht zur Verteidigung vorbereitet und die Sicherstellungsprobleme auch hier kaum zu lösen waren.

So blieb nur noch die dritte Variante, die Belassung der Hauptkräfte der Pazifik Flotte in ihrer Hauptflottenbasis Pearl Harbour. Hier schienen die Chancen zur Abwehr eines überraschenden

Angriffs für die Angehörigen der dort stationierten Heeres-, Luftwaffen- und Marineeinheiten am besten. Die Möglichkeiten zur Behebung der unvermeidlich eintretenden Schäden waren zudem in einem auf das modernste eingerichteten Stützpunkt am größten. Mit einiger Berechtigung konnte davon ausgegangen werden, dass sich zumindest ein Teil der auf Hawaii stationierten Truppen nicht überraschen lässt und das Zusammenwirken zwischen den Teilstreitkräften hier immer noch am effektivsten zu organisieren war.

Aber auch die Japaner schmiedeten Pläne. Es galt für sie, die Kräfteüberlegenheit auszunutzen, um so schnell wie möglich aus der desolaten wirtschaftlichen Situation herauszukommen. Die Kräfteüberlegenheit schlug aber nicht nur quantitativ, sondern hauptsächlich qualitativ zu Buche.

Seestreitkräfte im Stillen Ozean (Dezember 1941)

Klasse	Japan	USA	Verhältnis Japan – USA	Groß- britannien (Common- wealth)	Nieder- lande	Frank- reich	Verhältnis Japan – Alliierte
Schlachtschiffe	10	9	1 : 0,9	2	–	–	1 : 1,1
Flugzeugträger	10	3	1 : 0,3	–	–	–	1 : 0,3
Schwere Kreuzer	18	13	1 : 0,72	1	–	–	1 : 0,77
Leichte Kreuzer	20	11	1 : 0,55	7	3	1	1 : 1,1
Zerstörer	112	80	1 : 0,71	13	7	–	1 : 0,89
U-Boote	65	56	1 : 0,86	–	13	–	1 : 1,06

Darüber hinaus verfügte die japanische Marine noch über 1.667 bordgestützte Flugzeuge.

Im japanischen Oberkommando setzte sich nach harten Diskussionen die Ansicht durch, dass als erstes die Hauptkräfte der amerikanischen Flotte vernichtet werden müssen, um danach freie Hand bei der Erreichung der eigentlichen Kriegsziele zu haben. Und diese Hauptkräfte lagen nach wie vor friedlich in Pearl Harbour. So ganz nebenbei konnte bei dieser Gelegenheit noch eine alte Rechnung beglichen werden.

Die Hawaii Inseln waren schon seit längerer Zeit einer der vielen Streitpunkte zwischen Japan und den USA. A. Th. Mahan forderte bereits 1893 in seinem Aufsatz »Hawaii und unsere künftige See-macht« unverblümt die Einverleibung der Inselgruppe.

Ein speziell gegründeter Untersuchungsausschuss des Repräsentantenhauses erklärte, die Hawaii-Inseln seien »the great vantage point for the control of the Pacific and for the protection of the Pacific Sea/Coast of Amerika« (die vorteilhafteste Stellung zur Kontrolle des Stillen Ozeans und zum Schutz der amerikanischen Pazifikküste). Damit hatte er unbestreitbar Recht. Die Inselgruppe lag faktisch in der Mitte eines Spinnennetzes, dessen Fäden, von Honolulu aus gerechnet, sich nach San Francisco (2.100 sm), Panama (4.600 sm), Tutuila / Samoa (2.300 sm), Guam (3.300 sm), Manila (4.700 sm), Yokohama (3.400 sm) und Sydney (4.400 sm) erstreckten.

Im Juli 1898 vollzogen die Vereinigten Staaten die Annektion und wiesen einen ausdrücklichen Protest der japanischen Regierung kurzerhand zurück.

Präsident Theodor Roosevelt erklärte 1903 in San Francisco, dass dem Sternenbanner die Herrschaft über den Stillen Ozean gehören müsse. 1907 schrieb er in der Zeitschrift »The Pacific Era«: »Gewaltig ist die Erweiterung unserer Herrschaft, noch größer aber die Erweiterung unseres Einflusses. Amerikas geographische Lage am Stillen Ozean sichert uns die friedliche Beherrschung seiner Gewässer, wenn wir nur genügend entschlossen sind, uns der Vorteile dieser Lage zu vergewissern.« In der gleichen Ausgabe antworteten die Japaner: »Wie soll sich denn nun unser Reich zu dieser ganzen amerikanischen Tätigkeit stellen? Darauf kann die Antwort nur lauten: ›Wir müssen unser Äußerstes tun, um den Vereinigten Staaten diese Beherrschung des Stillen Ozeans streitig zu machen‹.«

Im Herbst 1909 begann der Ausbau Pearl Harbours, einer Bucht 10 sm westlich von Honolulu, zur Hauptflottenbasis. Geld spielte dabei keine Rolle. Gelänge es mit Hilfe Pearl Harbours, den Feind zu erreichen und zu schlagen, so waren auch die Philippinen gerettet, lautete eine weit verbreitete Meinung. Noch ahnte keiner, welche Rolle Pearl Harbour tatsächlich einmal spielen sollte.

Hintergrund dieser Entscheidung war die wirtschaftliche und militärische Entwicklung im Seegebiet. Japan beschritt nach dem 1906 errungenen Sieg über Russland den Weg zur Großmacht, Kanada und Australien entfalteten ihre ökonomischen Potenzen. Großbritannien, Deutschland, Frankreich sowie die Niederlande verfolgten im Stillen Ozean ebenfalls handfeste Interessen. Darüber hinaus besaßen die USA in diesem Gebiet auch noch reiche Kolonien, die ausgebeutet werden sollten. Gleichzeitig näherte sich der Bau des Panamakanals seinem Ende, wodurch berechtigterweise eine Belebung von Handel und Wirtschaft erwartet wurde. Vor diesem Hintergrund ist auch die Einschätzung des Untersuchungsausschusses zu sehen.

Von Anfang an war den japanischen Militärs klar, dass die Ausschaltung der Hauptkräfte der amerikanischen Pazifik Flotte nur zeitweilig erreicht werden konnte. Sie gingen aber davon aus, dass diese Zeit ausreichen würde, um die Verteidigung der eroberten Gebiete zuverlässig auszubauen.

Initiator und eifrigster Verfechter des Eröffnungsschlages auf Pearl Harbour, zu dem die ersten Voruntersuchungen bereits im Januar 1941 begannen, war der Oberbefehlshaber der Vereinigten Japanischen Flotte, Großadmiral Isoroku Yamamoto.

In der ersten Septemberhälfte ließ er Detailarbeiten unter Einbeziehung von Offizieren des Admiralstabes, der Vereinigten Flotte sowie der 1. Luftflotte durchführen. Der Plan, der die Bezeichnung »Operation Z« erhielt, sah einen vernichtenden Schlag aus der Luft, aber keine Besetzung der Hawaii-Inseln oder wenigstens der Insel Oahu vor. Alle Handlungen und Maßnahmen im Rahmen der Vorbereitung und Durchführung dieser Operation hatten sich diesem Schlag unterzuordnen oder ihn zu ergänzen.

Zu seiner Durchführung und Sicherstellung musste eine Gruppierung geschaffen werden, die einerseits über den geringstsmöglichen Bestand verfügte, andererseits aber auch den angestrebten Schlag führen konnte. Die Berechnungen ergaben, dass sechs Flugzeugträger (»Akagi«, »Soryu«, »Zuikaku«, »Kage«, »Hiryu«, »Shokaku«) diese Forderungen am besten erfüllten. Je zwei Schlacht-

Der Oberbefehlshaber der Vereinigten Japanischen Flotte, Großadmiral Isoroku Yamamoto, drohte mit seinem Rücktritt, falls der erste Schlag nicht auf Pearl Harbour geführt würde.

schiffe (»Kirishima«, »Hiei«) und schwere Kreuzer (»Tone«, »Chikuma«) konnten die unmittelbare Artillerieunterstützung bei möglichen Luftangriffen übernehmen. Eine Deckungsgruppierung, bestehend aus einem leichten Kreuzer, neun Zerstörern sowie drei U-Booten, sollte den Verband komplettieren. Zwei Versorgungsgruppen im Bestand von fünf bzw. drei Tankern hatten die Treibstoffversorgung auf hoher See zu gewährleisten. Um die auf Midway stationierten Fliegerkräfte zu neutralisieren, sollten zwei Zerstörer zum Beschuss des Flugplatzes abgeteilt werden.

Ein wichtiges Problem bestand in der Auswahl der Marschroute, von denen drei in die engere Wahl kamen. Die südliche führte durch die Marshall-Inseln und die mittlere verlief direkt nach Hawaii. Beide boten gute Wetterbedingungen bei der Überführung, was besonders für die notwendige Treibstoffübernahme auf See wichtig war. Sie gewährleisteten aber keine genügende Geheimhaltung, deren absolute Einhaltung die unabdingbare Voraussetzung für das Gelingen der Operation darstellte. Also musste die nördliche Route gewählt und so festgelegt werden, dass sie außerhalb der Aktionsradien der auf Midway und den Aleuten stationierten US-Fliegerkräfte lag.

Große Bedeutung hatte die Zeit des Angriffs. Von den astronomischen Bedingungen her bot sich

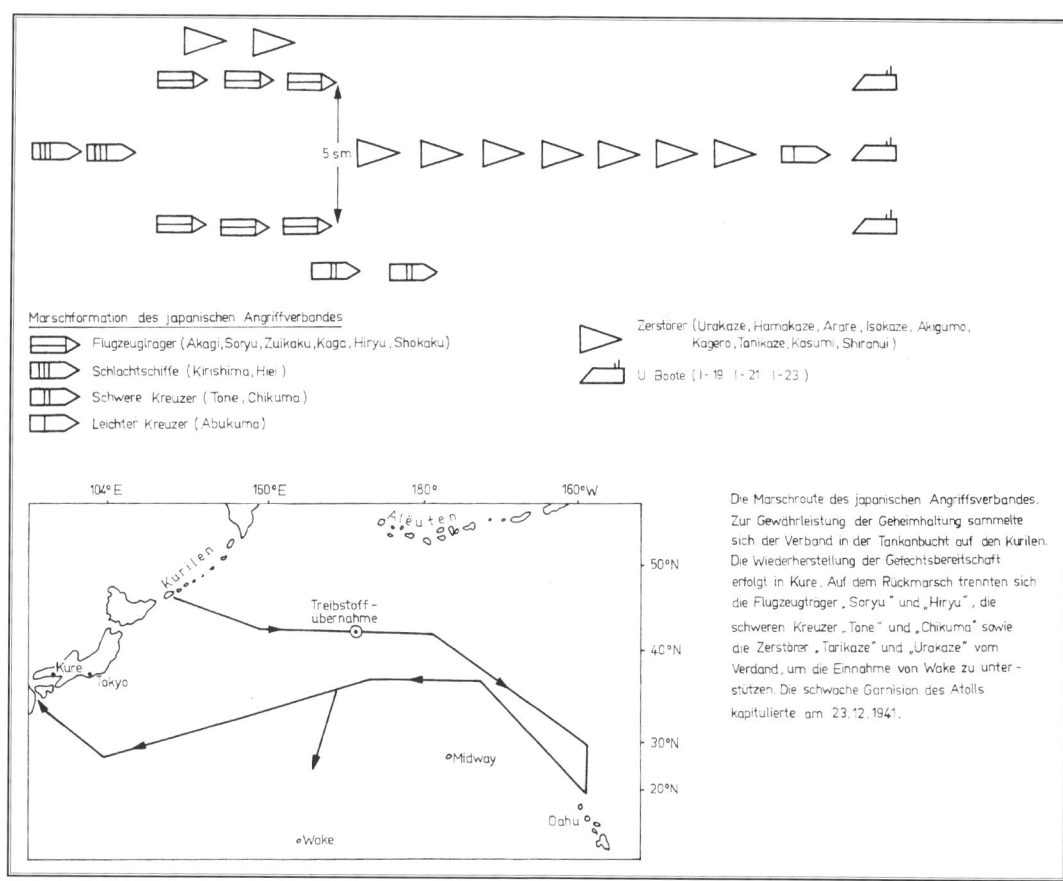

Marschrouten des japanischen Angriffsverbandes vor und nach dem Überfall

der 10. Dezember an. Aufgrund der Mondphase herrschten in der Nacht zu diesem Tage die günstigsten Lichtverhältnisse. Die allgemeine Lage ließ einen früheren Angriff allerdings zweckmäßiger erscheinen, so dass der 8. Dezember, der auf Hawaii der 7. und dazu noch ein Sonntag war, festgelegt wurde. An diesem Tage ging auf Hawaii um 7.00 Uhr die Sonne auf. Daraus ergab sich 8.00 Uhr als die günstigste Schlagzeit.

Da das Hauptziel nur in der Außergefechtsetzung des Kerns der Pazifikflotte der USA bestand, sollte der größte Teil der abgreifenden Kräfte gegen die Schlachtschiffe und Flugzeugträger handeln.

Die Aichi K-99 war die am häufigsten eingesetzte Maschine beim Überfall auf Pearl Harbour. Sie trug entweder einen Torpedo, wie auf diesem Bild, oder eine 800 kg Bombe.

Als effektivste Waffe gegen sie bot sich der Torpedo an. Um seinen Einsatz zu gewährleisten, mussten allerdings zwei Schwierigkeiten überwunden werden. Die erste bestand in der relativen Enge und den geringen Wassertiefen des Hafens. Das wirkte sich sowohl auf den Torpedowurf, als auch auf seinen Lauf störend aus. Deshalb erhielten die Torpedos, die aus großer Höhe geworfen werden mussten, spezielle Stabilisierungseinrichtungen, um ein auf Grund gehen zu verhindern. Die zweite Schwierigkeit bestand in den wahrscheinlich ausgebrachten Torpedonetzen. Sie zu überwinden schien fast unmöglich. Deshalb wurden zusätzlich Bombenflugzeuge in den Angriffsverband eingegliedert, die ihre Waffen aus dem Horizontalflug heraus einsetzen sollten. Jagdflugzeuge erhielten die Aufgabe, die gegnerischen Flugzeuge schon am Boden zu zerstören oder, falls das nicht möglich ist, sie in der Luft zu vernichten. Dadurch sollte ein Angriff auf die eigenen Fliegerkräfte bzw. Überwasserkräfte verhindert werden.

Die Ausbildung des Personalbestandes begann bereits im August, ohne dass er ahnte, worum es eigentlich ging. Die Piloten trainierten Angriffe unter ähnlichen Bedingungen, wie sie in Pearl Harbour existierten, und die Schiffsbesatzungen übten besonders die Treibstoffübernahme in See.

Am 26. November verließ die Kampfgruppe ihren Stützpunkt auf den Kurilen mit Generalkurs Oahu. Aber noch war kein Entschluss zur Kriegseröffnung gefasst. Das geschah erst am 1. Dezember, als die deutsche Wehrmacht vor Moskau und Alexandria stand sowie große Teile der US-Navy im Atlantik handelten. Diese günstige Gelegenheit sollte ausgenutzt werden. Offiziell musste allerdings das absehbare Scheitern der Verhandlungen mit den USA herhalten, in denen es um die Lösung der angestauten Probleme ging. Dass sie zu keinem greifbaren Ergebnis führen konnten, war klar, denn die beiden Parteien hatten keinerlei Interesse an einem befriedigenden Ausgang.

Die S-00 »Zero« sollte mit ihren zwei 20-mm-Kanonen und zwei 7,7-mm-MGs im Luftkampf zum Einsatz kommen.

Am 2. Dezember ging vom Oberbefehlshaber der Vereinigten Japanischen Flotte ein Telegramm an den Vizeadmiral Chuichi Nagumo, Chef des Pearl Harbour Verbandes, ab. Der folgenschwere Inhalt lautete: »Berg Niitaka besteigen!« oder im Klartext: »8. Dezember als Tag X festgelegt. Angriff.«

Problemlos gelang die Treibstoffübernahme. Während der Überfahrt herrschte absolute Funkstille. Dafür hielten die von den Schiffen abgestiegenen Funker von Land aus den normalen Funkverkehr aufrecht. Kein unerwünschtes Schiff geriet in Reichweite des Verbandes. Die Geheimhaltung der Überfahrt gelang perfekt.

Bereits am 16. Oktober sowie am 24. und 27. November erhielten Admiral Husband E. Kimmel, Oberbefehlshaber der Pazifikflotte, und Heeresgeneral Walter C. Short, Befehlshaber der Land- und Luftstreitkräfte auf den Hawaii-Inseln, Warnungen aus Washington. Dabei wurde empfohlen, »pas-

Die Mitsubishi B-97 hatte die Aufgabe mit 250-kg-Bomben die Flugplätze anzugreifen.

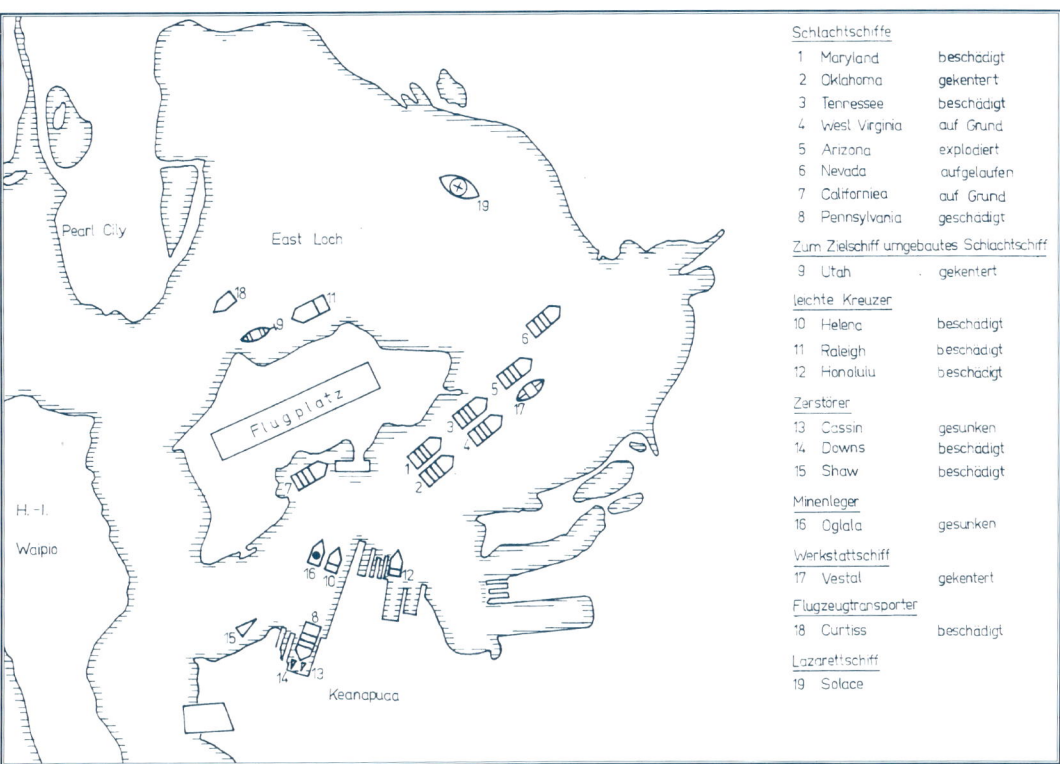

Liegeplätze eines Teils der Schiffe der Pazifik Flotte in Pearl Harbour am 7. Dezember 1941

Vizeadmiral Chuichi Nagumo gelang es, seinen Verband unentdeckt und präzis auf die befohlene Angriffs-position zu führen.

sende Maßnahmen« zu ergreifen. Beide taten wenig. Kimmel ließ lediglich die Flugzeugträger »Lexington« und »Enterprise«, 13 Kreuzer sowie 20 Zerstörer in See gehen. Der Flugzeugträger »Saratoga« befand sich ohnehin schon an der Westküste der USA. Damit wurden die modernsten Schiffe dem japanischen Schlag entzogen. Zufall oder Absicht?

Am 7. Dezember, um 2.00 Uhr, erhielt Nagumo die Nachricht, dass die beiden Flugzeugträger fehlten. Um 6.00 Uhr befand sich der Verband gut 200 sm nördlich von Oahu. Jetzt galt es. Eine Armada von 189 Flugzeugen startete in vier Gruppen.

50 Maschinen des Typs »99« mit je 800-kg-Bomben an Bord hatten die Schlachtschiffe anzu-greifen. Die zweite Gruppe mit 40 Torpedoträgern des Typs »99« war ebenfalls zum Angriff auf die Schlachtschiffe bestimmt. 54 Maschinen des gleichen Typs sollten mit 250-kg-Bomben Flugzeuge am Boden vernichten. 45 »Zero«-Jagdflugzeuge waren zum Angriff auf gegnerische Flugzeuge in der Luft und am Boden vorgesehen.

Der anfliegende Verband blieb nicht unentdeckt. Zwei Soldaten, die aus persönlichem Interesse an einer Radarstation übten, orteten ihn um 7.02 Uhr in einer Entfernung von 132 sm. Die unge-wöhnlich große Anzahl von anfliegenden Maschinen machte sie stutzig. Ihre Meldung an den vor-gesetzten Offizier wurde von diesem zwar aufgenommen, aber nicht weitergeleitet.

Doch das war nicht das erste unmittelbare Anzeichen des bevorstehenden Angriffs.

Bereits am 11. November hatten eine Reihe von U-Booten ihren Stützpunkt Yokosuka mit der Hauptaufgabe, Aufklärung durchzuführen, verlassen. Fünf von ihnen führten je ein Kleinst-U-Boot mit, die nach dem Luftangriff auf Pearl Harbour gegen die dort liegenden Überwasserschiffe handeln sollten. Sie erreichten in den ersten Stunden des 7. Dezembers die Bucht. Eine amerikanische Funkstelle hörte ihren Funkverkehr mit, veranlasste aber keinerlei Abwehrmaßnahmen. Ein Kleinst-U-Boot konnte sogar von dem Zerstörer »Ward« versenkt werden, aber als der Flottenchef die Meldung darüber erhielt, krachten schon die ersten Bomben.

86 Kampf- und Hilfsschiffe, darunter acht Schlachtschiffe, lagen im Hafen. Große Teile der Besatzungen hatten Landgang und nur ein Viertel der leichten Flak war besetzt. Die Bereitschaftsmunition befand sich allerdings unter Verschluss.

Mit ungewöhnlicher Kühnheit, Schnelligkeit und Exaktheit begann gegen 8.00 Uhr der Angriff. Als endlich die Alarmsirenen aufheulten, glaubten viele noch an eine Übung. Es ist deshalb nicht verwunderlich, dass der Funkspruch zur Alarmierung der Einheiten lautete: »Luftangriff auf Pearl Harbour. Keine Übung. Ich wiederhole – keine Übung!«

Schwere Detonationen erschütterten die Luft, riesige Wassersäulen stiegen auf. Nach zwei Torpedotreffern bekam die »California« acht Grad Krängung und begann zu sinken. Die »Oklahoma« neigte sich nach vier Torpedotreffern immer mehr nach Backbord, bis sie mit einer Schlagseite von 150 Grad auf Grund ging. Die »Maryland«, im Rauch kaum noch zu erkennen, hielt sich noch auf ebenem Kiel.

Endlich eröffneten die ersten Geschütze das Feuer. An eine zentralisierte Feuerführung war nicht zu denken. Eine Bombe raste in den Schornstein der »Arizona« und entzündete die vorderen

Die fünf eingesetzten japanischen Kleinst-U-Boote konnten ihre Aufgaben nicht erfüllen. Hier ein gestrandetes, von dessen zwei Mann starken Besatzung der Kommandant gefangengenommen wurde.

Die beiden Schiffe der Nevada-Klasse »Nevada« und »Oklahoma« wurden im März bzw. Mai 1916 in Dienst gestellt. Zehn 35,6-cm-Geschütze, in vier Türmen aufgestellt, bildeten die Hauptbewaffnung. Die Geschwindigkeit von 20 kn reichte für die Bedingungen des Zweiten Weltkrieges nicht mehr aus. Auf der »Nevada« sind deutlich drei Flugzeuge auf zwei Katapultanlagen zu erkennen.

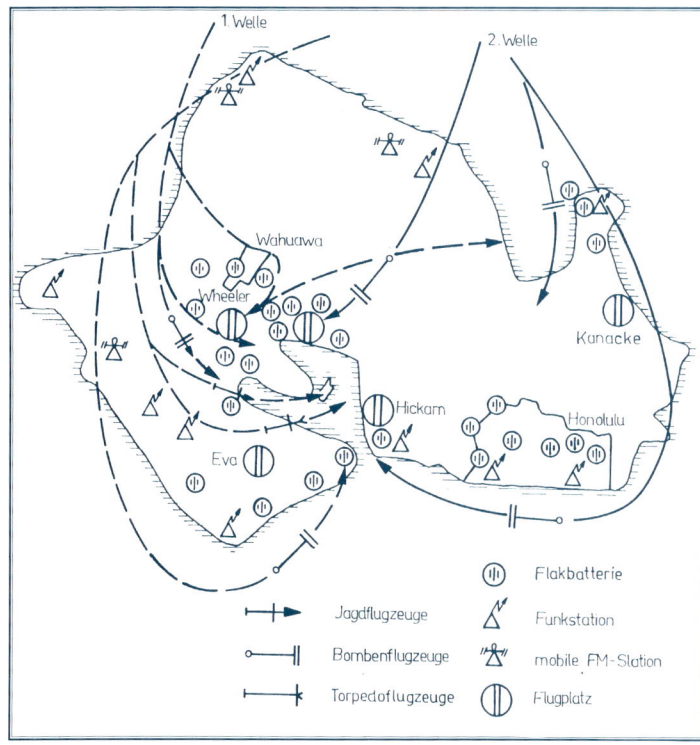

Der japanische Luftangriff auf Oahu vom 7. Dezember 1941

Heizräume. Die sich daran anschließende Explosion der Munitionskammern jagte das Vorschiff in die Luft. Geschütztürme mit mehreren hundert Tonnen Gewicht flogen umher. Sich ausbreitende Öllachen fingen Feuer. Die »West Virginia« erhielt vier Torpedo- und zwei Bombentreffer. Sie kenterte ebenfalls. Schiffe irrten im Hafenbecken herum. Keiner wusste wohin, keiner wusste was tun.

Nachdem sich die Lage etwas beruhigt hatte, griff gegen 9.00 Uhr die zweite Welle an. 81 Maschinen des Typs »99« mit je einer 250-kg-Bombe tauchten über der schwer angeschlagenen Flotte auf. Der Hafen war ein schwarz rauchendes Flammemeer, in dem immer wieder Bombenexplosionen dröhnten. Der »Nevada« gelang es in diesem Chaos, Fahrt aufzunehmen. Ihr Ziel war die offene See. Als sie sich im Fahrwasser befand, griffen die Japaner an. Ein hier versenktes Schlachtschiff hätte für längere Zeit das Ein- und Auslaufen unmöglich gemacht. Sechs Bomben trafen. Eine harte Kursänderung nach Backbord setzte das Schiff mit dem Bug auf Grund. Die Fahrrinne blieb frei. Auch die »Pennsylvania« und »Tennessee« erhielten schwere Beschädigungen, blieben aber schwimmfähig und konnten nach dem Angriff mit eigener Kraft die Westküste der USA anlaufen.

Die beiden Schiffe »Pennsylvania« (im Bild) und »Arizona« der Pennsylvania-Klasse waren eine Weiterentwicklung der Nevada-Klasse. Trotz Turbinenantrieb konnte die Geschwindigkeit nur auf 21 kn gesteigert werden. Dafür bildeten in dieser Klasse zwölf 35,6-cm-Geschütze die Hauptbewaffnung.

Die Schiffe der Colorado-Klasse »Maryland« (oben) und »West Virginia« unterscheiden sich äußerlich kaum von denen der Tennessee-Klasse. Der wesentlichste Unterschied bestand in der veränderten Hauptbewaffnung. Das Kaliber wurde auf 40,6 cm erhöht und die Anzahl der Geschütze auf acht in vier Zwillingstürmen verringert. Die Geschwindigkeit blieb bei 21 kn.

Obwohl der Bau der zwei Schiffe der Tennessee-Klasse, »Tennessee« (oben) und »California« noch während des Ersten Weltkrieges begann, konnten beide Schiffe erst im Juni 1920 bzw. August 1921 in Dienst gestellt werden. Sie zeichneten sich gegenüber den vorher gebauten Schiffen durch einen verbesserten Unterwasserschutz aus. Die Hauptbewaffnung wurde nicht verändert. Die für die amerikanischen Schlachtschiffe des Ersten Weltkrieges typischen Korbmasten sind noch nicht ersetzt.

Von der zweiten Welle griffen 54 Flugzeuge des Typs »97« die Flugplätze an. Hier hatten die Maschinen der ersten Welle bereits beträchtliche Zerstörungen angerichtet. Viel Mühe beim Zielen brauchten sich die Piloten nicht zu geben, denn die amerikanischen Flugzeuge standen zur bequemeren Bewachung dicht beieinander. Kein Wunder, dass beide Wellen insgesamt 250 Maschinen am Boden zerstörten. Zehn wurden in der Luft abgeschossen.

Schwere Verluste musste auch die Flotte hinnehmen. Vier Schlachtschiffe lagen auf dem Grund des Hafens, drei erhielten schwere, eins leichte Beschädigungen. Je drei Kreuzer und Zerstörer wurden beschädigt. Zwei Hilfsschiffe sanken. Mit knapp 3.600 war die Zahl der Toten und Verwundeten erschreckend hoch.

Dagegen nahmen sich die japanischen Verluste bescheiden aus. 29 Flugzeuge kehrten nicht zurück und sechs U-Boote gingen verloren. Darunter befanden sich alle fünf Kleinst-U-Boote, deren Einsatz ein Versuch war.

Der »Nevada« gelang es unter Führung des ältesten an Bord befindlichen Offiziers, Kapitänleutnant Tomas, Fahrt aufzunehmen. Nach sechs Treffern und großer Wasseraufnahme setzte er das Schiff außerhalb des Fahrwassers auf Grund.

Die beiden Schlachtschiffe »West Virginia« (links) und »Tennessee« (rechts) nach dem Angriff

Der Schock, den das amerikanische Volk durch diesen Überfall erlitt, saß tief, hatten doch die USA bisher immer nur in Kriege eingegriffen oder sie vom Zaune gebrochen. Erstmals wagte es eine fremde Macht, die USA selbst anzugreifen, erstmals fielen Bomben auf eigene Stützpunkte. Ein für die Volksseele unerhörter Vorgang. Die öffentliche Meinung schlug sofort um, ein solcher Frevel musste gerächt werden.

Der Kongress beschloss mit nur einer Gegenstimme die Kriegserklärung an Japan und billigte u.a. den Ausbau der Pazifikflotte sowie für 1942 den Bau von 60.000 und für 1943 von 125.000 Flugzeugen. Roosevelt erhielt nun endlich freie Hand.

Was war nun tatsächlich geschehen? Der Chef des Geheimdienstes auf Hawaii schätzte dazu ein: »Eine Warnung von einer Stunde, einem Tag oder sogar einer Woche hätte ein Desaster von Pearl Harbour nicht abwenden können. Die Japaner hatten überlegene Kräfte am Ort des Zusammenstoßes. In der Tat: wäre eine Warnung gegeben worden, hätte das Desaster noch größer sein können. Wären die langsamen, alten Schlachtschiffe – mit oder ohne Flugzeugträger – gegen die schnelle japanische Angriffsflotte mit ihren sechs Flugzeugträgern ausgelaufen, dann wäre das wahrscheinlichste Resultat die Versenkung der Schlachtschiffe in tiefen Gewässern, ohne Hoffnung auf Bergung gewesen; auch die Zahl der Todesopfer wäre dann weit höher gewesen.«

Wurde die Pazifikflotte tatsächlich ins Mark getroffen? Offensichtlich nicht. Außer der »Arizona« und der »Oklahoma« wurden bis 1944 alle Schiffe wieder repariert. Allerdings zahlte sich der dafür betriebene Aufwand nicht aus, denn der moderne Seekrieg erforderte Flugzeugträger, und die drei, über die die Pazifikflotte verfügte, konnten den Schlägen der Japaner entzogen werden.

Ein nicht wieder gut zu machender Fehler der Japaner bestand darin, dass sie sich lediglich auf die Schiffe und Flugzeuge konzentrierten. Die wichtigen landseitigen Einrichtungen wie Öldepots und Reparaturkapazitäten, erlitten nur zufällige Schäden. Das war eine der Hauptursachen dafür, dass die amerikanische Flotte bereits fünf Monate später in der Seeschlacht in der Korallensee der japanischen ernsthaft Paroli bieten und sie Anfang 1942 bei Midway schlagen konnte. Die Vernichtung von 535 Millionen Liter Treibstoff, die auf Oahu lagerten, hätte diesen Erfolg wahrscheinlich unmöglich gemacht.

Resümierend kann festgestellt werden, dass der Überfall auf Pearl Harbour weder für Roosevelt noch für sein Kabinett überraschend kam, dass aber sowohl die strategische als auch die innenpolitische Lage keine andere Möglichkeit zuließ, als diesen Schlag hinzunehmen.

Darüber hinaus hatte er noch eine nicht zu unterschätzende Nebenwirkung. Der bis dahin gültigen »Linientheorie«, die den Schlachtschiffen die dominierende Rolle im Seekrieg zuwies, wurde der materielle Boden entzogen. Die Flugzeugträger nahmen nun zwangsweise den ihnen gebührenden Platz in der Flotte ein, den die knapp über 21 kn laufenden Schlachtschiffe nie hätten ausfüllen können. Die Pazifikflotte wurde durch die Japaner gewaltsam von einer Fessel befreit.

Nachdem die beiden Angriffe vorüber waren, bot der Hafen ein chaotisches Bild. Hier die »Pennsylvania« sowie die Zerstörer »Downs« und »Cassin« im Dock. Alle drei Schiffe, sogar die gekenterte »Cassin«, konnten wieder repariert werden.

Die See-Luft-Schlachten in der Korallensee und bei Midway
(Mai/Juni 1942)

Nach dem Überfall auf die amerikanische Flottenbasis Pearl Harbour am 7. Dezember 1941 nahm die japanische Aggression sowohl zeitlich als auch räumlich Dimensionen an, die für die Alliierten völlig überraschend kamen. Durch einzelne, aufeinander abgestimmte Landungsoperationen gingen wichtige Territorien verloren. Am 8. Dezember 1941 landeten die Truppen des Tennos an der Ostküste Malayas und auf Nordluzon. Einen Tag später betraten sie die Gilbertinseln und wiederum einen Tag danach Guam. Die Landung auf Südluzon erfolgte am 11. Dezember und auf Borneo (Kalimantan) am 17. Dezember. Auf Mindano und Wake wurde am 20. des Monats angelandet. Hongkong fiel am 27. Dezember und Singapore am 15. Februar 1942 in japanische Hände. Bereits am 10. Dezember 1941 verloren die Briten durch japanische Luftangriffe das Schlachtschiff »Prince of Wales« und den Schlachtkreuzer »Repulse«.

Bis zum Frühjahr 1942 eroberten die japanischen Aggressoren die Philippinen, Indonesien, den westlichen und mittleren Teil Neuguineas, die Gilbertinseln, die Molukken, die Admiralitätsinseln, den Bismarckarchipel und einen großen Teil der Salomonen. In nur 90 Tagen - statt den geplanten 150 - hatte Japan ein Gebiet erobert, aus dem es sich mit Öl, Gummi, Zinn und anderen strategischen Rohstoffen versorgen konnte.

Der militärische und wirtschaftliche Erfolg war überwältigend. Der politische aber, nämlich der Abschluss eines für Japan vorteilhaften Verhandlungsfriedens, blieb aus. Trotz aller Siege des Gegners waren aufgrund der unüberbrückbaren wirtschaftlichen Widersprüche weder die USA noch Großbritannien bereit, einen Kompromissfrieden abzuschließen. Ein solcher Frieden war auch weder vor den eigenen noch vor den anderen Völkern der Welt zu rechtfertigen.

Für effektive Gegenschläge fehlten vorerst noch die Kräfte. Lediglich die Luftstreitkräfte konnten im Februar 1942 Angriffe auf die Marshall- und Gilbertinseln sowie auf Wake und Rabaul fliegen. Ihre Auswirkungen blieben gering. Trotzdem beunruhigten sie die japanische Führung. Deshalb verstärkte sie ihre Anstrengungen, um eine vorgeschobene Verteidigungslinie zu errichten, die sich in einem weiten Bogen von den westlichen Aleuten über Midway, Samoa, die Fidschiinseln, Neu Kaledonien, Port Moresby, die Andamanen Inseln bis nach Burma erstrecken sollte. Mit einem stark ausgebauten Stützpunktsystem versehen glaubte man bereits hier alle Angriffe abwehren zu können.

Um dieses Ziel zu erreichen, begannen die Kampfhandlungen am 19. Februar mit einem japanischen Luftangriff auf Darwin. Docks und Lagerhäuser gingen in Flammen auf und ein Dutzend Schiffe liefen auf Grund. Das Ziel, die Überführung von Truppen und Versorgungsgütern nach Java zu unterbinden, wurde voll erfüllt. Die am nächsten Tag erfolgreich durchgeführte Landung auf Timor

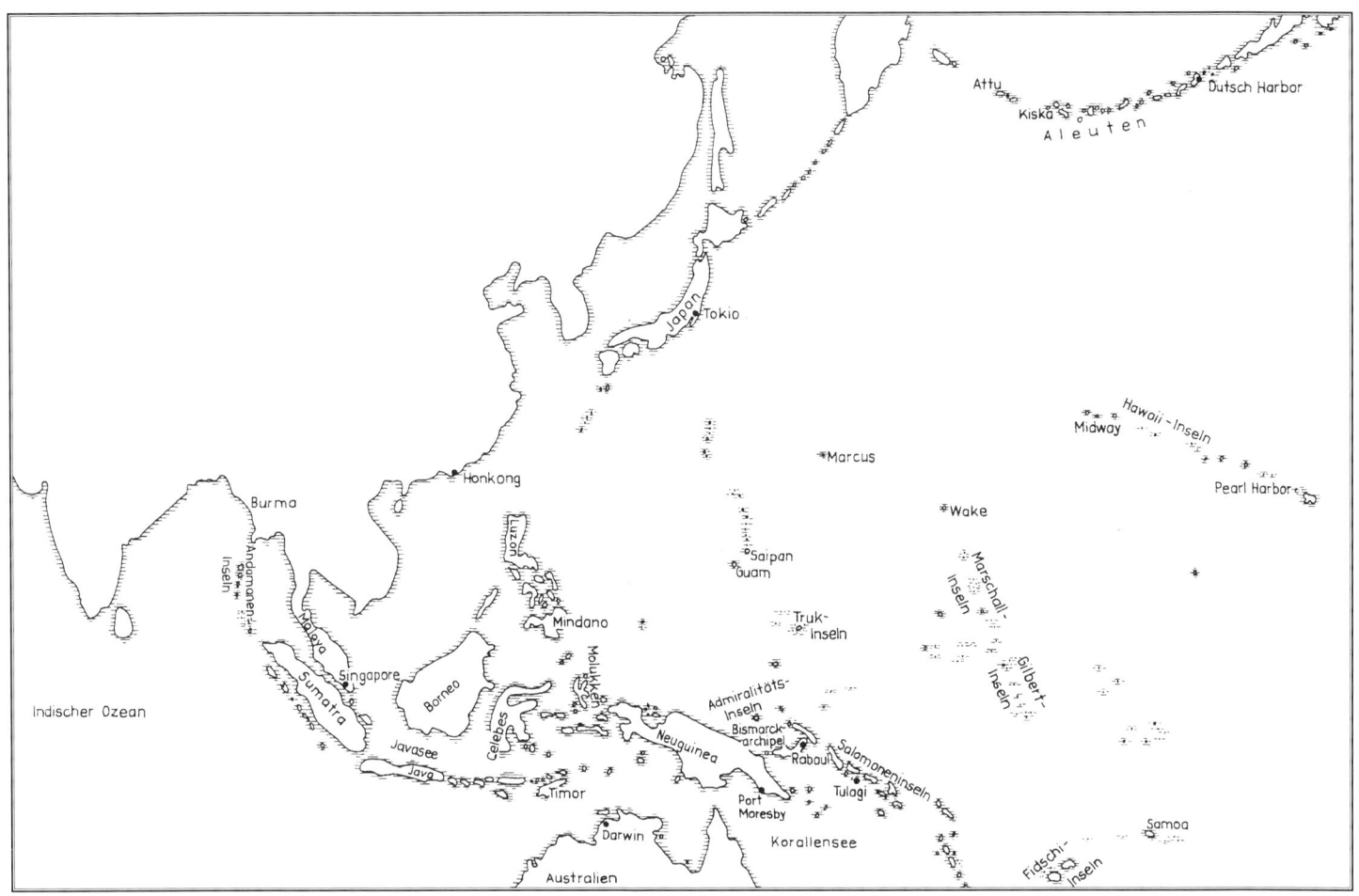

Übersichtskarte des pazifischen Kriegsschauplatzes

vollendete die Isolierung Javas. Versuche des niederländischen Konteradmirals Karel Dooremann, mit alliierten Kräften gegen die Japaner auf See vorzugehen, führten vom 27. Februar bis 1. März zur Seeschlacht in der Javasee. Hierbei gingen der britische schwere Kreuzer »Exeter«, der amerikanische schwere Kreuzer »Housten«, die niederländischen Kreuzer »De Ruyter« und »Java«, der australische leichte Kreuzer »Perth« sowie drei britische, ein amerikanischer und ein niederländischer Zerstörer verloren. Lediglich vier amerikanische Zerstörer konnten sich nach Australien retten. Hauptursache für die eklatante Niederlage der Alliierten war die erdrückende Luftüberlegenheit der Japaner.

Im Januar wurde das Vereinigte Komitee der Stabschefs der USA und Großbritannien gebildet, das die militärischen Anstrengungen beider Staaten zu koordinieren hatte. Anfang März 1942, also bereits nach dem Desaster in der Javasee, schlug der amerikanische Präsident, Franklin D. Roosevelt, dem britischen Premierminister, Winston S. Churchill vor, die Verantwortungsgebiete

Flottenadmiral Chester W. Nimitz besaß einen sicheren Instinkt für die Lösung operativer Fragen und bei der Beurteilung seiner Unterstellten. Er verhielt sich ihnen gegenüber ruhig und höflich, ohne Zweifel darüber aufkommen zu lassen, dass er der Befehlshaber war.

untereinander abzugrenzen. Die USA übernahm die Verantwortung über den Stillen Ozean, China, Australien, Neuseeland und Japan. Großbritannien bekam den Indischen Ozean sowie den Nahen und Mittleren Osten als Verantwortungszone zugeteilt. Am 30. März erhielt General Douglas MacArthur den Oberbefehl über Australien, Neuseeland und die Philippinen und Admiral Chester W. Nimitz, der bereits am 31. Dezember 1941 die Dienstgeschäfte des Oberbefehlshabers der Pazifik-Flotte übernommen hatte, den über den restlichen Teil des Stillen Ozeans.

Admiral Nimitz war sich darüber im Klaren, dass nur energische Maßnahmen den Vormarsch der Japaner stoppen konnten. Darüber hinaus brauchte er dringend einen Erfolg, um die arg ramponierte Moral der amerikanischen Streitkräfte wieder aufzurichten. Zwar hatte eine Kampfgruppe unter dem Befehl von Vizeadmiral William F. Halsey mit den Flugzeugträgern »Enterprise« am 24. Februar Wake und am 4. März Marcus angegriffen, aber unmittelbare Auswirkungen konnten nicht erzielt werden. Anders sah es schon aus, als sich am 13. April die Enterprise-Kampfgruppe mit der Hornet-Kampfgruppe nordwestlich von Midway vereinigte und Kurs auf Tokio nahm. An Bord der »Hornet« befanden sich 16 Kampfbomber des Typs »B-25«, die zu einem Luftangriff auf japanische Städte bestimmt waren. Die Ausführung dieses spektakulären Planes wäre fast gescheitert, denn ca. 150 sm vor der geplanten Startposition traf der Verband überraschend auf gegnerische Vorposten-schiffe. Nun musste schnell gehandelt werden. Trotz starken Seegangs flogen die Piloten, die vorher noch nie von einem Flugzeugträger gestartet waren, und griffen Tokio, Nagoya und Kobe an. Eine Maschine erreichte Wladiwostok, die anderen landeten in China, ein Teil von ihnen auch auf japanisch besetztem Gebiet.

Obwohl der Angriff keinen nennenswerten Schaden anrichtete, begeisterte er die amerikanische Öffentlichkeit und vor allem die Angehörigen der Streitkräfte. Er hatte aber noch einen anderen Effekt. Zusammen mit den Angriffen auf Wake und Marcus beschleunigte er die japanischen Vor-bereitungen zur Einnahme von Midway, der Aleuten und Port Moresby.

Ursprünglich beinhaltete der japanische Operationsplan zwei Stoßrichtungen. Die erste sah die Einnahme von Tulagi und Port Moresby vor. Dadurch hätte man in der Korallensee die Seeherrschaft ausgeübt und Australien unmittelbar bedrohen können. Die zweite beinhaltete die Besetzung von Neukaledonien, der Fidschiinseln und Samoa, wodurch die Seeverbindungen zwischen Australien und den USA unterbrochen worden wären. Admiral Isoroku Yamamoto, der Oberbefehlshaber der japanischen Vereinigten Flotte, bestand aber auf der Verschiebung der Kampfhandlungen zur Unterbrechung der alliierten Seeverbindungen. Er wollte vorerst Midway angreifen, um mit der Einnahme dieses Atolls einerseits die Lücke im japanischen Verteidigungsring zu schließen und andererseits die amerikanische Pazifikflotte zum Angriff herauszulocken. In der so provozierten Seeschlacht sollte endlich die Aufgabe gelöst werden, die mit dem Pearl Harbour-Unternehmen nicht erfüllt werden konnte, nämlich die Vernichtung der amerikanischen Flugzeugträger. Seiner Meinung nach bekam dann die japanische Flotte die Möglichkeit, ungehindert zu handeln. So Unrecht hatte Yamamoto sicher nicht, aber er konnte sich nicht durchsetzen, da der Seekriegsleitung dieser Plan zu gewagt erschien. Als allerdings die ersten amerikanischen Bomben auf Japan fielen, brach jeglicher Widerstand zusammen.

Aber zuerst sollte Port Moresby und Tulagi genommen werden. Die operative Direktive für dieses Unternehmen war bereits am 2. Februar unterzeichnet worden. Die Chancen für seine erfolgreiche Durchführung schienen günstig, da die japanische Führung fälschlicherweise davon ausging, dass die amerikanische Flotte in diesem Seegebiet nur über einen Flugzeugträger verfügt. Man wusste auch nicht, dass die Amerikaner in den eigenen Marinecode eingebrochen waren und Admiral Nimitz bereits am 17. April gesicherte Kenntnisse über das japanische Vorgehen besaß.

Die Landungsaufgabe sollte durch die 4. Flotte unter Admiral Shigiyoski Inouye gelöst werden. An Bord befanden sich 5.000 Mann Landungstruppen. Die Geleitsicherung setzte sich aus dem leichten Flugzeugträger »Shoho« sowie vier schweren und drei leichten Kreuzern zusammen. Um das Landungsgebiet nach Osten abzusichern, wurde eine operative Deckungsgruppe im Bestand der beiden schweren Flugzeugträger »Shokaku« und »Zuikako« mit zusammen 125 Flugzeugen an Bord sowie drei schweren Kreuzern und sechs Zerstörern gebildet. Mehr Flugzeugträger standen nicht zur Verfügung, denn es begann sich der Mangel an ausgebildeten Piloten bemerkbar zu machen. Immerhin hatte Japan bereits 855 Flugzeuge verloren.

Die Amerikaner leiteten Gegenmaßnahmen ein. Admiral Nimitz sammelte alle verfügbaren Kräfte, und das waren nicht viele. Die Flugzeugträger »Yorktown« und »Lexington«, die zusammen 143 Flugzeuge an Bord hatten sowie fünf schwere Kreuzer und neun Zerstörer liefen in das vermutete Landungsgebiet ab. Konteradmiral Frank J. Fletcher, der den Oberbefehl hatte, bekam zusätzlich noch das australische Kreuzergeschwader mit drei Kreuzern und zwei Zerstörern unterstellt. Die beiden Flugzeugträger »Enterprise« und »Hornet«, die nach ihrem Einsatz gegen Japan am 25. April in Pearl Harbour eintrafen, wurden umgehend in die Korallensee geschickt. Aber die Hoffnungen, dass sie noch rechtzeitig eintreffen, waren gering.

Am 3. Mai besetzten die Japaner Tulagi, ohne auf Widerstand zu stoßen. Damit besaßen sie eine Insel, die zur Anlage eines Flugplatzes für Wasserflugzeuge ideale Bedingungen bot und von der aus sie die Salomonensee beherrschen konnten.

Erst um 19.00 Uhr erfuhr Fletcher von der Landung. Da weder seine Piloten für Nachteinsätze ausgebildet noch die Flugzeugträger dafür ausgerüstet waren, musste er mit einer Gegenaktion bis zum nächsten Morgen warten. Um 7.00 Uhr starteten 40 Maschinen von der »Yorktown« zum Angriff auf die im Hafen liegenden Schiffe. Weitere Angriffe folgten. Sie waren aber alle schlecht organisiert. Die Gruppen der Aufklärungs-, Torpedo- und Sturzkampfflugzeuge wirkten kaum zusammen. Über Jagdschutz verfügten sie auch nicht. So blieb das Resultat gering. Lediglich ein alter Zerstörer, drei kleinere Minensucher und fünf Wasserflugzeuge wurden vernichtet.

Am 5. Mai um 8.45 Uhr vereinigte sich die »Yorktown« mit der »Lexington«. Nun bestand der Verband aus zwei Flugzeugträgern, acht Kreuzern und elf Zerstörern.

Vom 5. bis 6. Mai suchten sich die gegnerischen Gruppierungen gegenseitig. Aber schlechtes Wetter und unerfahrene Piloten verhinderten zunächst positive Aufklärungsresultate, obwohl sich die Konkurrenten zeitweilig bis auf 70 sm näherten.

Endlich meldeten die Aufklärungsflugzeuge der »Shokaku« und »Zuikako« am Morgen des 7. Mai einen Flugzeugträger und einen Kreuzer. Um 9.30 Uhr starteten 60 Maschinen. Als sie das Zielgebiet

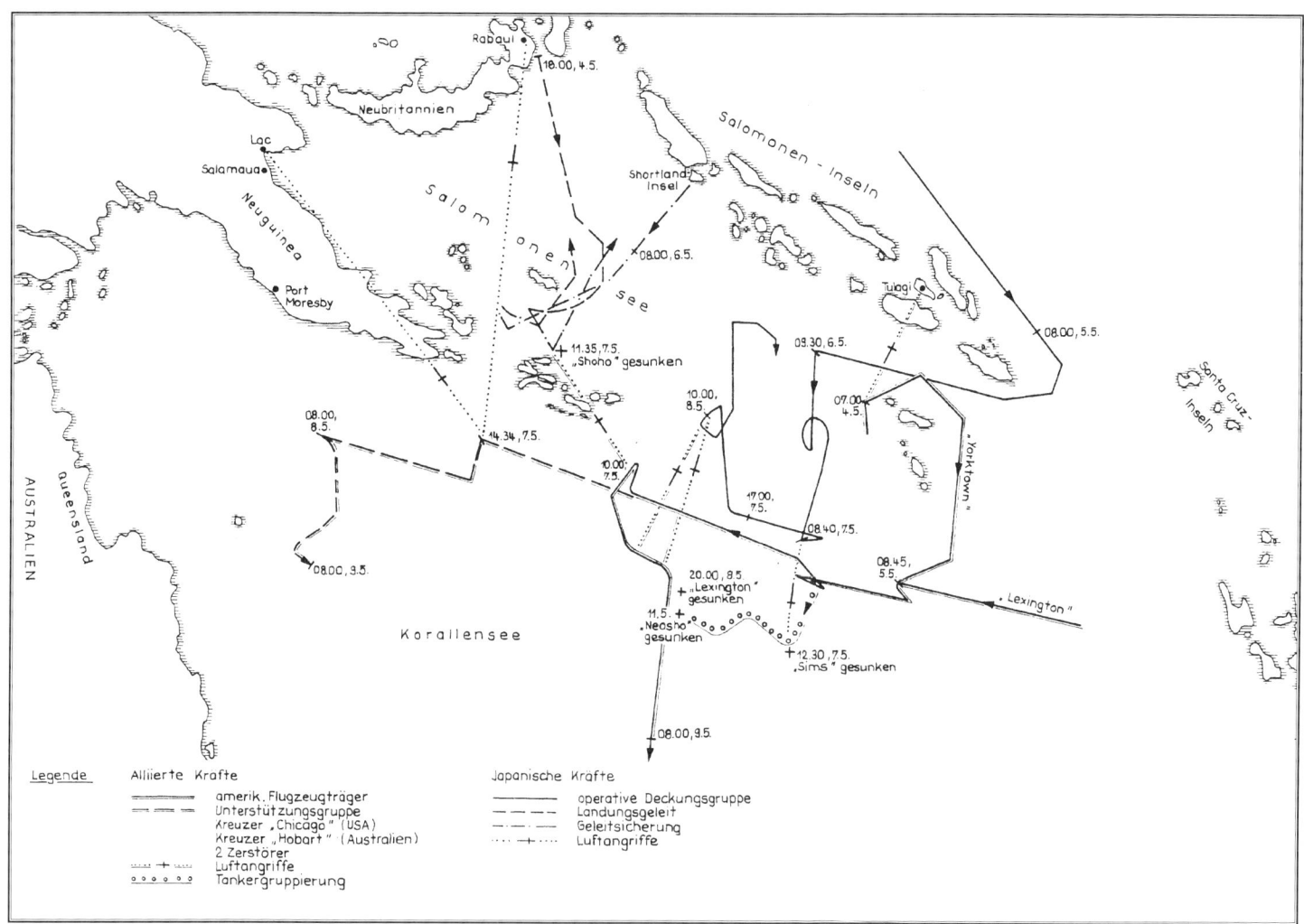

Verlauf der See-Luft-Schlacht in der Korallensee vom 4. bis 8. Mai 1942

erreichten, stellte sich aber heraus, dass es sich bei den gemeldeten Zielen um den Tanker »Neosho« und den zu seiner Deckung abgestellten Zerstörer »Sims« handelte. Die 60 Flugzeuge konnten lediglich die »Sims« versenken. Die »Neosho« blieb manövrierunfähig liegen und wurde erst am 11. Mai von eigenen Einheiten versenkt.

Aber auch die Amerikaner hatten ihre Probleme. Um 8.15 Uhr meldete ein Aufklärungsflugzeug der »Yorktown« die Sichtung von zwei Kreuzern und zwei Zerstörern. Codierungsfehler führten dazu, dass der Befehlshaber eine Meldung über zwei Flugzeugträger und vier schwere Kreuzer erhielt. Diese Meldung musste zu der Schlussfolgerung führen, dass es sich hierbei um die operative Deckungsgruppe handelt. In Wirklichkeit war aber der aus Rabaul auslaufende und für Port Moresby bestimmte Landungsverband mit seiner Sicherung ausgemacht worden.

In Unkenntnis der tatsächlichen Lage starteten um die Mittagszeit 93 Torpedo- und Bombenflugzeuge, diesmal allerdings mit Jagdschutz, um die vermeintliche Deckungsgruppe anzugreifen. Der Angriff erfolgte mit einer solchen Wucht, dass von den Deckungsflugzeugen der »Shoho« sofort sieben Maschinen abgeschossen wurden. Der Träger selbst erhielt in kürzester Zeit 13 Bomben- und sieben Torpedotreffer. Die »Shoho« war in Rauch gehüllt, überall loderten Brände. Das Schiff explodierte und war nach 15 Minuten von der Wasseroberfläche verschwunden. Nur 100 Mann konnten gerettet werden.

Die um 13.45 Uhr auf ihren Trägern landende amerikanische Schlaggruppe hatte lediglich drei Maschinen verloren.

Die erste Flugzeugträgerschlacht in der Seekriegsgeschichte hatte begonnen. Erstmals blieben die sich bekämpfenden Schiffskräfte außerhalb ihrer Sichtweite.

Der für die Japaner ungünstige Beginn der See-Luftschlacht in der Korallensee führte dazu, dass Inouye den Vormarsch auf Port Moresby verschieben musste.

Das Verwirrspiel, hervorgerufen durch mangelnde Kenntnis der Lage, setzte sich fort. Um 8.40 Uhr wurde die westlich der Flugzeugträger laufende amerikanische Kreuzergruppierung durch die Japaner ausgemacht. Um 14.34 Uhr erfolgte der Angriff. Treffer wurden keine erzielt. Glücklicherweise zielten die in Queensland (Australien) gestarteten Bomber der amerikanischen Heeresluftwaffe beim versehentlichen Angriff auf ihren eigenen Verband auch nicht besser.

Inzwischen wollten die japanischen Piloten ein amerikanisches Schlachtschiff versenkt und ein weiteres torpediert haben. Tatsächlich befand sich kein einziges Schiff dieser Klasse im betreffenden Seegebiet.

Gegen Abend starteten weitere japanische Flugzeuge. Sie hatten die Aufgabe, die amerikanischen Flugzeugträger anzugreifen. Da sie sie aber nicht fanden, mussten sie ihre Bomben und Torpedos nutzlos ins Meer werfen. Auf dem Rückweg verirrten sie sich und flogen nun tatsächlich die »Lexington« und »Yorktown« an. Neun japanische Maschinen wurden durch amerikanische abgeschossen.

Schon nach Sonnenuntergang versammelten sich die letzten noch in der Luft befindlichen amerikanischen Flugzeuge über ihren Trägern und bereiteten sich auf die Landung vor. Als die Hälfte bereits gelandet war, stellte der Radarbeobachter erstaunt fest, dass sich wesentlich mehr Maschinen im Luftraum befanden als eigentlich erwartet. In der Annahme, dass es sich um den eigenen Träger handelte, versuchten sechs japanische Piloten auf der »Yorktown« zu landen. Einsetzendes Artilleriefeuer vertrieb sie. Sie entkamen nach Osten, wo ihre eigenen Träger standen. Bei der auf ihnen versuchten Nachtlandung, gingen insgesamt elf Maschinen verloren. Von den 27 gestarteten Flugzeugen mussten die Japaner 21 als Verlust abbuchen.

Admiral Fletcher ließ diese günstige Gelegenheit zum Angriff aus. Einen Nachtkampf traute er seinen Piloten noch nicht zu. So lief er nach Süden und die Japaner nach Norden ab. Dadurch ergaben sich für beide Seiten völlig unterschiedliche Wettersituationen. Die amerikanischen Träger lagen in einem fast wolkenlosen Gebiet, während die Japaner von tiefhängenden Regenwolken umgeben waren.

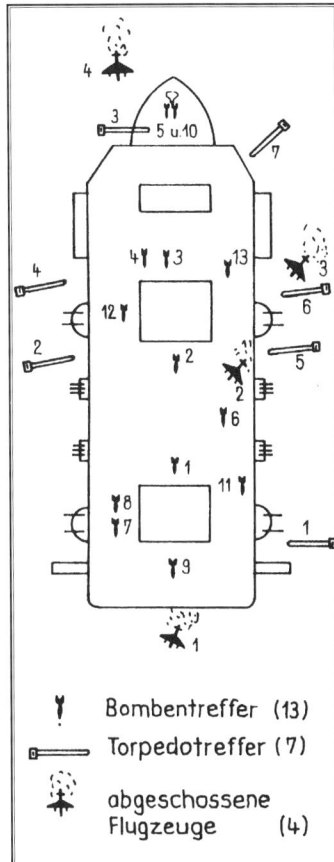

Trefferbild auf der »Shoho« vom 7. Mai 1942

Großadmiral Isoroku Yamamoto setzte sich nachdrücklich für den Bau von Flugzeugträgern ein, betrachtete sie aber nicht als Hauptwaffe im Seekrieg. Durch seinen Operationsplan zur Einnahme von Midway nahm er seinen Hauptkräften die Luftdeckung durch die Flugzeugträger und den Flugzeugträgern den Flankenschutz durch die schweren Überwasserkräfte.

Am 8. Mai um 8.22 Uhr traf die lang ersehnte Meldung ein. Die »Shokaku« und »Zuikaku« sowie drei schwere Kreuzer und eine Reihe von Zerstörern wurden im Nordosten in einer Entfernung von 190 sm ausgemacht. Lange dauerte die Freude nicht, denn bereits zwei Minuten später erkannten die Amerikaner aus abgefangenen japanischen Funksprüchen, dass auch ihre Flugzeugträger geortet waren.

Von den amerikanischen Trägern starteten 69 Bomber und 15 Jäger, die um 10.32 Uhr den Angriff begannen. Es gelang ihnen drei Bombentreffer auf der »Shokaku« zu erzielen. Dieser mäßige Erfolg musste mit dem Verlust von 33 Flugzeugen bezahlt werden.

Im Gegenzug schickten die Japaner 51 Bomber und 18 Jäger gegen die amerikanischen Träger. Um 11.13 Uhr machten die Radarbeobachter die Angreifer auf einer Entfernung von 68 sm aus. Der Angriff der japanischen Piloten zeichnete sich durch eine hervorragende Koordination aus. Dementsprechend groß war auch der Erfolg. Die »Lexington« erhielt zwei Bomben- und zwei Torpedotreffer und begann an vier Stellen zu brennen. Austretende Benzindämpfe entzündeten sich um 12.47 Uhr. Eine gewaltige Explosion erschütterte das Schiff. Alle Versuche, den Flugzeugträger zu retten, blieben erfolglos. Um 19.53 Uhr versenkte der Zerstörer »Phelps« die »Lexington« durch fünf Torpedos. Die »Yorktown« erhielt einen 250-kg-Bombentreffer. 30 japanische Flugzeuge kehrten nicht zurück.

Die erste See-Luft-Schlacht war zu Ende. In taktischer Hinsicht sicher ein Erfolg für die Japaner. Sie hatten einen Flugzeugträger mit 11.260 t Wasserverdrängung und 77 Flugzeuge verloren. Die USA verloren demgegenüber einen Träger mit 36.000 t Wasserverdrängung, einen Zerstörer, einen Tanker und 66 Flugzeuge. Beide Seiten mussten die Beschädigung eines großen Flugzeugträgers registrieren.

Aber die Auswirkungen dieser Schlacht gingen weit über den taktischen Rahmen hinaus. Als sofort greifbares militärisches Resultat für die USA ist die Verhinderung der japanischen Landung in Port Moresby anzusehen. Erstmals wurde den Japanern harter, wenn auch vielfach noch unorganisierter Widerstand entgegengesetzt und zählbarer Schaden zugefügt. Erstmals stoppten die amerikanischen Streitkräfte den japanischen Vormarsch, was sich nachhaltig positiv auf ihren moralischen Zustand auswirkte.

Die japanische Flotte bekam durch den Verlust von Piloten die größten Probleme. Die »Zuikaku« fiel mehr als einen Monat aus, da weder sie noch die Flugzeuge in kürzerer Zeit ersetzt werden konnten. Die »Shokaku« lag mehr als zwei Monate zur Reparatur in der Werft. Damit fehlten die so dringend benötigten Schiffe und Flugzeuge für die sich stürmisch entwickelnden Kampfhandlungen.

Demgegenüber war die »Yorktown« schon Ende Mai wieder einsatzbereit.

Die US-Navy zog aus dieser Schlacht nicht nur Lehren, sie ergriff auch sofort praktische Maßnahmen. So ließ sie die Feuerlöscheinrichtungen auf den Flugzeugträgern verbessern und mehr Jagdflugzeuge an Bord nehmen. Auch die Methoden zum Abfangen angreifender Flugzeuge wurden vervollkommnet.

Bereits am 5. Mai, also noch vor der See-Luft-Schlacht in der Korallensee, befahl Admiral Yamamoto in einer Direktive die Einnahme von Midway und der wichtigsten Gebiete im westlichen Teil der Aleuten. Dabei sollte die Flotte mit den Landstreitkräften zusammenwirken. In der allgemeinen Idee war festgelegt, dass beide Operationsrichtungen den Teil einer Operation bilden und eng zusammenhängen. Als Endziel bestimmte Yamamoto die Umfassung und anschließende Vernichtung der amerikanischen Pazifikflotte, von der er annahm, dass sie zum Gegenschlag auslaufen würde.

Gegen Midway sollte die Operation mit einem Luftangriff beginnen, in dessen Ergebnis hauptsächlich die gegnerischen Luftstreitkräfte und Verteidigungsanlagen auf dem Atoll zu zerschlagen waren. Nach Erfüllung dieser Aufgabe hatten die Landungskräfte anzulanden. Deckungsgruppen sollten den Kampf um Midway gegen die vermutlich aus Pearl Harbour auslaufende Pazifikflotte operativ sicherstellen. Hierzu waren U-Boote, Flugzeugträger, Schlachtschiffe, Kreuzer und Zerstörer vorgesehen.

Die Landungskräfte in einer Stärke von rund 5.800 Mann hatten unter der Deckung der 7. Kreuzerdivision und des 2. Zerstörergeschwaders am 28. Mai die Insel Saipan zu verlassen und am 7. Juni anzulanden.

Die Gruppierung zu ihrer operativen Deckung musste bereits am 27. Mai ablaufen, ab Saipan die Deckung sicherstellen, am 6. Juni die 17 sm nordwestlich von Midway liegende Insel Kure besetzen, dort einen Flugplatz einrichten sowie am 7. Juni die Landungskräfte unmittelbar unterstützen.

Die Flugzeugträger erhielten den Befehl, am Morgen des 27. Mai Anker auf zu gehen und am 5. Juni um 1.30 Uhr ihre Flugzeuge zum Angriff starten zu lassen. Anschließend hatten sie gegen die vermutlich auslaufenden amerikanischen Kräfte zu handeln. Yamamoto stellte damit dieser Gruppierung zwei Aufgaben, die allerdings nacheinander zu erfüllen waren.

Die Hauptkräfte, welche ebenfalls am 27. Mai auszulaufen hatten, sollten in ein Gebiet ca. 600 sm nordwestlich von Midway laufen, um von hieraus notfalls entweder den gegen Midway oder den gegen die Aleuten handelnden Kräften Unterstützung zu gewähren.

Die U-Boote bekamen den Befehl, bis zum 6. Juni eine Linie zwischen den Hawaii-Inseln und Midway zu besetzen, um den anlaufenden Gegner auszumachen, zu melden und anzugreifen.

Die Operation gegen die Aleuten sollte ebenfalls mit einem Luftangriff beginnen. Dabei war geplant, die in dem US-Stützpunkt Dutch Harbour befindlichen Kräfte sowie seine Verteidigungseinrichtungen zu vernichten.

Als Angriffsbeginn wurde der 4. Juni festgelegt. Zwei Tage später waren die Inseln Attu von 1.200 Mann und Kiska von 1.250 Mann einzunehmen.

Für die Handlungen gegen die Aleuten, die lediglich zur Ablenkung der Amerikaner von der Hauptrichtung Midway durchgeführt wurde, stellte Yamamoto die Flugzeugträger »Ryujo« und »Junyo« sowie jeweils drei schwere und leichte Kreuzer bereit.

Hauptziel der Gesamtoperation war die Besetzung von Midway, einem Atoll von sechs Seemeilen Durchmesser. Die Ausdehnung der Hauptinsel gestattete eine Erweiterung der Start- und Landebahn, so dass von ihr aus landgestützte Bomber gegen das 1.136 sm entfernte Pearl Harbour fliegen konnten.

Hauptbedingung für das Gelingen der Operation war die Erreichung des Überraschungsmomentes. Das schien auch möglich zu sein, denn die Flugzeugträger »Lexington« und »Yorktown« glaubte man auf dem Grund der Korallensee und »Hornet« sowie »Enterprise« kürzlich im Südpazifik

Die B-17 wurde als landgestütztes Bombenflugzeug zum Angriff auf Seeziele gebaut. Die starke Bewaffnung von zehn Maschinengewehren brachte ihr den Beinahmen »Flying Fortress« (Fliegende Festung) ein.

Der japanische bordgestützte Jagdeinsitzer A6M »Zero-Sen« war das am meisten eingesetzte Flugzeug der kaiserlichen Marine. Die Bewaffnung bestand aus zwei 20- mm-Maschinenkanonen und zwei 7,7-mm-Maschinengewehren. Japan baute 10.973 Flugzeuge dieses Typs.

Die japanische G4M2 »Betty 22« konnte als Torpedo-, Bomben- und Aufklärungsflugzeug eingesetzt werden. Ihre Bewaffnung bestand aus zwei 20-mm- Maschinenkanonen, vier 7,7-mm-Maschinengewehren sowie 1.000 kg Bomben oder einem Torpedo.

Ein japanischer Kreuzer im Bombenhagel amerikanischer Flugzeuge. Am oberen Bildrand sind die beiden Begleitzerstörer zu erkennen.

gesichtet zu haben. Auch ahnten die Japaner nicht, dass die Amerikaner alle aufgefangenen Funksprüche entschlüsselten. Damit war die Hauptbedingung für das Gelingen der Operation natürlich nicht mehr gegeben.

Die geplante Operation stellte, gemessen an der Anzahl der teilnehmenden Kräfte, die größte in der japanischen Seekriegsgeschichte dar. Aber schon bei ihrer Planung wurde neben der nicht zu erreichenden Überraschung ein weiterer schwer wiegender Fehler gemacht. Die sechs Verbände gliederten sich nochmals in 23 taktische Gruppen. Die Führung eines derartig komplizierten Gebildes über Tausende von Seemeilen hinweg war für den Oberbefehlshaber äußerst problematisch und musste zu Störungen bei der Erfüllung der untereinander abgestimmten Aufgaben und beim Zusammenwirken führen.

Durch die aufgefangenen Funksprüche war Admiral Nimitz bis zum 27. Mai nicht nur umfassend über den Gegnerbestand, sondern auch über die beiden Operationsrichtungen und den geplanten Beginn der Operation informiert. Als erstes ließ er Midway auf die Verteidigung vorbereiten. Der bereits vorhandene Flugplatz wurde ausgebaut und auf ihm ein Geschwader »Fliegende Festungen« stationiert. Die Fliegerkräfte der Marineinfanterie ließ er auf 24 Jagd- und 34 Sturzkampfflugzeuge aufstocken. Die Vorräte an Benzin und Munition wurden ebenso erhöht wie die Anzahl der Aufklärungsflugzeuge, die schließlich 30 Maschinen erreichte. Hinzu kamen noch 4 »B-26« und 17 »B-17« sowie sechs Torpedoflugzeuge. 24 U-Boote bezogen in den gefährdeten Richtungen Aufklärungspositionen.

Die Flugzeugträger »Enterprise« und »Hornet« kehrten am 26. Mai nach Pearl Harbour zurück. Schon zwei Tage später liefen sie in Richtung Midway aus. Am 27. Mai traf die beschädigte »Yorktown« mit ihren Begleitfahrzeugen in der Flottenbasis ein. In Tag- und Nachtarbeit repariert, konnte sie bereits am 30. Mai wieder in See gehen. Der am 11. Januar torpedierte Träger »Saratoga« lag auslaufbereit in San Diego. Da aber seine Begleitfahrzeuge sich nicht schnell genug sammeln konnten, lief er zu spät aus, um an der sich abzeichnenden Schlacht teilnehmen zu können. Der Träger »Wasp« war vom Mittelmeer in den Pazifik unterwegs, konnte aber im Kampfgebiet auch nicht mehr rechtzeitig eintreffen.

Am 2. Juni erreichten die amerikanischen Flugzeugträger gegen 16.00 Uhr ein Gebiet rund 350 sm nordöstlich von Midway. Hier war ein Ausmachen durch japanische Flugzeuge unwahrscheinlich. Dafür konnten die eigenen landgestützten Aufklärungsflugzeuge mit ihren großen Reichweiten die japanischen Kräfte orten, ehe die japanische Führung von der Anwesenheit der Flugzeugträger Kenntnis bekam. Den Oberbefehl übernahm Admiral Nimitz persönlich.

Die japanischen U-Boote, die den Anmarsch der amerikanischen Kräfte melden sollten, erreichten ihre Position am 3. Juni. Das war zwar drei Tage früher als geplant aber ein Tag nach der abgeschlossenen Entfaltung der Amerikaner. So kam es, dass Admiral Yamamoto, der die Operation von dem Superschlachtschiff »Yamato« aus führte, die Entfaltung seines Gegners unbekannt blieb. Daraus resultierte letztlich, dass nicht die von ihm geleitete Operation überraschend erfolgte, sondern vielmehr er selbst überrascht wurde.

Insgesamt führte die japanische Seite fünf Flugzeugträger, drei Flugzeugtransportschiffe, elf Schlachtschiffe bzw. -kreuzer, zehn schwere Kreuzer, vier leichte Kreuzer, 57 Zerstörer, 15 U-Boote sowie ein Räumschiff und einen U-Jäger in die Schlacht um Midway. An Bord der Flugzeugträger befanden sich 304 Flugzeuge. Für die Landungstruppen und zur Versorgung wurden 57 Transporter mitgeführt.

Demgegenüber nahmen sich die amerikanischen Kräfte schwach aus. Drei Flugzeugträger mit zusammen 233 Flugzeugen, sieben schwere und ein leichter Kreuzer sowie 24 U-Boote konnte Admiral Nimitz zusammenbringen.

Am 3. Juni, ungefähr um 9.00 Uhr, wurde durch ein amerikanisches Aufklärungsflugzeug der erste Kontakt mit dem Gegner hergestellt. Dabei handelte es sich um die Landungskräfte, die in einer Entfernung von ungefähr 500 sm südwestlich von Midway standen. Kurz darauf orteten amerikanische Aufklärer 700 sm westlich von Midway die Hauptkräfte. Eine ganze Reihe von Schlachtschiffen und Kreuzer konnten klassifiziert werden, aber der erwartete Flugzeugträger »Zuiho« befand sich nicht darunter. Trotz eifriger Suche machten die Piloten in der Nordwestrichtung keinen Gegner aus, denn schlechtes Wetter zwang die Aufklärer zur Umkehr.

Konteradmiral Frank J. Fletcher führte die amerikanischen Flugzeugträger in der See-Luft-Schlacht bei Midway bis zur Außergefechtssetzung seines Flaggschiffes, der »Yorktown«. Danach übergab er das Kommando an Konteradmiral Raymond A. Spruance.

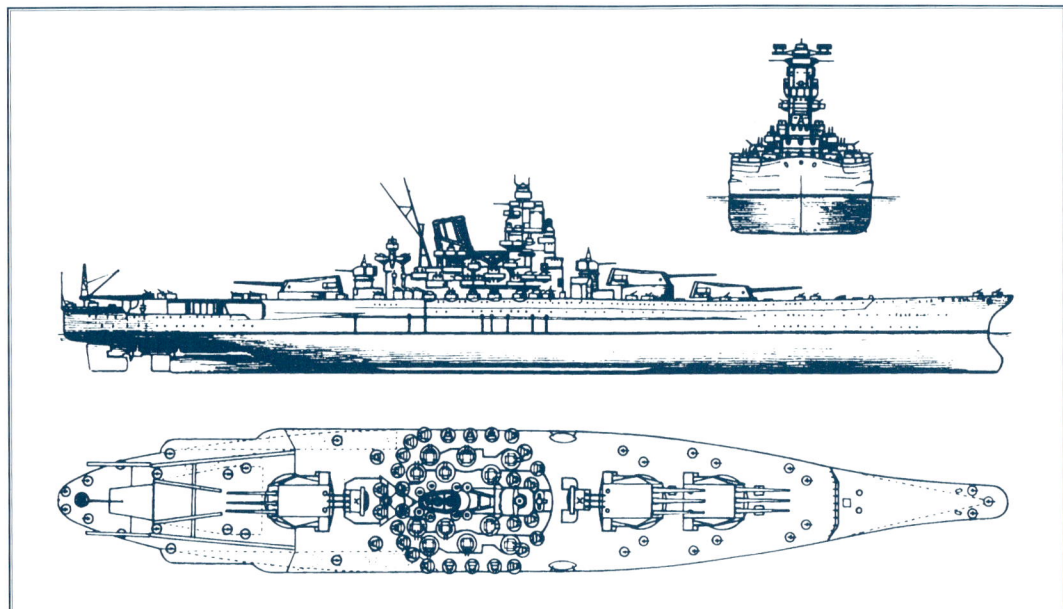

Yamamotos Flaggschiff bei Midway, das Schlachtschiff »Yamato«, war das größte Kriegsschiff seiner Zeit. Am 16. Dezember 1941 in Dienst gestellt, hatte es eine maximale Wasserverdrängung von 71.659 ts. Die Geschwindigkeit betrug 27 kn und der Aktionsradius 7.200 sm. Die Besatzungsstärke erreichte maximal 2.800 Mann. Die Bewaffnung bestand aus neun 45,7-cm- und sechs 15,5-cm-Geschützen. Zur Luftabwehr standen 24 12,7-cm- und 150 2,5-cm-Waffen zur Verfügung. An Bord befanden sich sieben Flugzeuge, denen zwei Katapulte zum Start zur Verfügung standen. Am 7. April 1945 wurde die »Yamato« beim Versuch, die Landung der Amerikaner auf Okinawa abzuwehren, durch Trägerflugzeuge versenkt. Lediglich einmal in ihrer Existenz kam sie dazu, ihre Hauptbewaffnung einzusetzen.

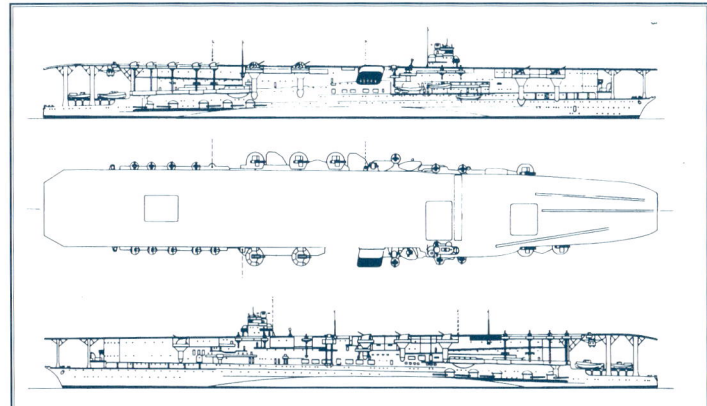

Flugzeugträger »Kaga«. D=33.693 ts; L=230 m; B=29,6 m;Tg=7,93 m; V=27,5 kn; Besatzung=1.340 Mann; zehn 20,3-cm-, zwölf 12-cm-Geschütze; 60 Flugzeuge

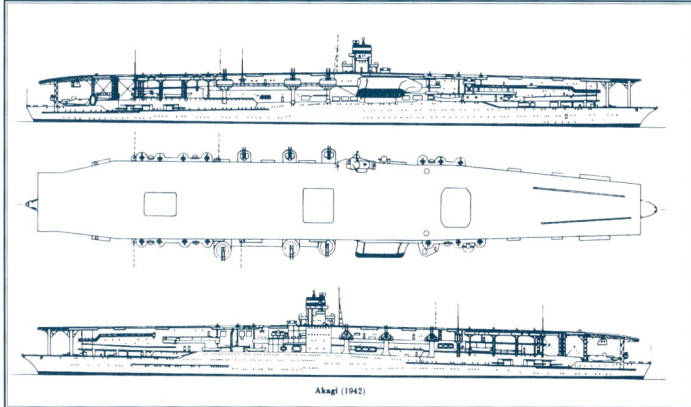

Flugzeugträger »Akagi«. D=36.500 ts; L=250,36 m; B=31,32 m; Tg=8,71 m; V=31,2 kn; Besatzung=2.000 Mann; sechs 20,3-cm-, zwölf 12-cm-; 28 5,2-cm-Geschütze; 91 Flugzeuge

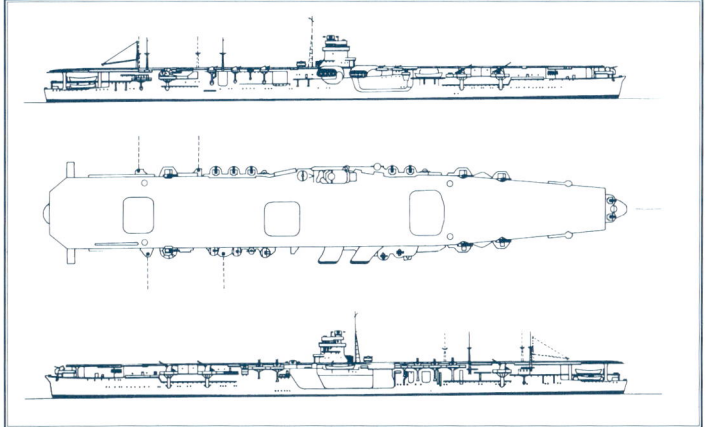

Flugzeugträger »Hiryu«. D=17.300 ts; L=222,93 m; B=22,32 m; Tg=7,84 m; V=34,3 kn; Besatzung=1.101 Mann; zwölf 12,7-cm-, 31 2,5-cm-Geschütze; 73 Flugzeuge

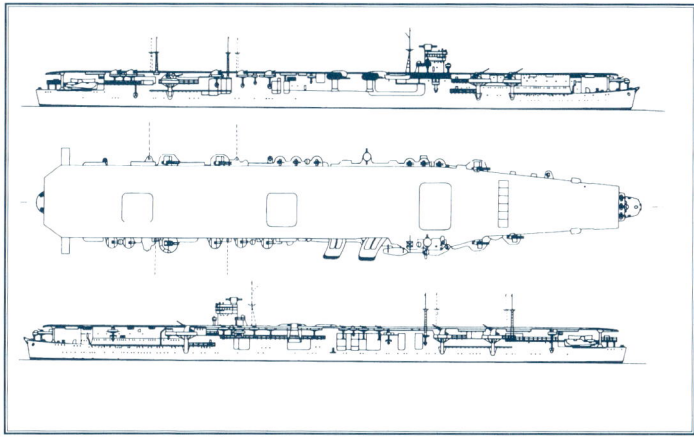

Flugzeugträger »Soryo«. D=18.800 ts; L=222 m; B=21,3 m; Tg=7,62 m; V=34,5 kn; Besatzung=1.100 Mann; zwölf 12,7-cm-, 28 2,5-cm-Geschütze; 71 Flugzeuge

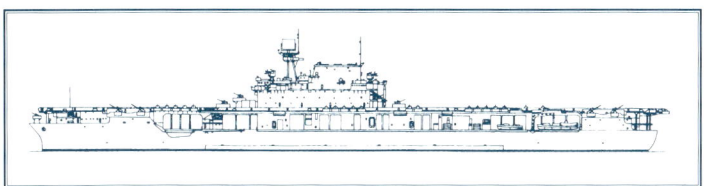

Flugzeugträger »Yorktown«. D=25.500 ts; L=246,9 m; B=33,2 m; Tg=8,5 m; V=33 kn; Besatzung=2.919 Mann; acht 12,7-cm-, 16 2,8-cm-Geschütze; 81 bis 90 Flugzeuge

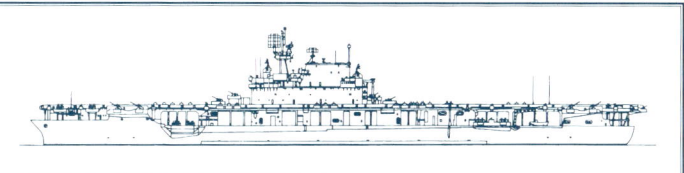

Flugzeugträger »Enterprise«. Daten wie bei »Yorktown«

Flugzeugträger »Hornet«.
D=29.100 ts; L=252,2 m; B=34,8 m;
Tg=8,8 m; V=33 kn; Besatzung=
2.919 Mann; acht 12,7-cm-, 16 2,8-
cm-, 30 2-cm-Geschütze; 80 bis 84
Flugzeuge

Erstes und sicher auch leichtestes Ziel mussten die Landungskräfte sein. Aber auf eine solche große Entfernung konnten nur die »Fliegenden Festungen« eingesetzt werden. Um 16.23 Uhr sichteten sie den Gegner. Trotz starkem Abwehrfeuer griffen sie an, erzielten aber keinen Treffer.

Um 21.15 Uhr, als sich die Entfernung verringert hatte, starteten vier Catalinaflugboote zum Torpedoangriff. Sie beschädigten einen Transporter und erzielten damit den ersten Erfolg.

In den Stäben auf Midway, Pearl Harbour und an Bord der Schiffe herrschte Unruhe. Alle warteten auf das Ausmachen der Flugzeugträger. Sie konnten sich nur im Schlechtwettergebiet nordwestlich von Midway befinden, und es bestand die reale Gefahr, dass sie sich auf einen Luftangriff auf das Atoll vorbereiteten. Kurz vor Sonnenaufgang starteten Catalinas in dieses Gebiet, um Gewissheit zu bringen.

Endlich, am 4. Juni um 5.45 Uhr, traf der Funkspruch ein: »Viele Flugzeuge fliegen in Richtung Midway. Peilung 320 Grad, Distanz 150 Meilen.« Kurz danach wurden die gegnerischen Maschinen auch von den landgestützten Funkmess-Stationen aufgefasst. Die Piloten, seit Stunden in Bereitschaft liegend, starteten. Um 6.00 Uhr befanden sich alle 24 Jagdflugzeuge in der Luft oder bereiteten sich auf den Start vor. 30 sm vor dem Atoll versuchten sie die anfliegenden 108 gegnerischen Maschinen abzufangen. Aber ein Durchbruch der weit überlegenen Japaner war nicht zu verhindern. In dem ungleichen Kampf schossen die Amerikaner 23 Bomben- und acht Jagdflugzeuge ab. 16 der abwehrenden Flugzeuge kehrten nicht auf ihren Flugplatz zurück.

Verschiedene Objekte auf Midway erlitten erhebliche Beschädigungen. Da aber die Japaner den Flugplatz später selbst nutzen wollten, griffen sie ihn kaum an.

Bereits durch das rechtzeitige Abfangen ihrer Flugzeuge sowie die vorangegangenen Angriffe auf die Landungskräfte hätte der japanischen Führung klar sein müssen, dass die Überraschung nicht gelungen war.

Kurz nach dem Ausmachen der Midway anfliegenden Maschinen wurde auch der japanische Flugzeugträgerverband unter der Führung von Vizeadmiral Chuichi Nagumo mit den Trägern »Akagi«,

»Hiryi«, »Kaga« und »Soryu« sowie ihre Begleitfahrzeuge in einer Entfernung von rund 180 sm nordwestlich von Midway geortet. Jetzt konnte gegen den gefährlichsten Gegner gehandelt werden.

Aber ein konzentrierter Schlag kam nicht zustande. Zuerst griffen zehn Maschinen an. Sieben kehrten nicht zurück. Kurz danach versuchten es nochmals 28 Bombenflugzeuge. Der Verlust betrug zwölf Maschinen. Weitere elf waren so schwer beschädigt, dass sie für weitere Einsätze ausfielen. Nun kamen nochmals elf schwere Bomber zum Einsatz. Sie kehrten zwar alle wohl behalten zurück, aber ebenso wie ihre Vorgänger, erzielten sie nicht einen einzigen Treffer.

Während dieser Angriffe wurde eine zweite Welle mit 93 japanischen Flugzeugen auf ihren Trägern zum Wiederholungsangriff auf Midway klargemacht. Dieser Entschluss resultierte aus der Meldung der japanischen Piloten der ersten Welle, dass ein zweiter Angriff notwendig sei, um das Atoll sturmreif zu machen. Noch ahnten die Japaner nichts von der Anwesenheit der amerikanischen Flugzeugträger, zumal sie bisher nur von landgestützten Flugzeugen angegriffen worden waren.

Gegen 7.30 Uhr befanden sich die amerikanischen Träger mit ihren Begleitschiffen rund 200 sm nordöstlich von Midway. Sie hatten untereinander einen Abstand von ca. 10 sm. Auf dieser Position machte sie ein Aufklärungsflugzeug des schweren Kreuzers »Tone« aus. Der Pilot meldete: »Ich sehe zehn Schiffe. Wahrscheinlich gegnerische. Zu Midway Peilung 10 Grad, Entfernung 240 sm. Kurs 150 Grad, Geschwindigkeit 20 kn.«

Als Vizeadmiral Chuichi Nagumo die zurückkehrende erste Welle sichtete, entschloss er sich, sie landen zu lassen. Dadurch blockierte er den Start der zweiten Welle, da das Flugdeck durch die gelandeten Maschinen besetzt war.

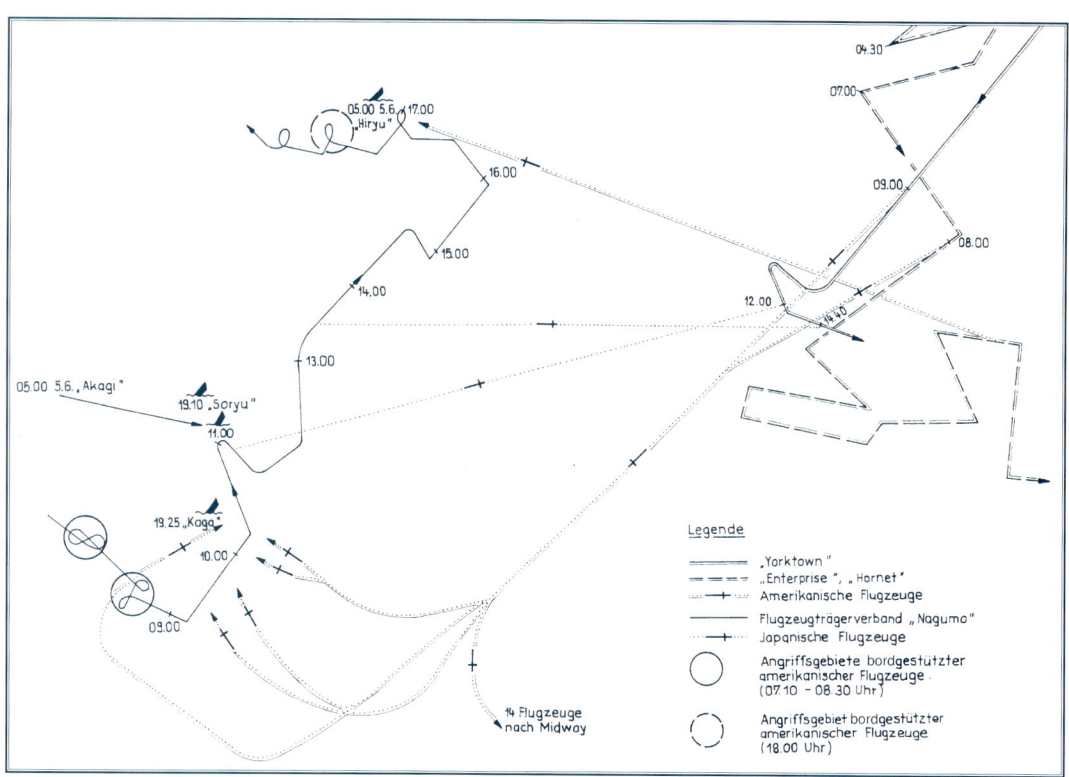

Kurse beider Seiten in der See-Luft-Schlacht bei Midway

Diese Meldung war überraschend und unklar, denn aus ihr ging nicht hervor, um welche Schiffe es sich handelte. Auf Anfrage meldete der Pilot neun Minuten später: »Die gegnerischen Kräfte bestehen aus fünf Kreuzern und fünf Zerstörern.« Somit bestand für Nagumo kein Grund, die Ausrüstung der 93 Maschinen mit Brand- und Sprengbomben, die für einen Einsatz gegen Schiffe schlecht geeignet sind, abbrechen zu lassen. Allerdings meldete der Aufklärer 21 Minuten später: »Im Verband läuft ein Schiff, das Ähnlichkeit mit einem Flugzeugträger hat.« Danach änderte sich die Situation schlagartig. Auf Nagumos Trägern begann eine rege Betriebsamkeit, denn die Besatzungen hatten nun drei Aufgaben gleichzeitig zu lösen. Erstens mussten die unter Deck stehenden 93 Maschinen auf Torpedos und panzerbrechende Bomben umgerüstet werden. Zweitens musste die Landung der von Midway zurückkehrenden Flugzeuge der ersten Welle gewährleistet werden und schließlich mussten drittens die ständigen Luftangriffe abgewehrt werden. In diesem Chaos war es noch am leichtesten, den Befehl Nagumos zur Annäherung an die ausgemachte gegnerische Gruppierung auszuführen.

Auf den drei amerikanischen Flugzeugträgern ging es wesentlich ruhiger zu. Die Besatzungen der »Enterprise« und »Hornet«, die zur Task Force 16 unter Konteradmiral Spruance gehörten sowie die der »Yorktown«, die zur Task Force 17 unter Konteradmiral Fletcher gehörte, bereiteten ihre Flugzeuge sorgfältig auf den ersten Kampfeinsatz vor. Der Stab, der im Gegensatz zum japanischen über genaue Gegnerangaben verfügte, berechnete die notwendigen Daten für den Angriff.

Zwischen 7.00 und 8.00 Uhr starteten insgesamt 116 Flugzeuge von der »Enterprise« und »Hornet«. Eine Stunde später erhoben sich 35 Maschinen von der »Yorktown«. Aber jetzt zeigte sich, wie schnell Gegnerangaben veralten können. Infolge der Kursänderung Nagumos, von der die Amerikaner keine Kenntnis hatten, konnte die gegnerische Trägergruppierung zunächst nicht ausgemacht werden. Wegen Treibstoffmangel mussten 14 Flugzeuge auf Midway notlanden oder sogar wassern. Endlich sichteten die Piloten die gesuchte Gruppierung, 25 sm nordwestlicher als berechnet. Die 15 Maschinen der 8. Torpedofliegerstaffel griffen als erste an. Ihre Erfolgsaussichten waren gering, denn über den Zielen hielten sich Jagdflugzeuge auf und sie selbst verfügten über keinen Jagdschutz. Trotz des Abwehrfeuers und der Angriffe durch die Jäger gelang es einigen Piloten, ihre Torpedos abzuwerfen. Getroffen hatte keiner. Dafür wurden alle 15 Torpedoträger abgeschossen.

Nicht viel besser erging es den 14 Maschinen der 6. Torpedofliegerstaffel, die zwischen 9.40 und 9.58 Uhr angriffen. Auch sie erzielten keine Treffer. Nur vier Piloten gelang es, ihren Träger wieder zu erreichen.

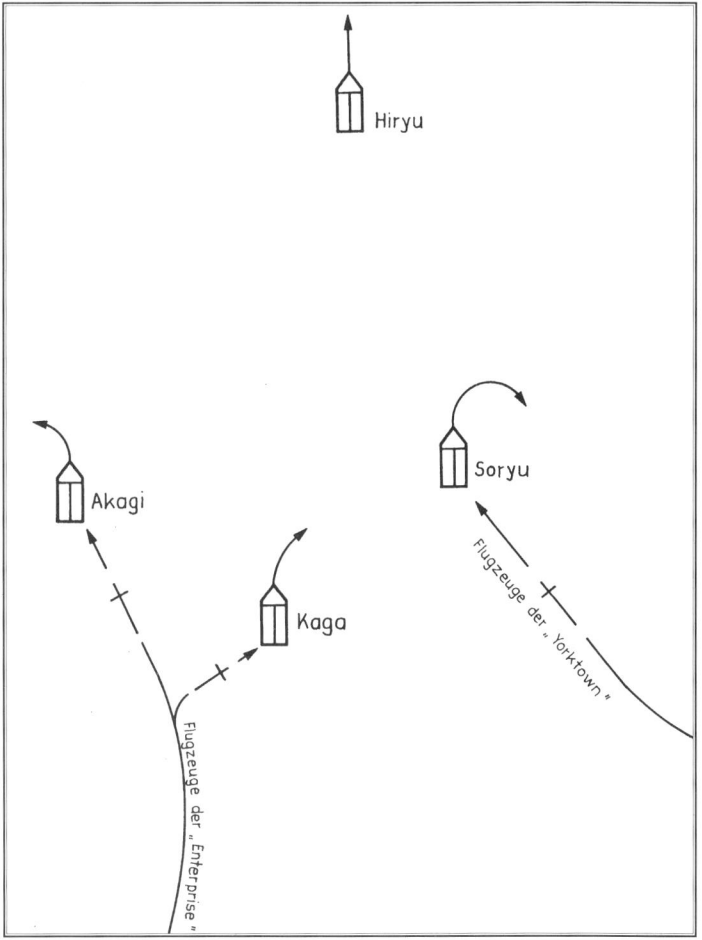

Handlungen der amerikanischen und japanischen Flugzeugträger am 4. Juni 1942

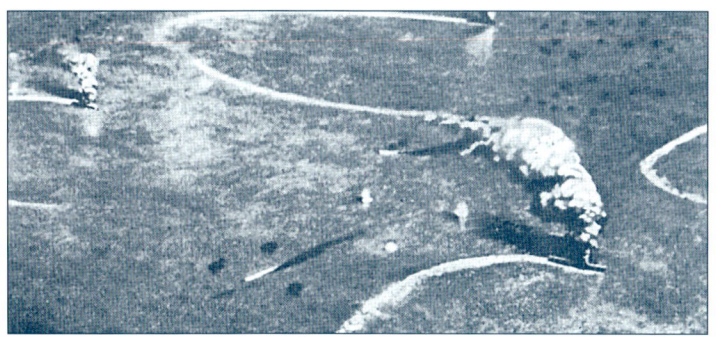

Die bereits brennenden japanischen Flugzeugträger »Akaga«, »Kaga« und »Soryu« laufen Ausweichkurse. Die »Hiryu« hatte noch mal Glück. Von Wolken verdeckt, konnte sie durch die amerikanischen Piloten nicht ausgemacht werden.

Auch die um 10.00 Uhr in das Gefecht eingreifenden 18 Maschinen der 3. Torpedofliegerstaffel der »Yorktown« hatten nicht mehr Glück. Obwohl von sechs Jägern gedeckt, brachten auch sie keinen Torpedo in das Ziel. Nur zwei Maschinen kehrten zurück.

Um 10.24 Uhr landeten die letzten Flugzeuge der ersten japanischen Welle, während die ersten dieses Verbandes bereits betankt wurden. Alle Maschinen der ersten Welle sollten ebenfalls für einen Schlag auf die im Osten vermuteten gegnerischen Flugzeugträger eingesetzt werden. In diesem Moment erschienen die in großer Höhe fliegenden Sturzkampfflugzeuge der »Enterprise« und »Yorktown« über den Trägern Nagumos. Da die japanischen Jäger gerade die Abwehr der Torpedoflugzeuge beendet hatten und sich deshalb in geringen Höhen befanden, mussten sie zusehen, wie ihre Träger in einen unwahrscheinlichen Bombenhagel gerieten. Auch ein wildes Abwehrfeuer der Schiffe half nicht viel. Die angreifenden Maschinen brachten drei schwere Bombentreffer auf der »Soryu« und vier auf der »Kaga« an. Die »Akagi« erhielt zwei schwere Treffer. Innerhalb von knapp sechs Minuten musste die japanische Vereinte Flotte drei große Flugzeugträger aus ihrem Bestand streichen. Von den 37 Maschinen der »Enterprise« gingen 14 verloren. Die meisten aber nicht durch Feindeinwirkung, sondern durch Wasserung, da die Piloten aufgrund von Treibstoffmangel ihren Träger nicht mehr erreichten. Die Flugzeuge der »Yorktown« landeten vollzählig.

Die abfliegenden amerikanischen Piloten sahen hinter sich dichte Rauchwolken aufsteigen. Überall ausfließendes Benzin gab dem Feuer auf den Flugzeugträgern ständig neue Nahrung. Die herumliegenden Bomben und Torpedos detonierten unregelmäßig. In diesem Chaos war eine gezielte Brandbekämpfung unmöglich.

Schlimm stand es um die »Kaga«. Ihrer Besatzung gelang es nicht, den Brand zu kontrollieren. Als das Feuer die Treibstofftanks erreichte, zerriss eine gewaltige Explosion das Schiff. Um 19.25 Uhr sank es. Die brennende »Soryu« wurde um 13.59 Uhr durch das amerikanische U-Boot »Nautilus« ausgemacht. Da die aufgeregten Besatzungen der Begleitfahrzeuge keine sichere U-Bootsabwehr mehr gewährleisteten, war der Durchbruch nicht schwer. Drei Torpedos trafen. Trotzdem blieb der Flugzeugträger noch bis 19.10 Uhr schwimmfähig. Danach versank er in den Fluten. Die »Akagi« brannte die ganze Nacht. Die aufopferungsvoll kämpfende Besatzung konnte das Schiff nicht retten. Am nächsten Morgen um 5.00 Uhr verließ sie den Träger. Zwei Zerstörer schickten ihn durch Torpedos auf den Meeresgrund.

Nagumo musste sein Flaggschiff, die »Akagi«, verlassen und setzte seinen Stander auf den leichten Kreuzer »Nagara«. Obwohl er 75 Prozent seiner Träger verloren hatte, gab er nicht auf. Noch war die »Hiryu« voll einsatzfähig. 18 ihrer Sturzkampfflugzeuge flogen mit sechs Jägern die gegnerische Gruppierung an. Nachdem sie von der »Yorktown« in 46 sm Entfernung ausgemacht wurden, starteten um 11.59 Uhr zwölf Jäger von ihr, um den anfliegenden Gegner abzufangen. Sie schossen acht Japaner ab. Der Rest brach zum Flugzeugträger durch und konnte drei Bombentreffer erzielen. Zwei Bomben durchschlugen das Flugdeck und detonierten mitten zwischen den darunter stehenden

Flugzeugen. Die dritte Bombe detonierte im Schornstein. Auf der »Yorktown« brachen Brände aus, die aber durch die Besatzung lokalisiert werden konnten. Bis 13.50 Uhr war der Flugbetrieb unmöglich.

Um 14.27 Uhr machte die »Yorktown« die zweite Angriffswelle aus. Diesmal griffen zehn Torpedoflugzeuge und sechs Jäger an. Fünf Torpedoträgern gelang es durchzubrechen und um 14.43 Uhr zwei Treffer zu erzielen. Das Schiff bekam binnen kurzer Zeit eine Schlagseite von 23 Grad. Damit war ein Starten und Landen der Flugzeuge endgültig unmöglich geworden. Die Besatzung verließ um 15.00 Uhr ihr Schiff. Als es nach einigen Stunden immer noch schwamm, befahl Fletcher den Zerstörer »Hughes« in seine Nähe, um den Flugzeugträger, falls notwendig, zu versenken. Aber die »Yorktown« verfügte über eine hohe Standkraft und hätte bei

einem konzentrierten Einsatz der Besatzung noch gerettet werden können. Der Minensucher »Vireo« bekam den Befehl, sie nach Pearl Harbour zu schleppen.

In der Zeit, als die »Yorktown« von der zweiten Welle angegriffen wurde, sichtete eines ihrer Aufklärungsflugzeuge die »Hiryu«. Sofort starteten von der »Enterprise« und »Hornet« Sturzkampfflugzeuge, die um 17.00 Uhr ihr Ziel erreichten. Die 24 Maschinen erzielten vier Treffer. Als die Piloten der »Hornet« sahen, dass die »Hiryu« brannte, griffen sie das Schlachtschiff »Haruna« sowie die Kreuzer »Tone« und »Chikuma« an. Treffer erzielten sie nicht. Auch ein um 18.00 Uhr von Midway aus gestarteter Angriff auf diese Schiffe blieb erfolglos.

Die »Hiryu« brannte die ganze Nacht und wurde ebenso wie die »Akagi« am nächsten morgen um 5.00 Uhr durch Zerstörer versenkt.

Yamamoto, der sich gemäß seines eigenen Operationsplanes in einer so ungünstigen Position befand, dass er nicht eingreifen konnte, stand vor einem Scherbenhaufen. Er befahl den schweren Kreuzern »Mogami« und »Mikuma« nach Midway zu laufen, um das Atoll zu beschießen. Auf dem Weg dorthin sichteten sie das amerikanische U-Boot »Tambor«, dem sie ausweichen wollten. Bei diesem Manöver stießen sie zusammen und konnten aufgrund der dabei erhaltenen Beschädigungen ihre Aufgabe nicht mehr erfüllen.

Yamamoto befahl weiterhin, die Gruppierungen der operativen Deckung der Landungskräfte mit den Resten von Nagumos Kräften zu vereinigen, um mit ihnen einen nächtlichen Angriff auf die gegnerischen Träger durchzuführen. Dieser Entschluss war aus der Not geboren, da er selbst mit seinen Hauptkräften nicht eingreifen konnte. Er wäre auch nicht mehr zweckmäßig gewesen, denn die Amerikaner liefen bis ungefähr 2.00 Uhr am 5. Juni mit Ostkursen ab. Eine Vorsichtsmaßnahme, die richtig war, denn einen Nachtkampf hätten die Flugzeugträger sicher nicht überstanden.

Am Morgen des 5. Juni lief der amerikanische Verband wieder mit Westkurs. Seine Aufklärungsflugzeuge suchten verzweifelt den Gegner. Da Yamamoto bereits den Abbruch der Operation befohlen hatte, konnten sie ihn auch nicht finden.

Der japanische schwere Kreuzer »Mogami« war ein Unglücksschiff. Beim Zusammenstoß mit der »Mikuma« zog er sich schwere Beschädigungen im Bugbereich zu. Nachdem er in einem Nachtgefecht erhebliche Zerstörungen erlitt, stieß er am 25. Oktober 1944 mit dem japanischen schweren Kreuzer »Nachi« zusammen und sank.

Der schwer beschädigte schwere Kreuzer »Mikuma«

Ungefähr 24 Stunden später entdeckten die Aufklärer die mit verminderter Fahrt laufenden schweren Kreuzer »Mikuma« und »Mogami« sowie ihre beiden Begleitzerstörer. Ein in drei Wellen vorgetragener Angriff versenkte die »Mikuma«, beschädigte die Zerstörer. Der »Mogami« hingegen gelang es, schwer beschädigt die 2.000 sm bis Truk zurückzulegen. Sie musste allerdings für ein Jahr in die Werft.

Am Mittag des gleichen Tages entdeckte das japanische U-Boot »I-168« die »Yorktown« und griff an. Von seinen Torpedos traf einer den längsseits liegenden Zerstörer »Hamann« und zwei den Träger. Der Zerstörer ging drei Minuten später unter, die »Yorktown« erst am 7. Juni gegen 5.00 Uhr.

Die See-Luft-Schlacht bei Midway war zu Ende. Die USA verloren in ihr einen Flugzeugträger, einen Zerstörer, 150 Flugzeuge und 307 Mann. Japan verlor vier Flugzeugträger, einen schweren Kreuzer und zwei Zerstörer. Ein Transporter wurde beschädigt.

Midway war der erste große Sieg der US-Navy im Zweiten Weltkrieg. Bemerkenswert daran ist, dass er mit wesentlich schwächeren Kräften errungen wurde.

Sicherlich ist es falsch zu behaupten, dass die Japaner den Amerikanern das Siegen leicht machten, aber ihr Operationsplan war so risikovoll, dass ihn schon einige unerwartete Reaktionen des Gegners ins Wanken bringen konnten. Als die Überraschung, auf die fest gebaut wurde, nicht gelang, brach der ganze Plan zusammen. Die Hauptursache für die Überbetonung des Überraschungsmomentes lag in der totalen Unterschätzung der Möglichkeiten des Gegners. Dazu glaubte man sich berechtigt, denn bisher wurden an die japanischen Fahnen nur Siege geheftet. Aber bereits die Vorgänge in der Korallensee zeigten, dass sich das Blatt zu wenden begann. Der leichtfertige Glaube an das Gelingen der Überraschung war auch der Grund für die ungerechtfertige Zersplitterung der Kräfte. Sie führte letztlich dazu, dass die Amerikaner die Möglichkeit erhielten, mit ihren Hauptkräften gegen nur eine japanische Operationsrichtung zu handeln. Dadurch konnte die Kräfteunterlegenheit wenigstens etwas kompensiert werden. Die unglückliche Positionierung der japanischen Hauptkräfte auf halben Wege zwischen den Aleuten und Midway zeugt davon, dass die Japaner von einer langsamen Ereignisentwicklung ausgingen und glaubten, mit diesen Kräften immer noch zur rechten Zeit im Gebiet der Kampfhandlungen zu erscheinen. Eine langsame Ereignisentwicklung war auch die Voraussetzung dafür, dass Nagumo die beiden ihm gestellten Aufgaben, Luftangriff auf Midway und danach auf die Pazifikflotte, erfüllen konnte. Als er aber beide Aufgaben gleichzeitig erfüllen musste, war er dazu nicht mehr in der Lage.

Die schwer beschädigte, von ihrer Besatzung Hals über Kopf verlassene »Yorktown« zeigte über zwei Tage keine Anzeichen von Feuer an Bord. Erst auf Befehl kehrte der Kommandant mit einer 250 Mann starken Havariegruppe auf den Träger zurück. Sie stellten fest, dass es durchaus möglich war, das Schiff auszutrimmen und die Maschinen zu starten.

Die Kenntnis des japanischen Operationsplans versetzte die amerikanische Führung in die Lage, von Anfang an die Initiative zu behaupten. Die Ausnutzung des Überraschungsmomentes kompensierte zum großen Teil die Kräfteunterlegenheit. Aber auch auf amerikanischer Seite zeigte sich eine Reihe von Mängeln. Nach wie vor gelang es nicht, die Handlungen der Fliegergattungen zu koordinieren. Gerade dadurch traten unnötig hohe Verluste auf. Negativ wirkte sich ebenfalls aus, dass es nicht glückte, den Gegner ständig unter Kontrolle zu halten. Dadurch waren die angreifenden Fliegerkräfte oftmals gezwungen, ihn erst zu suchen.

Auch der Zeitpunkt des verheerenden Angriffs auf die Flugzeugträger trug zufälligen Charakter. Spruance schrieb später darüber: »[Viele] ... rechnen uns als Verdienst an, dass wir für den Angriff auf die japanischen Flugzeugträger den für diese ungünstigsten Zeitpunkt gewählt hatten, den Augenblick nämlich, wo die Decks mit aufgetankten, armierten und startbereiten Maschinen angefüllt waren. Das Lob ist unverdient.«

Die See-Luftschlacht bei Midway trug den Charakter eines Duells zwischen Fliegerkräften, das außerhalb der Sichtweite ihrer Basen ausgetragen wurde. Die operativen Verbände beider Seiten näherten sich höchstens bis auf 150 sm an. Eindeutig wurde bewiesen, dass das Zeitalter der Schlachtschiffe vorbei war. Der Flugzeugträger hatte sich den führenden Platz bei Kampfhandlungen in See und gegen Küstenobjekte erobert. Positiv wirkte sich auch der Einsatz von Funkmessanlagen auf den amerikanischen Trägern aus. Dadurch verfügten sie über einen Vorteil in der Ausmachentfernung des anfliegenden Luftgegners, der sich in mehr Zeit für die Organisation der Abwehr niederschlug. Dem hatten die Japaner nichts entgegenzusetzen.

Midway stellt den Wendepunkt des Krieges im Stillen Ozean dar. Die japanische Flotte war stark angeschlagen und verfügte nur noch über einen schweren und vier leichte einsatzfähige Flugzeugträger. Sechs befanden sich in Reparatur oder im Bau. Der Verlust an ausgebildeten Piloten konnte nie wieder wettgemacht werden.

Demgegenüber befanden sich die USA in einer weit günstigeren Lage. Unmittelbar nach der Schlacht verfügte sie allein im Pazifik über drei schwere einsatzfähige Flugzeugträger. 13 Angriffs- und 15 Geleitflugzeugträger befanden sich im Bau. Aufgrund ihres gewaltigen ökonomischen Potentials vergrößerten die USA ihren Rüstungsvorsprung immer mehr. Gestützt darauf ging die strategische Initiative im Stillen Ozean nach der See-Luft-Schlacht bei Midway allmählich in die Hände der Alliierten über. Japan konnte dieser Entwicklung auf die Dauer nur wenig entgegensetzen.

Die Jagd auf die »Bismarck«
(Mai 1941)

Der Versuch des deutschen Kaiserreiches, mit dem Ersten Weltkrieg (1914–1918) eine Neuaufteilung der Welt zu erzwingen, scheiterte vollständig. Aber trotz der totalen Niederlage hinterließ Deutschland eine nicht unbeträchtliche Konkursmasse. Von besonderem Wert war dabei die zumindest materiell-technisch noch intakte Flotte.

Durch den am 11. November 1918 abgeschlossenen und vorerst auf 36 Tage befristeten Waffenstillstand sicherten sich die alliierten Staaten die Auslieferung von zehn Linienschiffen, sechs Panzerkreuzern, acht kleinen Kreuzern und 50 Zerstörern der modernsten Type sowie aller U-Boote. Die anderen Schiffe sollten abgerüstet werden. Von den tatsächlich abgelieferten Kampfschiffen wurden

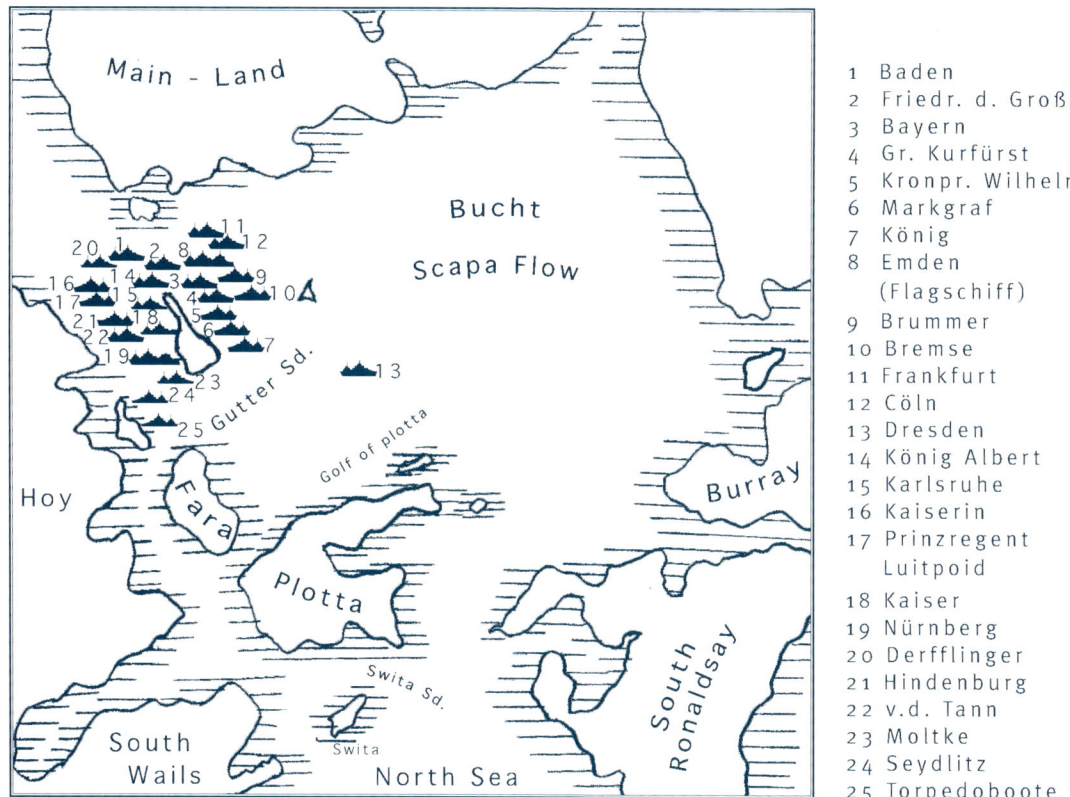

Lageplan der internierten deutschen Flotte in Scapa Flow

1 Baden
2 Friedr. d. Große
3 Bayern
4 Gr. Kurfürst
5 Kronpr. Wilhelm
6 Markgraf
7 König
8 Emden (Flagschiff)
9 Brummer
10 Bremse
11 Frankfurt
12 Cöln
13 Dresden
14 König Albert
15 Karlsruhe
16 Kaiserin
17 Prinzregent Luitpoid
18 Kaiser
19 Nürnberg
20 Derfflinger
21 Hindenburg
22 v.d. Tann
23 Moltke
24 Seydlitz
25 Torpedoboote

am Mittag des 21. Juni 1919 in einer spektakulären Aktion zehn Linienschiffe, fünf große Kreuzer, fünf kleine Kreuzer und 46 Torpedoboote in Scapa Flow von ihren Besatzungen versenkt. Ein Linienschiff, drei kleine Kreuzer und vier Torpedoboote konnten von ihren Besatzungen nicht zum Sinken gebracht werden.

Der acht Tage später unterzeichnete Versailler Vertrag beinhaltete im Teil V. Festlegungen über den Bestand und die zukünftige Entwicklung der deutschen Flotte. Hintergrund dieser Bestimmungen war das Bestreben, das maritime Machtinstrument des deutschen Rivalen so zu schwächen, dass es weder der britischen noch der französischen Flotte gefährlich werden konnte, aber immer noch so stark blieb, um in der Ostsee einen Machtfaktor darzustellen.

Deshalb wurden Deutschland sechs Linienschiffe, sechs Kreuzer, zwölf Zerstörer und zwölf Torpedoboote oder eine gleiche Anzahl von Ersatzschiffen zugebilligt. Ein generelles Verbot galt für U-Boote und Marineflugzeuge. Die Ausrüstung mit Waffen und Munition wurde begrenzt. Vorhandene Befestigungsanlagen auf Helgoland und an der nördlich davon gelegenen Nordseeküste sowie der deutschen Ostseeküste mussten bis auf die ungefähre Höhe von Kolberg geschleift, die weiter östlich befindlichen durften beibehalten werden. Damit sicherten sich die Alliierten den freien Zugang zur Ostsee und gleichzeitig ein Kräftepotential, das gegen Osten gerichtet war. Der Personalbestand der Marine durfte nicht mehr als 15.000 Mann betragen.

Der Versailler Vertrag war ein Gewaltfrieden und nicht dazu angetan, die alten Widersprüche aufzuheben. Im Gegenteil, er schuf neue. Reaktionäre aller Schattierungen nutzten die ablehnende Haltung des deutschen Volkes zu ihm aus, um eigene nationalistische Ziele zu propagieren und durchzusetzen. In einer solchen Atmosphäre sowie aufgrund der zunehmenden wirtschaftlichen Stärke Deutschlands, der Inkonsequenz der Alliierten und einer Reihe weiterer Faktoren war es Deutschland möglich, die Vertragsbestimmungen zu unterlaufen und im Geheimen gegen sie zu verstoßen.

Bereits unmittelbar nach der Unterzeichnung des Versailler Vertrages waren sich die führenden deutschen Marinekreise darüber einig, dass eine langfristige Konzeption zum Aufbau einer neuen

Die »Hessen«, eines der sechs Linienschiffe, die Deutschland laut Versailler Vertrag zugestanden wurden, im Jahre 1929. Obwohl relativ veraltet, diente sie gemeinsam mit den anderen Einheiten der Reichsmarine zur Ausbildung des Personalbestandes.

und starken Flotte geschaffen werden musste. Ausgangspunkt konnten die noch verbliebenen Flottenkräfte sein, die alle der damals üblichen Klassen von Überwasserkräften umfassten und damit gute Möglichkeiten zur Ausbildung und Modernisierung boten. Der Chef der am 26. März 1919 errichteten Admiralität, Vizeadmiral Trotha, schrieb bereits am 5. Oktober 1919 in diesem Sinne an Alfred von Tirpitz: »Alles, was jetzt zu entscheiden ist, sind Fragen, die unsere Zukunft bis in weite Ferne beeinflussen müssen.« Es kann der am 23. März 1921 gebildeten Reichsmarine nicht vorgeworfen werden, dass sie jemals diese Auffassung aus den Augen verloren hätte.

Zu lösen waren vorerst drei organisch miteinander verbundene Aufgaben. Es ging erstens um die Ausbildung der Besatzungen und Stäbe, zweitens um die Modernisierung der vorhandenen und die Beschaffung neuer Schiffe und Bewaffnung sowie drittens um die Ausarbeitung von Prinzipien des operativ-strategischen Einsatzes der Flotte.

Am leichtesten konnte die erste Aufgabe verwirklicht werden. Da Seeleute nur auf See heranzubilden sind, wurden ab 1922 die Flottenbesuche in ausländischen Häfen wieder aufgenommen. Am 30. April 1923 wurde das Segelschulschiff »Niobe« in Dienst gestellt und ab Januar 1924 mit Fernfahrten begonnen. Im Sommer 1923 nahm die Reichsmarine mit Kampfschiffen und umgebauten Kampfschiffen nautisch-hydrologische Untersuchungen auf, wobei bezeichnenderweise der Nordatlantik eine besondere Rolle spielte. Mehrere Weltreisen, ab Februar 1926 durchgeführt, bereicherten das Ausbildungsprogramm. Darüber hinaus nahmen Offiziere an Reisen von Handelsschiffen teil. Flottenmanöver und Verbandsübungen vervollständigten einerseits das Seeausbildungsprogramm und dienten andererseits der Überprüfung der in Kriegs- und Planspielen gewonnenen Ansichten.

Mit Beginn der 20er Jahre bot sich für die Reichsmarine die offizielle Möglichkeit des Neubaus von Kampfschiffen. Der Versailler Vertrag sah nämlich vor, dass Ersatzschiffe entweder nach Verlust eines Schiffes oder für Linienschiffe und Kreuzer 20 Jahre bzw. für Zerstörer und Torpedoboote 15 Jahre nach Stapellauf beschafft werden dürfen. Da die verbliebenen Kreuzer 1900 bis 1903 vom Stapel gelaufen waren, konnten Neubauten in Angriff genommen werden.

Das Panzerschiff »Deutschland«, unter der Bezeichnung »Panzerkreuzer A« in Bau gegeben und später in »Lützow« umgetauft, nahm an der Besetzung Norwegens teil. Von dort aus führte es erfolglose Angriffe gegen alliierte Geleitzüge durch. Ende Dezember 1943 nach Deutschland verlegt, verließ es die Ostsee nicht mehr. Am 16. April 1945 wurde es bei Stettin durch Bombentreffer versenkt und nach dem Krieg abgewrackt.

Als erstes neues Kampfschiff ging der Kreuzer »Emden« am 7. Januar 1925 ins Wasser. Bei seinem Bau wurden zur Gewichtseinsparung moderne Schweißverfahren angewendet. Gut ein Jahr später folgte mit der »Möwe« der erste Torpedobootsneubau. 1930 lagen die ersten Torpedoschnellboote auf Kiel. Als erstes deutsches Kampfschiff erhielt der im Mai 1928 vom Stapel gelaufene Kreuzer »Köln« neben Turbinen auch schnell laufende Dieselmotoren als Antriebsanlage. Vorläufiger Höhepunkt war der Stapellauf des Panzerschiffes »Deutschland« drei Jahre später.

Insgesamt übernahm die Reichsmarine von 1925 bis 1929 fünf Kreuzer und zwölf Torpedoboote. Da ihr Bau den neuesten Erkenntnissen folgte, übertrafen sie die vergleichbaren Kriegsschiffe der anderen Staaten an Geschwindigkeit, Aktionsradius und Bewaffnung.

Trugen diese Neubauten noch offiziellen Charakter, so mussten spezielle Gebiete der maritimen Rüstung im Geheimen betrieben werden. Die innenpolitische Situation und die Tätigkeit der Interalliierten Militärkontrollkommission, die mehr oder weniger aktiv bis Anfang Januar 1927 die Rüstung in Deutschland überwachte, ließen es in den ersten Jahren der Weimarer Republik nicht geraten erscheinen, verbotene Rüstungen im eigenen Land zu realisieren. Sie mussten in das Ausland verlegt werden. Bereits 1920 baute Japan nach deutschen Plänen und unter deutscher Anleitung U-Boote. Konstruktion, Bau sowie Erprobung von U-Booten und Torpedos wurden aber hauptsächlich nach Spanien und in die Niederlande verlagert.

Aufrüstung und Ausbildung haben natürlich nur dann einen Sinn, wenn sie auf den geplanten operativ-strategischen Einsatz der Flotte zugeschnitten sind. Und gerade darum entbrannten heiße Diskussionen.

Vorher aber galt es, die Seekriegsgeschichte aufzuarbeiten, wobei bis in das 17. Jahrhundert zurückgegangen wurde. Im Mittelpunkt stand naturgemäß der Erste Weltkrieg. Hier sammelte Deutschland erstmalig selbst nennenswerte Seekriegserfahrungen und die im Dienst befindlichen Einheiten hatten ebenso daran teilgenommen wie ein Großteil der Besatzungen.

Damit beim deutschen Volk die Bereitschaft zur maritimen Wiederaufrüstung geweckt wurde, überschwemmte eine Fülle von Abhandlungen über den Seekrieg den Büchermarkt. Die »Heldentaten der deutschen Männer« auf See wurden so dargestellt, dass sich der Leser fragen musste: Warum war Deutschland eigentlich nie eine richtige Seemacht geworden? Die Schlussfolgerung, das nächste Mal machen wir es besser, war rasch gezogen und gewollt. In der Fachpresse und auf dem Büchermarkt erschienen aber auch Arbeiten von ernst zu nehmenden Autoren. Dafür stehen solche Namen wie Groos, Wegener, Großmann, Gladisch u. a. Doch auch sie untersuchten den Ersten Weltkrieg fast nur unter dem Aspekt der Seekriegskunst, während Probleme der Politik und Militärpolitik wenig beachtet wurden. Ihre Schlussfolgerungen mussten deshalb meist einseitig und tendenziös bleiben.

Trotz der relativen Begrenztheit der Ansichten entwickelten sich generell gesehen zwei Auffassungen über den zukünftigen Seekrieg. Die eine ging davon aus, dass die Generalschlacht zwischen zwei Flotten nach wie vor nichts an ihrer Bedeutung verloren hat. Die zweite schlussfolgerte, dass, um einen Sieg zu erringen, der Gegner von seinen Zufuhren abzuschneiden und so ökonomisch zu erdrosseln sei.

Über beide Ansichten wurden bis zum Beginn des Zweiten Weltkrieges erbitterte Auseinandersetzungen geführt. Die technische Entwicklung begünstigte jedoch mehr und mehr die Durchsetzung der zweiten Auffassung. Entscheidend dabei war die immer bessere Vervollkommnung des Dieselmotors, der die Schiffe von einer Bekohlung wie zur Zeit der Seeschlacht von Tsushima unabhängig machte. Mit diesem Motor konnten Schiffe Fahrtstrecken von 15.000 bis 20.000 sm erreichen und längere Zeit, von Basen unabhängig, auf hoher See handeln. Nachteile, die sich aus der geographischen Lage Deutschlands ergaben, kompensierten sich dadurch wenigstens teilweise.

Der Neubau von Kampfschiffen stand von nun an unter der Losung: »Schneller als alles, was stärker ist und stärker als alles, was schneller ist.« Trotz aller Probleme gelang es, dieses Motto für das Einzelschiff relativ gut zu verwirklichen.

Produkt dieser Überlegungen war das Panzerschiff. Als bekanntester und erster Vertreter dieser Klasse muss das Panzerschiff »Deutschland« genannt werden. Es lief trotz großen Widerstandes in der Bevölkerung am 19. Mai 1931 vom Stapel. Mit seiner Typverdrängung von 11.700 t und sechs 28-cm-Geschützen in Drillingstürmen verstieß es eindeutig gegen die Bestimmungen des Versailler Vertrages. Seine Fahrtstrecke von 21.500 sm bei 19 kn und die Maximalgeschwindigkeit von 26 kn prädestinierten es eindeutig für den Handelskrieg in außereuropäischen Gewässern.

In den Jahren 1930/31 ließ die deutsche Marineführung drei Studien anfertigen. Während sich die ersten beiden mit dem Einsatz der Reichsmarine gegen Frankreich bzw. gegen Polen beschäftigten, untersuchte die dritte Probleme des Handelskrieges. Damit entstand erstmals ein operativ-strategisches Dokument, das den Einsatz der neuen Panzerschiffe, die allerdings noch nicht fertig gestellt waren, beim Schutz der eigenen und bei der Störung der gegnerischen Seeverbindungen untersuchte. Als Taktik kristallisierte sich, auch international gesehen, die so genannte Kampfgruppentaktik heraus. Dabei sollten mehrere schlagkräftige Einheiten gemeinsam offensiv operieren. Durch Übungen überprüft, prägte dieses Dokument wesentlich die Ansichten über den zukünftigen Handelskrieg.

Das Schlachtschiff »Scharnhorst« wurde 1934 in Bau gegeben. Obwohl der Versailler Vertrag eine Höchsttonnage von 10.000 ts festlegte, war von vornherein eine Standardverdrängung von 26.000 ts geplant. Tatsächlich wurde eine Maximalverdrängung von 32.000 ts und nach einigen Umbauten sogar von 38.900 ts erreicht. Um die Vertragsverletzungen zu verschleiern, befahl Hitler offiziell nur von »verbesserten 10.000 Tonnen« zu sprechen und die Geschwindigkeit mit 26 kn anzugeben, obwohl das Schiff 31,5 kn lief.

Zur praktischen Realisierung dieser Vorstellungen bedurfte es allerdings noch gewaltiger Rüstungsanstrengungen.

Mit der demagogischen Behauptung, Arbeitsplätze zu schaffen, gelang es im November 1932, die Mittel für den sogenannten Umbauplan, dem bis dahin umfangreichsten Rüstungsvorhaben der Marine, zu bekommen. Die damit anvisierte Flotte sollte aus einem Flugzeugträger, sechs Linien- oder Panzerschiffen, sechs Kreuzern, sechs Zerstörer- bzw. Torpedoboot-Halbflottillen, drei U-Boot-Halbflottillen, einem Segelschulschiff und einem Sperrverband bestehen. Der Bau von U-Booten sowie die Bildung einer Marineluftwaffe wurden ausdrücklich als vordringlich bezeichnet. Die Realisierung dieses Programms sollte bis 1938 abgeschlossen sein.

Hitler übernahm eine Marine, die, gemessen an den Flotten der großen Seemächte, zwar klein, dafür aber durchweg modern war. Gegenüber der Reichswehr besaß sie einen unbestreitbaren Vorsprung im Modernisierungsgrad.

Entsprechend ihrer strategischen Zielstellung forcierten die Faschisten hauptsächlich die Aufrüstung des Heeres und der Luftwaffe. Die Marine musste sich vorläufig mit dem begnügen, was übrig blieb. Admiral Raeder, seit 1928 Chef der Marineleitung, war klar, dass dieses Problem nicht so schnell zu lösen war und machte für alle Fälle höhere finanzielle Forderungen geltend.

Viel Grund zum Klagen hatte er allerdings nicht, denn die maritime Aufrüstung entwickelte sich trotz allem zügig. Allein 1933 wurden die Gelder für ein Panzerschiff, einen Kreuzer, acht Flottenbegleiter, sieben TS-Boote, acht Minenräumboote und kleinere Einheiten bewilligt. Darüber hinaus begann der Bau eines 30.000 t Schwimmdocks für Schlachtschiffe. 1934 erhielt die Marine bereits 487 Millionen RM und 1935 sogar 650 Millionen RM.

Mit der weiteren Entwicklung wurden den nationalsozialistischen Machthabern die Grenzen, die ihnen die internationalen Verträge bei der Aufrüstung auferlegten, zu eng. Sie fühlten sich, besonders bei der Flottenrüstung, schon lange nicht mehr an sie gebunden. Ihnen kam es jetzt darauf an, diese Grenzen offiziell soweit wie möglich nach oben zu verlagern. Das Jahr 1935 sollte den Durchbruch bringen. Neben der Einführung der Wehrpflicht ging es dabei besonders um die Flottenrüstung.

Durch das am 18. Juni 1935 unterzeichnete deutsch-britische Flottenabkommen erhielt Nazi-Deutschland die Möglichkeit, 35 Prozent der Gesamttonnage des Britischen Commonwealth zu unterhalten. Bei den U-Booten, die vorher überhaupt nicht im Besitz sein durften, wurde sogar ein Verhältnis von 1:1 festgelegt.

Das Britische Commonwealth hatte zu diesem Zeitpunkt eine Kriegsflotte von ca. 1,2 Millionen Tonnen, Deutschland eine von 78.600 Tonnen. Da es aber nun 420.000 Tonnen besitzen durfte, ergab sich eine freie Kapazität von 431.000 Tonnen.

Dieser Vertrag hatte primär eine antisowjetische Stoßrichtung, verärgerte aber auch Frankreich. Plötzlich durfte Deutschland, international abgesichert, die gleiche Flottenstärke wie sein westlicher Nachbar unterhalten. Raeder war mehr als zufrieden. »Einen wesentlich größeren Rahmen, als das Abkommen erlaubt, wäre etwa im nächsten Jahrzehnt kaum auszufüllen gewesen«, erläuterte er am 15. Juli 1935, im Hinblick auf die deutschen wirtschaftlichen Möglichkeiten, seinen Offizieren.

In der Marineführung festigte sich die Auffassung über eine Kriegführung auf dem Atlantik. Die im Sommer 1938 ausgearbeitete Studie »Seekriegführung gegen England« bezeichnete eindeutig die Seeverbindungen als den verwundbarsten Punkt Großbritanniens.

Diesem Gedanken folgte auch der im Januar 1939 bestätigte »Z-Plan«, der ursprünglich bis 1948 realisiert werden sollte. Hitler forderte aber seine Verwirklichung in sechs Jahren. Für insgesamt 33 Milliarden RM war der Bau von etwa 800 Einheiten geplant. Darunter befanden sich zehn Großkampfschiffe und Schlachtkreuzer, 15 Panzerschiffe, vier Flugzeugträger sowie fünf schwere Kreuzer. Die konsequente Durchsetzung des Dieselantriebes sollte den Atlantikeinsatz sichern.

Der »Z-Plan« war maßlos wie fast alle Pläne der deutschen Faschisten. In der Praxis kam dann auch kein einziges größeres Schiff, das im Rahmen dieses Planes auf Kiel gelegt wurde, zum Einsatz.

Mit dem Überfall auf Polen begann am 1. September der Zweite Weltkrieg. England und Frankreich erklärten zwei Tage später Deutschland den Krieg.

Trotz aller weit gesteckten Pläne war die deutsche Kriegsmarine nicht kriegsbereit. Ihr Oberbefehlshaber, Großadmiral Raeder, musste einschätzen, dass »die deutsche Marine nicht viel mehr tun könne, als kämpfend und in Ehre unterzugehen.«

Diese Äußerung kam nicht von ungefähr, denn das Kräfteverhältnis war für Deutschland äußerst ungünstig, wie eine Statistik vom 3. September 1939 zeigt:

Eine Arado 196 geht neben der »Graf Spee« nieder. Für die drei mitgeführten Flugzeuge stand allerdings nur ein Startkatapult zur Verfügung. Da die Maschinen wassern und anschließend von einem Kran an Bord gehievt werden mussten, war ihr Einsatz äußerst beschränkt und nur bei geringem Seegang möglich. Darüber hinaus trat eine Gefährdung des vor Stopp liegenden Schiffes auf. Deshalb wurde der Bestand an Bordflugzeugen immer mehr verringert. Von einigen Schiffen verschwanden sie vollständig.

	Deutschland		Großbritannien		Frankreich	
	fertig	im Bau	fertig	im Bau	fertig	im Bau
Schlachtschiffe	2	4	15	7	7	3
Panzerschiffe	3	0	0	0	0	0
Flugzeugträger	0	2	6	6	1	2
Schwere Kreuzer	1	5	15	0	7	
Leichte Kreuzer						3
Zerstörer und Torpedoboote	32	26	184	38	71	30
U-Boote	57	40	58	24	77	14

Bereits am 4. August 1939, also fast einen Monat vor Kriegsausbruch, wurde in einem Operationsbefehl der deutschen Seekriegsleitung befohlen, die feindlichen Seeverbindungen zu unterbrechen und den Handelsverkehr mit allen Mitteln zu bekämpfen. Der Kampf mit den gegnerischen Seestreitkräften sollte nur dann geführt werden, wenn es für den Handelskrieg notwendig war.

Die Zielrichtung der Kampfhandlungen war damit nochmals eindeutig präzisiert. Dementsprechend liefen auch bereits vor Beginn der Feindseligkeiten die ersten schweren Überwassereinheiten zum Handelskrieg aus.

Um sie mit den notwendigen Gütern wie Treibstoff, Wasser, Proviant, Munition, Ersatzteile usw. zu versorgen, war es aufgrund der fehlenden Stützpunkte notwendig, ein kompliziertes Versorgungssystem auf hoher See zu organisieren. Bemerkenswerterweise wurde deshalb bereits 1936 eine Serie von Tross-Schiffen zur Erfüllung dieser Aufgabe in Auftrag geben. Hierbei handelt es sich um die »Altmark«, »Ermland«, »Dithmarschen« und »Westerwald«, die eine Maximalverdrängung von 22.500 t und eine Geschwindigkeit von 21 kn erreichten. Weitere speziell gebaute oder umgebaute Schiffe kamen hinzu.

Es liegt auf der Hand, dass dieses Versorgungssystem die Achillesferse des Kreuzerkrieges war, mussten doch die Versorger die Blockade beim Aus- und Einlaufen durchbrechen, mit dem Zielschiff Kontakt aufnehmen sowie sich mit ihm treffen und im Falle eines Falles allein verteidigen.

Der Kreuzerkrieg wurde durch die Panzerschiffe »Admiral Graf Spee« und »Deutschland« eröffnet. Als Erfolg kann dieser Einsatz nicht bezeichnet werden. Die »Deutschland«, nach dem Einlaufen in »Lützow« umbenannt, versenkte ganze zwei Schiffe mit zusammen 6.962 BRT.

Das Panzerschiff »Admiral Graf Spee«, ein Schwesterschiff der »Deutschland« und der »Admiral Scheer«, wurde am 6. Januar 1936 in Dienst gestellt und beteiligte sich aktiv an der Blockade der Spanischen Republik. Im Zweiten Weltkrieg war ihr erstes Opfer der englische Dampfer »Clement«. Die daraufhin alarmierte britische Admiralität setzte sechs Flugzeugträger, zwei Schlachtschiffe, vier Schlachtkreuzer, zehn schwere und fünf leichte Kreuzer zur Jagd auf das Schiff ein. Am 13. Dezember 1939, nachdem die »Spee« neun Schiffe mit insgesamt 50.081 BRT versenkt hatte, wurde sie vom schweren Kreuzer »Exeter« sowie vom leichten Kreuzer »Ajax« gestellt und zum Kampf gezwungen. Schwer beschädigt und mit dezimierten Munitionsbeständen, lief das Panzerschiff in der Nacht vom 13. zum 14. Montevideo an. Nachdem die Aufenthaltsgenehmigung von 72 Stunden abgelaufen war, sprengte die Besatzung das Schiff in der La Plata Mündung. Die aufgrund der Suchaktion aufgebrachten deutschen Frachter übertrafen die Tonnageerfolge der »Spee« bei weitem, so dass ihr Einsatz auch von diesem Gesichtspunkt aus kein Erfolg war.

Bis Ende März 1941 kam es zu neun Einsätzen von schweren Überwassereinheiten, woran die Schlachtschiffe »Scharnhorst« und »Gneisenau« zweimal beteiligt waren. In diesen Einsätzen wurden 685 Einsatztage erreicht und 69 Schiffe mit 345.985 BRT versenkt bzw. aufgebracht. Das ergab pro Kriegstag für den Gegner einen Verlust von 603 BRT. Wird berücksichtigt, dass es sich hierbei um Schiffstonnage und nicht um effektive Ladung handelt, fällt das Ergebnis noch magerer aus. Demgegenüber erreichten die U-Boote bis zu diesem Zeitpunkt im Durchschnitt ein tägliches

Das Schlachtschiff »Bismarck«, von 1936 bis 1940 bei Blohm & Voss in Hamburg gebaut, hier auf seiner ersten Probefahrt von achtern gesehen, hatte eine Länge von 251 m, eine Breite von 36 m und einen Tiefgang von 10,2 m. 150.000 Wellen-PS verliehen ihm eine Geschwindigkeit von 30,1 kn. Das Schlachtschiff hatte bei einer Geschwindigkeit von 16 kn eine Reichweite von 9.280 sm.

Versenkungsergebnis von 5.558 BRT, also fast das Zehnfache. Auch die Luftwaffe versenkte 2,5-mal so viel Schiffsraum, und selbst durch den Mineneinsatz konnte das 2,4-Fache erreicht werden. Die Handelskreuzer brachten es auf das 1,4-Fache. Selbst wohlmeinende Beobachter mussten zu dem Schluss kommen, dass der Einsatz von schweren Überwassereinheiten so ineffektiv war, dass er als gescheitert angesehen werden konnte. Dieses Argument ist auch nicht mit dem Hinweis auf den erfolgreichen Einsatz einzelner Einheiten zu entkräften, denn letztlich ging es um eine permanente Einwirkung auf die gegnerischen Seetransporte, und dazu waren die deutschen schweren Über- wassereinheiten aufgrund ihrer Anzahl, der komplizierten Anmarschwege und der sich ständig ver- stärkenden Gegenwehr nicht in der Lage.

Die nationalsozialistische Führung und die Seekriegsleitung dachten anders. In seiner Weisung Nr. 23 vom 6. Februar 1941 unterstrich Hitler: »Ziel der weiteren Kriegführung gegen das englische Mutterland muß es ... sein, alle Mittel des See- und Luftkrieges in der Bekämpfung der feindlichen Zufuhr zusammenzufassen.« In seinem Vortrag vor Hitler am 20. April 1941 sekundierte Raeder und bezeichnete als Schwerpunkt der Seekriegführung den Kreuzerkrieg in außerheimischen Gewäs- sern. In diesem Sinne liefen auch die Vorbereitungen für das Unternehmen »Rheinübung« an.

Der ursprüngliche Plan sah vor, das Schlachtschiff »Bismarck« und den schweren Kreuzer »Prinz Eugen« gemeinsam mit den am 23. März in Brest eingelaufenen Schlachtschiffen »Scharnhorst« und »Gneisenau« im Zusammenwirken mit U-Booten im Atlantik gegen die britischen Seetransportmittel handeln zu lassen. Damit wäre die bisher größte Kampfschiffgruppierung zur Erfüllung dieser Aufgabe zum Einsatz gelangt. Ein kurzfristig nicht zu behebender Maschinenschaden auf der »Scharnhorst« und ein Lufttorpedotreffer vom 6. August auf der »Gneisenau« sowie vier Bomben- treffer, wenige Tage später erzielt, machten diese Absicht zunichte.

Das Panzerschiff »Admiral Graf Spee«

Die »Bismarck« in norwegischen Gewässern unmittelbar vor ihrem Durchbruch in den Atlantik, von »Prinz Eugen« aus aufgenommen

Obwohl der ab 18. Juni 1940 amtierende Flottenchef, Vizeadmiral Lütjens (1889–1941), von diesem nun zur Einzelaktion gewordenen Unternehmen abriet, bestand Raeder auf seiner Durchführung. Er ging davon aus, dass sich die gegnerische Abwehr ständig verbessere und dass der Kriegseintritt der USA vermutlich immer näher rücke. Aus diesen Gründen kam auch eine gemeinsame Aktion mit dem Schlachtschiff »Tirpitz«, dessen Fertigstellung für den Spätherbst oder gar Winter 1941/42 erwartet wurde, nicht in Frage.

Ein Minentreffer auf der »Prinz Eugen« zwang schließlich zur Verschiebung dieser Aktion auf Mitte Mai.

Der Operationsplan des Unternehmens »Rheinübung« sah nun vor, die Schiffe durch den Großen Belt und die Nordsee in den Nordatlantik zu überführen, dort den Handelskrieg aufzunehmen und danach, entsprechend der Lageentwicklung, in Westfrankreich oder Deutschland einlaufen zu lassen. Zum Befehlshaber wurde Vizeadmiral Lütjens befohlen.

Um die Handlungen der Kampfgruppe sicherzustellen, entfalteten einige Tage vor ihrem Auslaufen zwei Tross-Schiffe und fünf Tanker in die Nordsee und im Nordatlantik. Zwei Aufklärungsschiffe bezogen im Zentralatlantik Beobachtungspositionen. Vier U-Boote, mit der Hauptaufgabe Aufklärungsangaben zu übermitteln, liefen ebenfalls rechtzeitig aus. Die Möglichkeiten zur Luftdeckung und –aufklärung waren beschränkt und in entfernten Seegebieten gleich Null.

Am Abend des 18. Mai verließen »Bismarck« und »Prinz Eugen« Gotenhafen. Noch in der Ostsee schlossen die Zerstörer »Eckhold«, »Z-23« und »Lody«, die Sperrbrecher »13« und »31« sowie einige Minensuchboote zur Minen-, Luft- und U-Boot-Abwehr auf. Gegen Mittag des nächsten Tages

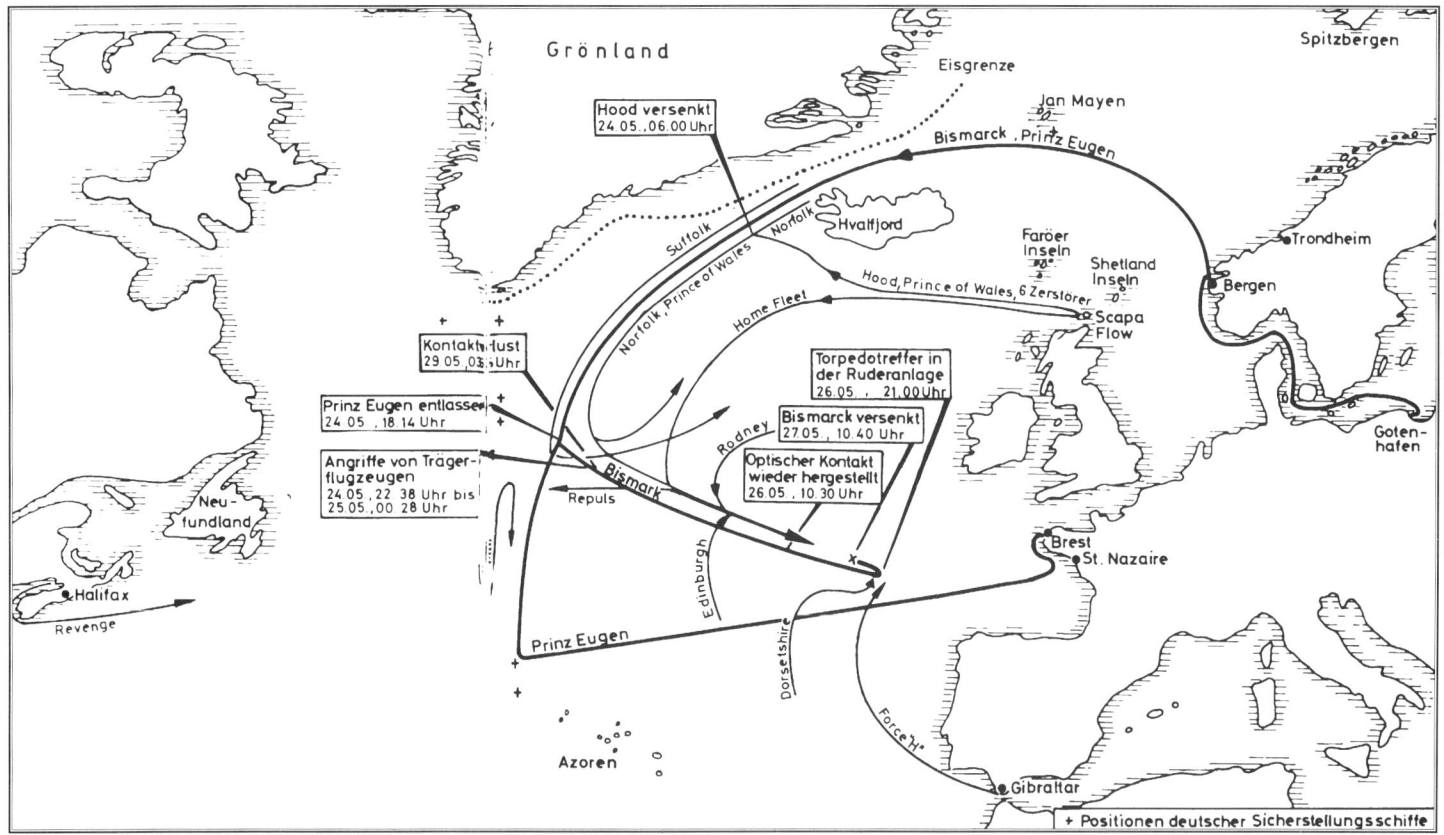

Operation »Rheinübung«
(18. bis 27. Mai 1941)

Labels within the map:

Grönland

Spitzbergen

Eisgrenze

Jan Mayen

Hood versenkt
24.05., 06.00 Uhr

Bismarck , Prinz Eugen

Trondheim

Suffolk

Norfolk

Hvalfjord

Faröer
Inseln

Shetland
Inseln

Bergen

Norfolk, Prince of Wales

Hood, Prince of Wales, 6 Zerstörer

Home Fleet

Scapa
Flow

Kontaktverlust
29.05., 03.5 Uhr

Torpedotreffer in
der Ruderanlage
26.05. , 21.00 Uhr

Prinz Eugen entlassen
24.05 .18.14 Uhr

Bismarck versenkt
27.05 . 10.40 Uhr

Rodney

Angriffe von Träger-
flugzeugen
24.05 ,22.38 Uhr bis
25.05 ,00.28 Uhr

Optischer Kontakt
wieder hergestellt
26.05. 10.30 Uhr

Gotenhafen

Neufundland

Bismark

Repuls

Edinburgh

Brest
St. Nazaire

Halifax

Revenge

Dorsetshire

Prinz Eugen

Force "H"

Azoren

Gibraltar

+ Positionen deutscher Sicherstellungsschiffe

sichtete der schwedische Kreuzer »Gotland« den Verband. Seine Meldung erreichte die britische Admiralität. Am 21., der deutsche Verband lag im Korsfjord bei Bergen zur Brennstoffergänzung, setzte eine rege Luftaufklärung des britische Coastal Command ein. Die deutsche Luftaufklärung vom Vortage ergab, dass sich das Gros der Home Fleet in Scapa Flow aufhielt.

Am 21. Mai, gegen 23.00 Uhr, verließ die deutsche Kampfgruppe mit Kurs Trondheim die Liegeplätze. Nicht zu spät, denn dadurch entzogen sich die Schiffe einem für diese Nacht gegen sie geplanten Luftangriff.

Aber das blieb nicht die einzige britische Aktivität. Der Oberbefehlshaber der Home Fleet, Flottenadmiral Sir John Tovey, begann die Verfolgung zu organisieren.

Laut Plan kontrollierte der schwere Kreuzer »Suffolk« die Dänemarkstraße sowie die leichten Kreuzer »Arethusa«, »Birmingham« und »Manchester« die Enge zwischen Island und den Farör-Inseln. Der schwere Kreuzer »Norfolk« war unterwegs, um die »Suffolk« abzulösen. Da nicht klar war, welchen Weg die Bismarckgruppierung nehmen würde, liefen am 22. Mai der Schlachtkreuzer »Hood«, das nagelneue Schlachtschiff »Prince of Wales« sowie sechs Zerstörer in Richtung Hvalford aus, denn von hieraus war eine Unterstützung beider Bewachungsgruppierungen am besten möglich.

Zusätzlich machte in Scapa Flow das Schlachtschiff »King Georg V.«, der Schlachtkreuzer »Repulse«, der Flugzeugträger »Victorious«, die leichten Kreuzer »Galatea«, »Aurora«, »Kenya« und »Neptune«, der Flakkreuzer »Hermione« sowie fünf Zerstörer seeklar. Für den Fall eines Falles lag in Gibraltar die Force »H« mit dem Schlachtkreuzer »Renown«, dem Flugzeugträger »Ark Royal« und dem leichten Kreuzer »Sheffield« bereit. In Halifax befand sich das Schlachtschiff »Revenge«. Auch die im Nordatlantik Geleitzüge deckenden Schlachtschiffe »Rodney« und »Ramillies« konnten, falls notwendig, zur Verhinderung des Durchbruchs der deutschen Gruppierung herangezogen werden.

Unterdessen entließ Lütjens auf der Höhe von Trondheim seine Sicherungskräfte und steuerte mit einer Marschfahrt von 24 bis 27 kn die Dänemarkstraße an. Er wollte den sofortigen Durchbruch wagen, denn das Wetter war ausgesprochen günstig. Regen, Schneefall und schlechte Sicht, zeitweilig bis auf 200 m heruntergehend, waren seine Verbündeten.

Die »Bismarck« beschießt am 25.5.1941 die »Hood«. Diese Aufnahme wurde von Bord der »Prinz Eugen« aus gemacht.

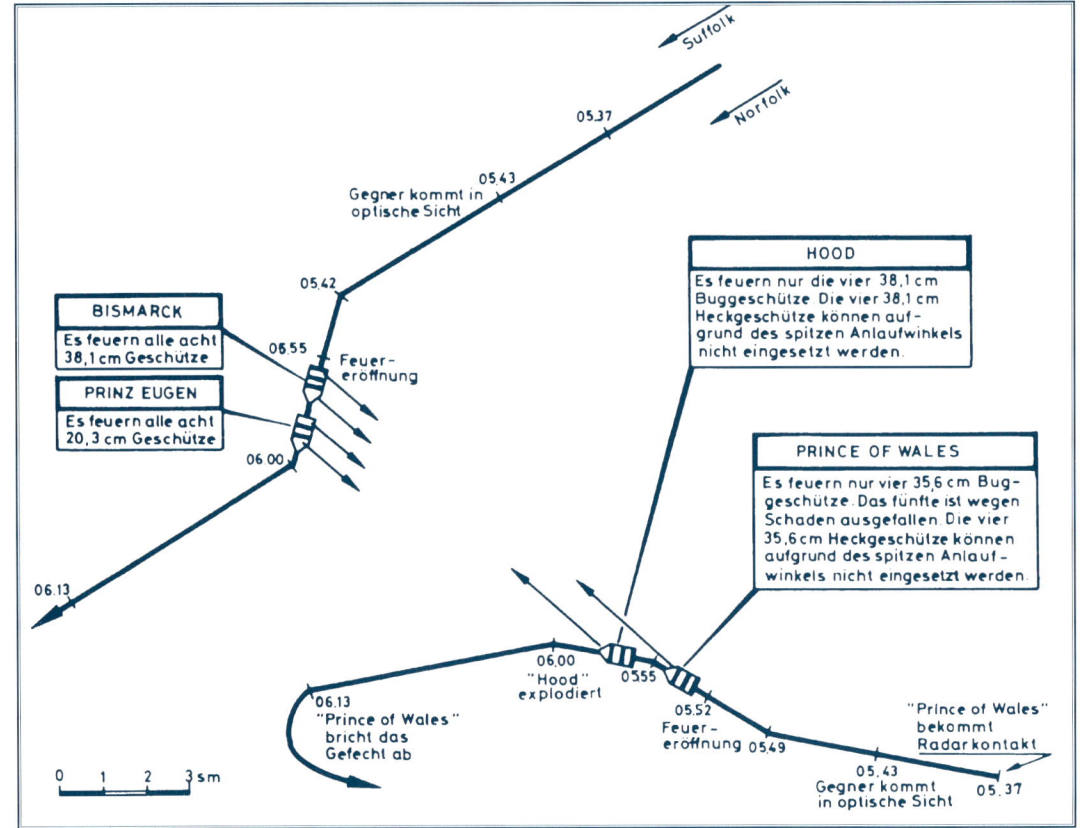

Die Vernichtung des britischen Schlachtkreuzers »Hood« am 24. Mai 1941

Der Schlachtkreuzer »Hood« war zu Beginn des Zweiten Weltkrieges das größte Kriegsschiff der Welt. Im November 1939 und im März 1941 beteiligte sich die »Hood« an der vergeblichen Suche nach der »Scharnhorst« und »Gneisenau«. Als Flaggschiff der Force »H« beschoss der Schlachtkreuzer am 3. Juli 1940 gemeinsam mit anderen britischen Einheiten ein französisches Geschwader in Mers-el-Kebir. Um eine Geschwindigkeit von über 30 kn zu erreichen, wurde die Deckpanzerung erheblich reduziert, was höchstwahrscheinlich ursächlich zur Vernichtung des Schiffes führte. Die durchgeschlagenen Granaten riefen vermutlich eine Explosion der achteren Munitionskammer hervor.

Flottenadmiral Sir John Tovey lehnte die Forderung Churchills ab, die Kommandanten der »Prince of Wales« und »Norfolk«, da sie nach der Versenkung der »Hood« die »Bismarck« nicht allein angriffen, vor ein Kriegsgericht zu stellen.

Am 23. Mai, gegen Mittag, kam die Eisgrenze in Sicht. Um 19.22 Uhr machte die »Bismarck« Backbord voraus in einer Entfernung von 60 kbl einen Schatten aus. Die »Suffolk« hatte den Kontakt hergestellt. Eine Stunde später war auch die »Norfolk« heran.

Einige Salven der »Bismarck« vertrieben zwar die unangenehmen Aufklärer aus der unmittelbaren Nähe, aber es gelang weder den Radarkontakt zu unterbrechen noch die Informierung der britischen Kräfte zu verhindern.

Die »Hood« und die »Prince of Wales« liefen mit 27 kn und Sammelkurs auf die beiden deutschen Schiffe. Als Zeitpunkt der Gefechtsberührung wurde der 24. Mai, 1.40 Uhr berechnet. Der Schlachtkreuzer und das Schlachtschiff sollten ihr Feuer auf die »Bismarck« und die beiden schweren Kreuzer auf die »Prinz Eugen« konzentrieren. Eine doppelte Überlegenheit war damit gesichert. Vizeadmiral Holland, der Befehlshaber des britischen Verbandes, ahnte nicht, dass Lütjens einen Formationswechsel vorgenommen hatte und damit die »Prinz Eugen« den Verband anführte. Um 5.37 Uhr bekam die »Prince of Wales« zur deutschen Gruppierung in einer Entfernung von 17 sm Radarkontakt. Die britischen Schiffe liefen in einem spitzen Winkel auf die deutsche Kiellinie zu, weil die Entfernung in kürzester Zeit auf 12.000 m verringert werden sollte. Dadurch hätten die deutschen Granaten nur den starken Seitenpanzer getroffen. Bei einer größeren Schussdistanz wäre der viel zu schwache Deckpanzer der »Hood« unter Beschuss geraten. Dafür musste in Kauf genommen werden, dass die achteren Türme vorläufig nicht zum Einsatz kommen konnten.

Um 5.52 Uhr eröffnete die »Hood« entgegen der vorherigen Planung bereits aus einer Entfernung von 24.230 m das Feuer. »Prince of Wales« folgte eine halbe Minute später. Ziel war die »Bismarck«, deren Position im letzten Moment richtig erkannt wurde. Da die Entfernung für die »Suffolk« und »Norfolk« zum Eingreifen noch zu groß war, nahmen sie nicht am Gefecht teil.

»Bismarck« und »Prinz Eugen« antworteten um 5.55 Uhr. Ziel war die »Hood«. Die erste Salve lag zu kurz, die zweite zu weit, die dritte deckend. Der deutsche schwere Kreuzer erzielte eine nicht mehr rekonstruierbare Anzahl von Treffern. Um 6.00 Uhr lag auch die fünfte Salve der »Bismarck« deckend. In der Nähe des Großmastes der »Hood« schoss eine Stichflamme empor. Die nachfolgende Explosion zerriss den Stolz der britischen Flotte in zwei Teile. Von den 1.418 Mann Besatzung überlebten nur drei. Die folgende Salve brachte der »Prince of Wales« sieben Treffer ein. Um 6.13 Uhr brach sie das Gefecht ab und beschattete gemeinsam mit der »Suffolk« und »Norfolk« den Verband aus sicherer Entfernung weiter.

Aber auch die »Bismarck«, die bisher 93 Granaten der schweren Artillerie verschossen hatte, kam nicht ungeschoren davon. Von drei Treffern zerstörte einer zwei Brennstofftanks. Selbst ein Schiff, das Stunden später den Kurs des Schlachtschiffes achtern kreuzte, musste die entstandene Ölspur sehen und brauchte ihr nur zu folgen. An gedeckte Handlungen, zumal durch die Treffer auch noch ein Geschwindigkeitsverlust eintrat, war nun nicht mehr zu denken.

Lütjens entschloss sich deshalb um 8.00 Uhr zum Abbruch des Unternehmens und zum Ablaufen nach St. Nazaire, dem einzigen Hafen, der ein Trockendock zur Reparatur der »Bismarck« besaß.

In der Zwischenzeit sammelte Tovey die verbliebenen Kräfte der Home Fleet. »King Georg V.«, »Repulse«, »Victorious«, vier Kreuzer und neun Zerstörer standen von der »Bismarck« 330 sm in SO, »Rodney«, »Ramillies« und drei Zerstörer verließen ihr Geleit, der leichte Kreuzer »Edinburgh« schloss heran, und die »Revenge« lief aus Halifax aus. Die Force »H« mit »Renown«, »Ark Royal« und »Sheffield« verließ Gibraltar. Der schwere Kreuzer »Dorsetshire« und fünf Zerstörer wurden von ihren Geleitzügen abberufen.

Vizeadmiral Günther Lütjens rückte nicht nur wegen seiner Fähigkeiten schnell die Stufenleiter nach oben. Seit 1937 Führer der Torpedoboote wurde er bereits 1939 Befehlshaber der Aufklärungsstreitkräfte. Von November 1940 bis März 1941 führte er, nun schon Flottenchef, die Schlachtschiffe »Scharnhorst« und »Gneisenau« bei ihren Einsätzen im Nordatlantik.

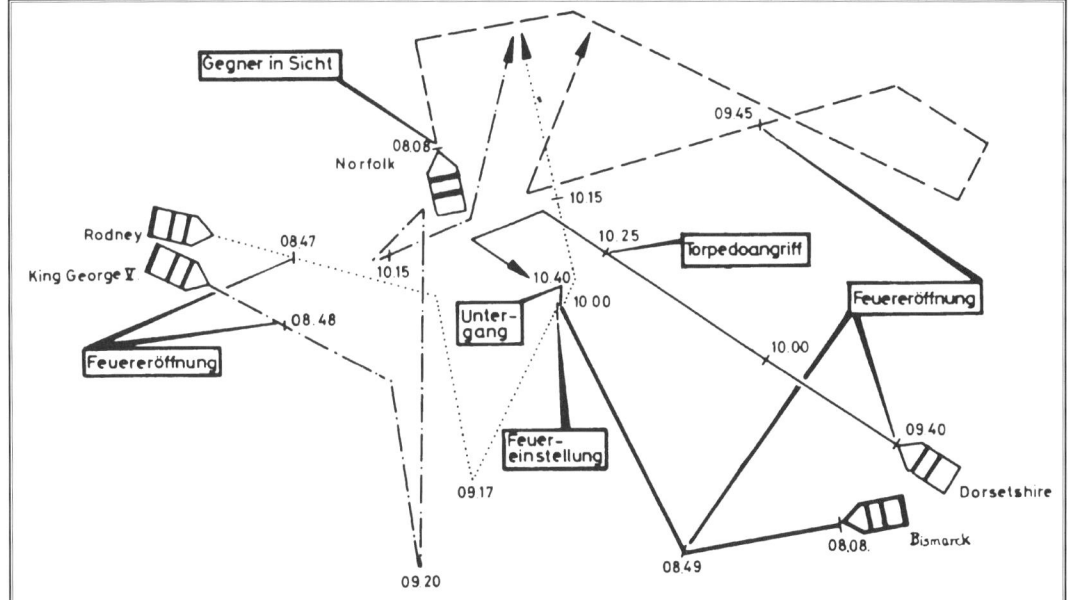

Die Vernichtung des deutschen Schlachtschiffes »Bismarck« am 27. Mai 1941

Indes bewegte sich Lütjens mit seinem Verband weiter nach Süden. Ein Absetzen von den Verfolgern schien bei Tageslicht aussichtslos. Erst 18.14 Uhr trennte sich »Prinz Eugen« vom Führerschiff und verschwand in den Weiten des Atlantiks. Zehn Tage später lief sie unbeschädigt, aber auch ohne Gefechtserfolge in Brest ein.

Noch war das Netz nicht so eng geknüpft, um ein Entkommen der »Bismarck«, die nur noch 20 kn laufen konnte, zu verhindern. Tovey entschloss sich deshalb, durch einen Luftangriff die Geschwindigkeit des Schlachtschiffes weiter herabzusetzen. Der erste Angriff durch Flugzeuge der »Victorious« konnte gegen 22.38 Uhr abgeschlagen werden. Der zweite vom 25. Mai 0.28 Uhr führte zu einem Torpedotreffer, der aber keinen Schaden anrichtete.

Gegen 3.06 Uhr verloren die britischen Fühlungshalter den Kontakt zur »Bismarck« und konnten ihn trotz aller Bemühungen nicht mehr herstellen. Die britische Führung organisierte nun eine hektische und vorerst erfolglose Suche.

Lütjens, der von alledem nichts ahnte, setzte gegen 7.00 Uhr einen Funkspruch ab. Britische Peilstationen fingen ihn auf und ermittelten die richtige Peilung. Ein Navigationsoffizier wertete sie falsch aus und trug die Position zu weit nördlich ein. Daraufhin kam Tovey zu dem Schluss, dass Lütjens auf die Straße zwischen Island und den Farör-Inseln zuhielt. Die Suche verlagerte sich kurzzeitig nach NO und musste erfolglos bleiben, da die »Bismarck« in Richtung St. Nazaire dampfte.

Erst am 26. Mai um 10.30 Uhr wurde sie rund 700 sm westlich von Brest mit Südostkurs durch ein Catalina-Flugboot des Coastal Command wieder gesichtet. Jetzt war Eile geboten, denn das Schlachtschiff näherte sich dem Handlungsgebiet der deutschen Luftwaffe. Zudem verknappte sich bei einigen Kampfschiffen der Treibstoff, und der Wind nahm zu. Ein Großteil der Einheiten stand in einer so ungünstigen Position, dass sie die »Bismarck« nicht mehr erreichen konnten. Effektiv war nur noch die Force »H« einsetzbar. Sofort starteten Swordfish-Flugzeuge der »Ark Royal«, um den Kontakt herzustellen. Seine Auswertung ergab, dass die Geschwindigkeit des deutschen Schiffes herabgesetzt werden musste, um die notwendigen Einheiten zu seiner Vernichtung heranzuführen.

Währenddessen lief die »Sheffield« mit Höchstfahrt, um ebenfalls den Kontakt herzustellen. Auf der »Ark Royal« machte die Mannschaft 14 Torpedoflugzeuge einsatzklar. Trotz komplizierter Wetterlage gelang der Start. Ohne das Ziel genau zu klassifizieren, klinkten die Piloten die Torpedos aus. Sekunden später erkannten sie, dass ihre Torpedos nicht auf die »Bismarck«, sondern auf die »Sheffield« zuliefen. Energische Ausweichmanöver und versagende Magnetzünder retteten den leichten Kreuzer.

Funkspruch Lütjens an Hitler

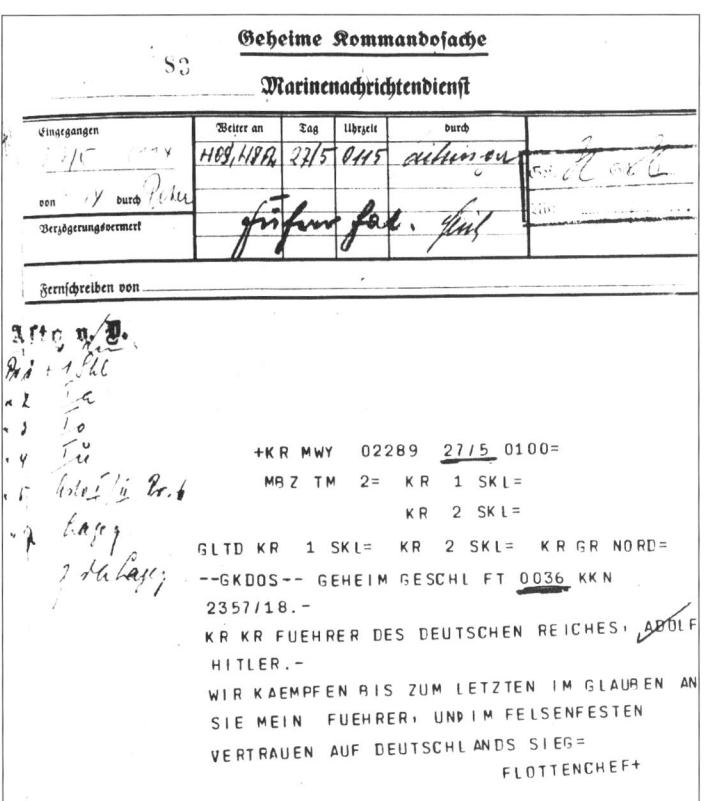

159

Von der Besatzung der »Bismarck« konnten nur 115 Mann gerettet werden. 85 nahm der schwere Kreuzer »Dorsetshire« (hier im Bild) und 25 der Zerstörer »Maori« auf. Das deutsche U-Boot »U-74« fischte drei Mann und das Wetterschiff »Sachsenwald« zwei aus dem Wasser.

Gegen 21.00 Uhr fand der zweite Torpedoangriff statt, diesmal mit 15 Maschinen. Er verlief trotz des heftigen Abwehrfeuers erfolgreich. Von 13 auf Kontaktzündung umgerüsteten Torpedos trafen zwei. Einer zerstörte die Ruderanlage und die Ruder verklemmten sich bei 10 Grad Backbord.

Damit war das Schicksal der »Bismarck« besiegelt. Sie konnte nur noch mit den Maschinen gesteuert werden und musste gegen die See angehen, um achtern weitere Wassereinbrüche zu vermeiden. Gegen die See hieß aber den britischen Jägern, die eigentlich nicht mehr herangekommen wären, genau in die Arme und damit vor die Rohre zu laufen.

Auf Hilfe konnte nicht gerechnet werden, da sich das Handlungsgebiet noch außerhalb der Reichweite der eigenen Luftwaffe befand. Die sechs anlaufenden deutschen U-Boote, von denen nur vier Torpedos an Bord hatten, standen zu weit weg und hätten das Blatt, selbst wenn sie herangekommen wären, auch nicht mehr wenden können. Als die aussichtslose Lage klar war, funkte Lütjens an Hitler: »Wir kämpfen bis zum Letzten ...« Damit gab er 2.400 Mann dem Tode preis. Hitler antwortete: »Was noch geschehen kann, wird getan.« Es konnte aber nichts mehr getan werden.

Unterdessen näherten sich fünf Zerstörer dem weidwund geschlagenen Schiff. Ihr nächtlicher Torpedoangriff blieb im Abwehrfeuer liegen.

Am Morgen des 27. Mai begannen »King Georg V.«, »Rodney«, »Dorsetshire« und »Norfolk« den Angriff auf das nur noch 8 sm laufende Schlachtschiff. Um 8.48 Uhr eröffneten sie das Feuer auf einer Entfernung von 20.000 m. Die »Bismarck« antwortete mit gut liegenden Salven. Als sie aber einen Treffer im Artillerieleitstand erhielt, sank die Genauigkeit ihres Abwehrfeuers erheblich. Treffer auf Treffer schlugen in das Schiff ein. Ein Turm nach dem anderen fiel aus. Das Schiff verlor vollständig an Fahrt und stellte 10.00 Uhr das Feuer ein. Die britischen Schiffe 15 Minuten später. Sie schossen schlecht. Tovey stellte empört fest, dass die »King Georg V.« 339 35,6-cm- und die »Rodney« 380 40,6-cm-Granaten verbraucht hatten.

Nun feuerte die »Dorsetshire« ihre Torpedos. Drei trafen. Gleichzeitig wurden auf der »Bismarck« Sprengsätze gezündet. Das Schiff legte sich um 10.36 Uhr nach Backbord und versank mit dem Heck voran um 10.40 Uhr.

Das Unternehmen »Rheinübung« und mit ihm der gesamte Handelskrieg der schweren deutschen Überwasserkampfschiffe waren gescheitert. Ein unvermeidlicher Vorgang, denn in der Seekriegskunst begann eine neue Entwicklungsetappe, der die deutsche Seekriegsleitung nicht gewachsen war.

Das Hauptmerkmal dieser Etappe bestand in der wachsenden Bedeutung der Fliegerkräfte. Das hatten die Briten erkannt, deren Fliegerkräfte von Anfang an aktiv handelten. Durch ihre Aufklärungsflüge machten sie den Verband aus und entdeckten ihn im Nordatlantik wieder. Schließlich führten sie den entscheidenden Schlag. Dabei konnte die Flottenführung nicht nur land-, sondern auch bordgestützte Fliegerkräfte einsetzen.

Dem hatte Raeder nichts entgegenzusetzen. Die deutsche Luftaufklärung war nicht in der Lage, die Handlungsgebiete ihrer Kampfschiffe lückenlos zu überwachen, ja sie bemerkten nicht einmal die Entfaltung der britischen Flottenkräfte. Dadurch war der deutsche Flottenchef gezwungen, blind zu handeln. Rechtzeitige Ausweichmanöver konnten aus Unkenntnis der Gesamtlage nicht eingeleitet werden. Zu einem Schlag der deutschen Fernfliegerkräfte auf die britische Flotte kam es erst, als die Engländer bereits auf dem Rückmarsch waren. Dafür dem Wetter die Schuld zu geben, ist unsinnig, denn die Briten flogen auch, zumal mit wesentlich kleineren Maschinen. Am 6. Juni 1941 stellte Raeder bei einem Lagevortrag vor Hitler auf dem Berghof sich selbst die Frage, was geschehen wäre, wenn die »Bismarck« einen Flugzeugträger zur Verfügung gehabt hätte. Die Fragestellung musste hypothetisch bleiben, denn der Flugzeugträgerbau war in völliger Verkennung der Entwicklung eingestellt worden.

Ein weiteres Merkmal der neuen Entwicklung war der Einsatz von Radargeräten. Die deutschen Schiffe verfügten über sie, und der Einsatz auf den britischen wurde erwartet. Als es aber beim Unternehmen »Rheinübung« dazu kam, wusste man kein Mittel dagegen und war völlig überrascht. Jetzt war der Nebel nicht mehr Verbündeter beim Durchbruch.

Eine weitere Ursache für das Scheitern des Handelskrieges der Überwasserkampfschiffe war das sich ständig verändernde Kräfteverhältnis. Es resultierte daraus, dass die Mittel zukünftig an der deutsch-sowjetischen Front gebraucht wurden. Für die Flotte blieb immer weniger übrig.

Bereits vor dem Unternehmen war die Verwundbarkeit des Versorgungssystems offensichtlich geworden. Es konnte unter den neuen Bedingungen von den Engländern fast vollständig zerschlagen werden. Neun Sicherstellungskräfte wurden außer Gefecht gesetzt, nur vier Fahrzeugen gelang die Rückkehr. Ein solches Versorgungssystem konnte aus Mangel an Kräften nicht wieder aufgebaut werden, im Gegenteil, was noch vorhanden war, wurde weiter systematisch vernichtet. Dieser Umstand trug ebenfalls wesentlich zum Zusammenbruch des Einsatzes schwerer Überwassereinheiten bei.

Zu solchen Schlussfolgerungen kam Raeder nicht. In dem oben genannten Vortrag vor Hitler verlangte er zwar die Überprüfung der Einsatzgrundsätze der Überwasserkräfte im Handelskrieg, aber gleichzeitig auch Trondheim, westfranzösische Häfen, ja sogar Ferrol und Dakar als Stützpunkte zu seiner Fortsetzung. Seiner Meinung nach war der Einsatz von Schlachtschiffen und Kreuzern im Handelskrieg nicht falsch.

In der sogenannten »Juli-Denkschrift« von 1941 forderte die Seekriegsleitung sogar ausdrücklich die grundsätzliche Weiterführung des Handelskrieges mit Überwassereinheiten.

Aufgrund der überlieferten Tatsachen ist es schwer zu entscheiden, ob diese Gedankengänge von Blindheit oder Dogmatismus bestimmt wurden. Die gleiche Frage drängt sich bei Raeders Schlussfolgerungen auf, durch den Einsatz von Flugzeugträgern und Radargeräten habe sich bei der Versorgung der Kräfte in See nichts Grundsätzliches geändert. Derart plante er auch weitere Einsätze, die allerdings aufgrund der konkreten Lage nicht mehr zu verwirklichen waren.

1989 machte die »Bismarck« nochmals Schlagzeilen. In einer Wassertiefe von 4.550 m wurde ihr Wrack entdeckt. Technisch gesehen eine hervorragende Leistung. In maritimhistorischer Hinsicht gesehen begann aber ein Possenspiel. Schlagzeilen wie »Nazisuperwaffe ist nach neuesten Erkenntnissen nicht durch die Briten versenkt worden« machten die Runde. Als allerneueste Erkenntnis wird verbreitet, dass der Kommandant Ernst Lindemann den Befehl zur Selbstversenkung gegeben hat und das Schiff dadurch sank. In Wahrheit bestand an diesem Befehl nie ein Zweifel.

Es wurden bei Tauchfahrten keine ernsthaften Beschädigungen durch Torpedotreffer ausgemacht. Auch das soll für die Selbstversenkung der »Bismarck« sprechen. Nun ist es aber so, dass das Schiff auf fast ebenen Kiel liegt. Jeder Torpedogast erfährt schon in den ersten Tagen seiner Ausbildung, dass ein Torpedotreffer direkt unter dem Kiel die schlimmsten Wirkungen hat, da durch die Explosion kleine und mittlere Schiffe an dieser Stelle angehoben werden und regelrecht zerbrechen, große hingegen mindestens Risse davontragen. Es stellt sich die Frage, wer von diesen Experten unter den relativ flachen Kiel der »Bismarck« gesehen hat. Keiner.

Sicherlich traten beide Ereignisse, Selbstversenkung und Torpedotreffer, wie oben beschrieben, relativ gleichzeitig ein. Außerdem wäre der Kommandant ohne das Zutun der Briten nie auf die Idee gekommen, den Befehl zur Selbstversenkung zu geben.

Die Versenkung der »Scharnhorst«
(26. Dezember 1943)

Nach der Versenkung des deutschen Schlachtschiffes »Bismarck« am 27. Mai 1941, bot der Zustand der faschistischen schweren Überwasserkräfte ein trauriges Bild.

Als Gegner für die britische Flotte von vornherein quantitativ und vielfach auch qualitativ zu schwach, waren bereits vor der Versenkung der »Bismarck« am 17. Dezember 1939 das Panzerschiff »Admiral Graf Spee« in der La Plata Mündung und am 9. April 1940 der schwere Kreuzer »Blücher« im Oslofjord verloren gegangen.

Das am 25. Februar in Dienst gestellte Schlachtschiff »Tirpitz« führte ab März Probefahrten in der Ostsee durch und war noch nicht voll einsatzfähig. In Brest lagen drei Einheiten. Das Schlachtschiff »Gneisenau« hatte schwere Lufttorpedo- und Bombentreffer erhalten und bedurfte ebenso wie ihr Schwesternschiff, die »Scharnhorst«, welches ein Maschinenschaden gefechtsunfähig machte, eine längere Reparatur. Auch der am 1. Juni eingelaufene schwere Kreuzer »Prinz Eugen« musste repariert werden. In Kiel befanden sich ebenfalls drei schwere Überwassereinheiten. Der schwere Kreuzer »Admiral Scheer« war am 1. April eingelaufen und einsatzklar. Der schwere Kreuzer »Lützow« galt auch als gefechtsbereit. Der vier Tage vor der »Admiral Scheer« eingelaufene schwere Kreuzer »Admiral Hipper« musste zum Umbau in die Werft.

Mit diesen Einheiten war für die deutsche Seekriegsleitung eine effektive Fortsetzung des Handelskrieges mit schweren Überwasserkampfschiffen objektiv unmöglich geworden. Die Hoffnung des Oberbefehlshabers der Kriegsmarine, Großadmiral Erich Raeder, mit ihnen noch zählbare Erfolge zu erzielen, musste ein Wunschtraum bleiben. Daran konnte auch die geplante Verlegung der Schiffe nach Trondheim nichts ändern, obwohl von hieraus die Dänemarkstraße, welche zum Durchbruch in den Atlantik genutzt werden sollte, gedeckter zu erreichen war.

Trotz den inzwischen mit Nachdruck betriebenen Vorbereitungen für den Überfall auf die Sowjetunion, blieb zu diesem Zeitpunkt und auch später der Einsatzschwerpunkt der Kriegsmarine eindeutig gegen Großbritannien gerichtet.

Im Krieg gegen die Sowjetunion glaubte die deutsche Führung die Kriegsmarine in der Ostsee nur zum Schutz der eigenen Küste und zur Blockade der Baltischen Rotbannerflotte im Finnischen Meerbusen zu benötigen. Im Nordmeer sollten die dort liegenden Einheiten zum Schutz der eigenen Seeverbindungen ausreichen und die sowjetischen Stützpunkte durch die Luftwaffe ausgeschalten werden. Für das Schwarze Meer waren überhaupt keine Aktivitäten geplant.

Die Lage der Überwasserkampfschiffe war auch bezüglich der leichten Kreuzer desolat. Von den ursprünglich vorhandenen sechs Einheiten waren schon zwei, die »Karlsruhe« und die »Königsberg«

Das Schlachtschiff »Scharnhorst«, dessen Hauptbewaffnung aus neun 28-cm-Geschützen bestand. Hinzu kamen noch zwölf 15-cm-, 14 10,5-cm- und 16 3,7-cm-Geschütze. Die anfangs vorhandenen zehn 2-cm-Geschütze wurden durch weitere 28 ergänzt. Da das Schiff durch den hier noch vorhandenen steilen Vorsteven zu viel Wasser nahm, wurde er Mitte 1939 durch einen Atlantikbug ersetzt.

am 10. April 1940 während der Okkupation Norwegens, verloren gegangen. Nicht zuletzt dieser Umstand zwang zum verstärkten U-Bootseinsatz. Von ihnen besaß die Kriegsmarine Mitte 1940 158 Einheiten. Ihr Einsatz schien erfolgversprechend zu sein, hatten sie doch im Mai 1941 mit der Versenkung von 63 Handelsschiffen, die eine Gesamtverdrängung von 349.620 BRT besaßen, das zweitbeste Versenkungsergebnis seit Beginn des Krieges erreicht.

Trotzdem wollte das Oberkommando der Kriegsmarine nicht auf eine starke Überwasserflotte verzichten. So forderte Raeder am 25. Juli 1941 von Hitler, dass der »Großschiffbau sofort nach Abschluß der Ostoperation wieder aufzunehmen sei«. Insbesondere war dabei an den Bau von Flugzeugträgern, Schlachtschiffen, Kreuzern und Zerstörern gedacht.

Aber vorerst galt es, den weiteren Einsatz der noch vorhandenen schweren Überwassereinheiten zu entscheiden. Am 6. Juni erstattete Raeder Hitler Bericht über den Verlauf der Bismarckoperation. Anschließend legten beide die Verlegung der »Lützow« und »Admiral Scheer« nach Norwegen fest. Die »Tirpitz« sollte zunächst in Kiel verbleiben. Über das Schicksal der anderen Großkampfschiffe konnte aufgrund des unklaren Verlaufs ihrer Reparatur noch nichts entschieden werden.

In der Zwischenzeit verstärkte sich die Parteinahme der USA für Großbritannien. Sie verstärkte sich noch, als am 4. September 1941 das deutsche U-Boot »U-652« den amerikanischen Zerstörer »Greer« angriff. Dieser, wenn auch erfolglose Angriff, der nicht der erste Zusammenstoß zwischen deutschen und amerikanischen Kräften auf See war, wurde vom Präsidenten der USA, Theodor Roosevelt, in einer Rede am 11. September scharf verurteilt. Zwei Tage später erging der Befehl an die amerikanischen Seestreitkräfte, auf alle Schiffe der Achsenmächte, die sie in den Gewässern der westlichen Hemisphäre antreffen, auf Sichtweite das Feuer zu eröffnen. Damit war der Seekrieg zwischen Deutschland und den USA faktisch ausgebrochen.

Nicht zuletzt dadurch stieg die Angst Hitlers vor einer britischen Landung in Norwegen. Dieser Umstand sowie die Misserfolge an der deutsch-sowjetischen Front in Nordnorwegen beschleunigten die Anstrengungen zur Verlegung der deutschen Kampfschiffe in das Land der Fjorde.

Am 13. November 1941 schlug Raeder vor, die »Tirpitz« nach Trondheim auslaufen zu lassen. Hinsichtlich der in Brest befindlichen Schiffe blieb die Lage immer noch unklar. Dass sie dort nicht liegen bleiben konnten, lag aufgrund der ständigen britischen Luftangriffe auf der Hand. Der mangelnde Ausbildungsstand der Besatzungen und die immer kritischer werdende Versorgung mit Treibstoff ließen ohnehin nur noch begrenzte Operationen zu. So mussten länger dauernde Handlungen größerer Gruppierungen im Atlantik außer Betracht bleiben. Die Rückführung der »Prinz Eugen« durch den Englischen Kanal hielt Raeder allerdings ebenso für möglich wie den Einsatz der »Admiral Scheer« im Handelskrieg. Aber Hitler machte schon nicht mehr mit. Er wollte den Verlust eines weiteren Großkampfschiffes nicht riskieren und verlangte die Verlegung der »Admiral Scheer« nach Narvik oder Trondheim.

Am 29. Dezember forderte er zusätzlich die Überführung aller in Brest befindlichen Schiffe nach Norwegen und zog ihren gemeinsamen Durchbruch durch den Englischen Kanal ernsthaft in Betracht. Sollte die Überführung nicht möglich sein, sah er ihre Außerdienststellung als einzigen Ausweg. Am 12. Januar 1942 fiel die endgültige Entscheidung. Die »Tirpitz« sollte sofort nach Norwegen auslaufen und das Brestgeschwader durch den Englischen Kanal vorerst in deutsche Häfen durchbrechen.

Die Kompliziertheit der letzten Aufgabe war der deutschen Führung durchaus klar. Da die Schiffe aus Tarnungsgründen ihren Hafen nur nachts verlassen konnten, mussten sie am Tage die englische Küste passieren. Daraus ergab sich eine Luftbedrohung, der die deutsche Luftwaffe mit den in diesem Gebiet vorhandenen 250 Jagdflugzeugen nicht effektiv begegnen konnte. Hinzu kam noch die unsichere Minenlage, die eine zusätzliche Gefahr für die Schiffe darstellte. Auch die gegnerischen Küstenbatterien sowie leichte Überwasserkräfte und U-Boote waren in der Lage, auf den Verband einzuwirken.

Der geplante Kanaldurchbruch erhielt den Decknamen »Zerberus« und wurde unter strengster Geheimhaltung durch Vizeadmiral Otto Ciliax vorbereitet. Geheimhaltung war nicht nur wegen der hohen Gefährdung während der Überfahrt, sondern auch deshalb geboten, weil die britische Admiralität mit einem solchen Durchbruch rechnete.

Ab Anfang Februar wurden die britischen Funkmessstationen so geschickt gestört, dass die Radarbeobachter an atmosphärische Störungen glaubten. Am 10. Februar begann die Ausrüstung

Der deutsche Verband während des Kanaldurchbruchs. Die Großkampfschiffe wurden von den Zerstörern »Z 29«, »Z 25«, »Paul Jakobi«, »Richard Beitzen«, »Friedrich Ihn« und »Hermann Schoemann« ab Brest begleitet. Während der Überfahrt stießen noch 14 Torpedoboote sowie Minenräumkräfte hinzu.

der Schiffe für eine Tropenfahrt. Einen Tag später traf ein fingiertes Fernschreiben ein, das Admiral Ciliax und die drei Kommandanten nach Paris befahl. Sie fuhren natürlich nicht, aber die englische Aufklärung ging nun davon aus, dass mit einem Auslaufen vor dem 14. Februar nicht zu rechnen sei. Um das nicht zu verbergende See- und Gefechtsklarmachen der Schiffe plausibel erscheinen zu lassen, wurde für die Nacht vom 11. zum 12. Februar ein Gefechtsschießen angesetzt.

Auf den vorgesehenen Marschrouten begann das Minenräumen. Die zur Sicherung notwendigen Begleitkräfte verlegten nach und nach in ihre Bestimmungshäfen. Sechs Zerstörer liefen direkt in Brest ein, fünf Torpedoboote machten in Le Havre, vier in Dünkirchen und fünf in Cherbourg fest.

Am 11. Februar verließ der Verband um 21.45 Uhr Brest. Nachdem er bereits rund 360 sm und damit die ungefähre Hälfte seines Weges zurückgelegt hatte, wurde er am 12. Februar um 10.42 Uhr erstmals durch eine »Spitfire« mit Radar geortet.

Bis zu diesem Moment spielten sich auf britischer Seite erstaunliche Dinge ab. Die vor Brest liegenden Aufklärungs-U-Boote waren zum Aufladen ihrer Batterien nach Westen abgelaufen. Das einzige U-Boot, das in der Lage gewesen wäre, den Verband zu orten, vernichteten deutsche Minensuchboote. Bei den Brest aufklärenden Flugzeugen fielen im entscheidenden Moment die Radargeräte aus. Das im Gebiet der Seine-Bucht handelnde Aufklärungsflugzeug hatte sein Suchgebiet beim Eintreffen der deutschen Schiffe gerade verlassen. Die frisch gelegten 16 Minensperren mit rund 1.100 Minen wurden durch die deutschen Räumkräfte sofort entdeckt und konnten umgangen werden. Auch der um 10.42 Uhr durch die »Spitfire« hergestellte Radarkontakt wurde zunächst falsch ausgewertet.

Die viel zu spät eingeleiteten Gegenmaßnahmen konnten den Durchbruch nicht mehr verhindern. Um 12.18 Uhr eröffneten die Küstenbatterien das Feuer auf den Verband, der allerdings schon außerhalb ihrer Reichweite lief.

Ein kurz danach durchgeführter Angriff von sechs Torpedoflugzeugen des Typs »Swordfish«, der unter der Deckung von zehn »Spitfire« durchgeführt wurde, brach zusammen. Alle sechs Torpedoträger wurden abgeschossen. Die fünf Torpedoboote, die um 12.25 Uhr angriffen, konnten die Verbandssicherung nicht überwinden. Ihre auf viel zu große Entfernung abgefeuerten Torpedos erreichten den Gegner nicht. Die kurz darauf anlaufenden drei Torpedoboote brachen wegen zu schlechter Wetterlage ihren Angriff vorzeitig ab.

Um 14.31 Uhr lief die »Scharnhorst« auf eine Mine, konnte aber nach kurzer Reparatur ihre Fahrt mit einer Geschwindigkeit von 25 kn fortsetzen. Um 15.43 Uhr griffen fünf aus der Zeit des Ersten Weltkrieges stammende Zerstörer an. Ihr Artilleriefeuer blieb wirkungslos und von den verschossenen Torpedos traf keiner. Dafür wurde der Zerstörer »Worcester« stark beschädigt. Die nun angreifenden Flugzeuge fanden entweder den Verband nicht oder erzielten keine Treffer. Die »Gneisenau«

Die britische Küstenartillerie kam viel zu spät zum Einsatz. Die gefährlichsten Einschläge lagen eine Seemeile vom Verband entfernt. Hier ein Blick auf ein 35,6-cm-Geschütz einer britischen Küstenbatterie.

lief um 19.55 Uhr auf eine Mine, konnte aber nach 30 Minuten die Fahrt fortsetzen. Um 21.34 Uhr erhielt die »Scharnhorst« zum zweiten Mal einen Minentreffer. Das Schiff nahm mehr als 1.000 t Wasser und die Backbordmaschine fiel aus. Trotzdem lief sie um 22.23 Uhr weiter, wenn auch nur mit geringer Fahrtstufe. Die »Gneisenau« ankerte am 13. Februar um 7.00 Uhr in der Elbemündung. Die »Prinz Eugen« folgte eine halbe Stunde später, während »Scharnhorst« in Wilhelmshaven einlief.

Der Kanaldurchbruch des Brestgeschwaders war gelungen und damit die erste Etappe seiner Verlegung nach Norwegen abgeschlossen.

Bis heute wurde die Behauptung nicht widerlegt, dass die britische Führung den Durchbruch bewusst zugelassen hat. Dafür sprechen nicht nur die ständig versagende Aufklärung und die mit unzureichenden und untauglichen Kräften durchgeführten Angriffe, sondern auch strategische Überlegungen. Bereits vor dem am 11. Dezember 1941 erfolgten Kriegseintritt der USA beschäftigte sich Großbritannien ernsthaft mit einer angloamerikanischen Seelandung in Nordafrika. Bei einer solchen Operation, die ja dann auch tatsächlich am 8. November 1942 begann, hätten die deutschen Schiffe in Brest eine ernsthafte Flankenbedrohung dargestellt.

Die Erreichung der deutschen Häfen war zwar ein wichtiger Schritt in Richtung Norwegen, aber eben noch nicht das Ziel der Wünsche. Das sollte die »Prinz Eugen« bald zu spüren bekommen. Als sie gemeinsam mit der »Admiral Scheer« nach Trondheim verlegte, wurde sie am 23. Februar gegen 7.00 Uhr durch das britische U-Boot »Trident« torpediert und stark beschädigt. Der schwere Kreuzer musste zur Reparatur nach Kiel und sollte die Ostsee während des Krieges nicht mehr verlassen. Der »Gneisenau« erging es noch schlimmer. In der Nacht vom 26. zum 27. Februar erhielt das Schlachtschiff in Kiel einen so schweren Bombentreffer, dass es nicht mehr repariert werden konnte.

Dafür gelang im Februar 1942 die Verlegung der »Tirpitz« nach Nordnorwegen. Auch die »Admiral Hipper« ankerte am 21. März in Trondheim. Die »Admiral Scheer« hatte diesen Hafen ebenfalls erreicht und im Mai nach Narvik verlegt. Dort traf sie mit der »Lützow« zusammen. Die »Scharnhorst« hingegen musste in die Werft und verlegte anschließend nach Gotenhafen.

Die nun in Norwegen befindlichen vier deutschen schweren Überwassereinheiten stellten zwar schon allein durch ihre Anwesenheit eine Bedrohung für die alliierten Geleitzüge dar, aber greifbare Resultate erzielten sie vorerst nicht. Nach erfolglosen Handlungen gegen die Geleitzüge PQ 12 und QP 8 im März, sollten sie im Zusammenwirken mit U-Booten und Fliegerkräften gegen den Geleitzug PQ 17 konzentriert eingesetzt werden.

Das Schlachtschiff »Tirpitz« hatte eine maximale Wasserverdrängung von 52.600 ts. Die Höchstgeschwindigkeit betrug 30,8 kn. Acht 38-cm-Geschütze bildeten die Hauptbewaffnung. Hinzu kamen noch zwölf 15-cm-, 16 10,5-cm- und 16 3,7-cm-Geschütze. Die anfangs vorhandenen zwölf 2-cm-Geschütze wurden nach und nach auf 64 aufgestockt. Dafür wurden die sechs Bordflugzeuge im Verlaufe der Zeit abgerüstet und der Luftwaffe übergeben. Ab 1942 befanden sich acht Torpedorohre an Bord. Die Stärke der Seitenpanzerung betrug teilweise 320 mm.

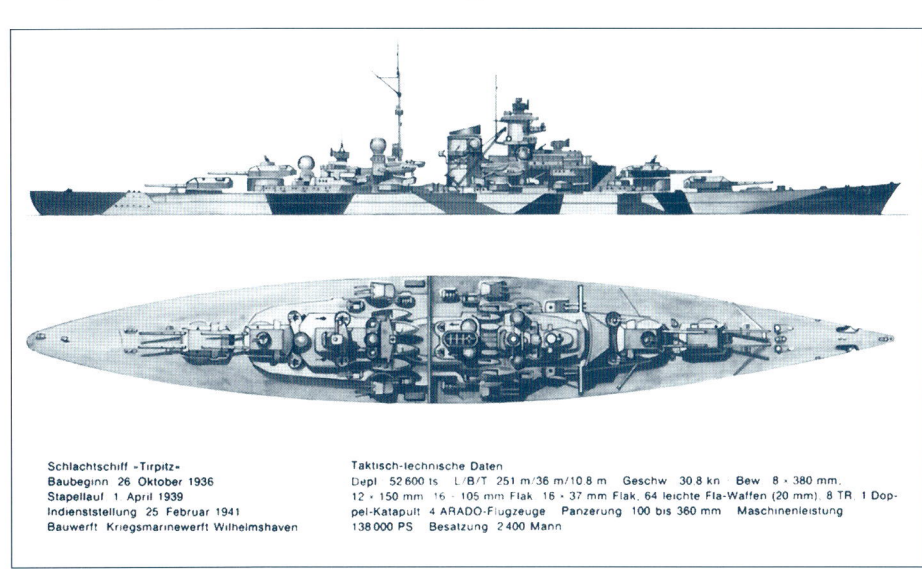

Schlachtschiff »Tirpitz«
Baubeginn 26 Oktober 1936
Stapellauf 1 April 1939
Indienststellung 25 Februar 1941
Bauwerft Kriegsmarinewerft Wilhelmshaven

Taktisch-technische Daten
Depl 52 600 ts · L/B/T 251 m/36 m/10,8 m · Geschw 30,8 kn · Bew 8 · 380 mm, 12 · 150 mm · 16 · 105 mm Flak · 16 · 37 mm Flak, 64 leichte Fla-Waffen (20 mm), 8 TR · 1 Doppel-Katapult 4 ARADO-Flugzeuge · Panzerung 100 bis 360 mm · Maschinenleistung 138 000 PS · Besatzung 2400 Mann

An der Operation »Rösselsprung« nahmen neben U-Booten und Fliegerkräften alle vier Großkampfschiffe sowie zwölf Zerstörer teil. Für die Überwasserkräfte war der Sammelpunkt der Altafjord. Die »Tirpitz« und »Admiral Hipper« verließen gemeinsam mit sechs Zerstörern am 2. Juli um 20.00 Uhr Trondheim, um ihn anzulaufen. »Admiral Scheer« und »Lützow« liefen ebenfalls mit sechs Zerstörern gegen 24.00 Uhr aus Narvik aus. Dabei hatte die »Lützow« ebenso wie drei ihrer Begleitzerstörer eine Grundberührung und musste ihre Teilnahme abbrechen. Aber auch die anderen Einheiten hatten keinen Erfolg. Während der gesamten Operation gaben sie nicht einen einzigen Schuss ab.

Trotz der Erfolglosigkeit der Überwasserkräfte musste ihre Anwesenheit in Nordnorwegen als Vorwand für die durch die britische Admiralität angewiesene vorläufige Einstellung der Geleitzüge nach Murmansk und Archangelsk herhalten.

Sie selbst kamen aber nur noch sporadisch zum Einsatz, denn einerseits mangelte es an Treibstoff, und andererseits wollte Hitler den Verlust eines weiteren Schiffes nicht mehr riskieren.

So unternahm die »Admiral Scheer« im August 1942 einen Vorstoß in die Karasee. Vom 24. bis 29. September legte die »Admiral Hipper« Minen vor Nowaja Semlja. In einem gemeinsamen Einsatz mit der »Lützow« und sechs Zerstörern gegen das Geleit JW 51 B gelang es der »Admiral Hipper« am 31. Dezember 1942 jeweils einen Zerstörer und Minensucher zu versenken sowie zwei Zerstörer zu beschädigen. Die eigentlich angestrebten Ziele, die wertvollen Transporter, wurden nicht einmal gesichtet. Dieser geringe Erfolg musste mit dem Verlust des Zerstörers »Friedrich Eckholdt« bezahlt werden.

Hitler war außer sich. Er forderte kategorisch die Außerdienststellung aller Schlachtschiffe und Kreuzer. Raeder reichte am 6. Januar 1943 seinen Abschied ein. Am 30. Januar wurde er abgelöst und Karl Dönitz zum Oberbefehlshaber der Kriegsmarine ernannt sowie zum Großadmiral befördert.

Bereits drei Tage später ordnete er die Einstellung der Arbeiten an den Schlachtschiffen, Kreuzern, Flugzeugträgern und Truppentransportern an. Am 8. Februar legte Dönitz Hitler einen Plan zur Außerdienststellung der großen Kampfschiffe vor. Dieser beinhaltete, dass der Kreuzer »Leipzig« sofort, die »Admiral Hipper« und der Kreuzer »Köln« am 1. März, das Linienschiff »Schleswig Holstein« am 1. April, das Linienschiff »Schlesien« am 1. Mai, die »Scharnhorst« etwa am 1. Juli und die »Tirpitz« etwa am 1. Oktober 1943 außer Dienst zu stellen sind. Als Ausbildungsschiffe sollten die »Prinz Eugen«, »Admiral Scheer«, »Lützow« sowie die Kreuzer »Nürnberg« und »Emden« erhalten bleiben. Aber bereits die ersten Berechnungen zeigten, dass der erhoffte Gewinn an Personal und Material nicht der von Hitler gehegten Erwartung entsprach. Dönitz setzte die Rücknahme des Außerdienststellungsbefehls durch. Es gelang ihm sogar, Hitler davon zu überzeugen, dass die schweren Überwasserkampfschiffe durchaus noch gegen die Geleitzüge einsetzbar sind. Nach langem Zögern stimmte Hitler zu.

Der schwere Kreuzer »Admiral Scheer« lief am 16. August 1942 in die Karasee aus. Es gelang ihm lediglich, am 25. August den sowjetischen Eisbrecher »Sibirjak« zu versenken. Durch den Beschuss des sowjetischen Stützpunktes Port Dikson am 27. August wurden Landeinrichtungen sowie ein Wachschiff und ein Transporter beschädigt. Das hatte jedoch keinerlei Einfluss auf den weiteren Verlauf der Kampfhandlungen.

Der Beschuss Spitzbergens sowie das Absetzen einer kleinen Landungsgruppe richteten sich besonders gegen Bergwerksanlagen in Barentsburg und im Eisfjord. Auch meteorologische Einrichtungen wurden zerstört. Nachhaltige Wirkungen zeigte dieser Einsatz nicht. Bereits am 22. September war die Funkverbindung mit der Insel wieder hergestellt.

Panzerschiff »Admiral Graf Spee« (1936)

Schlachtschiff »Gneisenau« (1939)

Schwerer Kreuzer »Admiral Hipper« (1939)

Schlachtschiff »Tirpitz« (1941)

Deutsche Marineuniformen am Ende des 19. Jahrhunderts

Uniformbild der Marine.

Schiffsfähnrich
Adjutant in gr.
Dienstuniform

Offizier
im Dienst

Flaggen=Offizier

Seestabsoffizier

Generalkommissär

Matrose

Unteroffizier
im Sommeranzug

Matrose
im Mantel

Oberbootsmann
(daneben im Winteranzug)

Matrose
in feldmäßiger Ausrüstung

Österreich-ungarische Marineuniformen am Ende des 19. Jahrhunderts

Französische Marineuniformen am Ende des 19. Jahrhunderts

Russische Marineuniformen am Ende des 19. Jahrhunderts

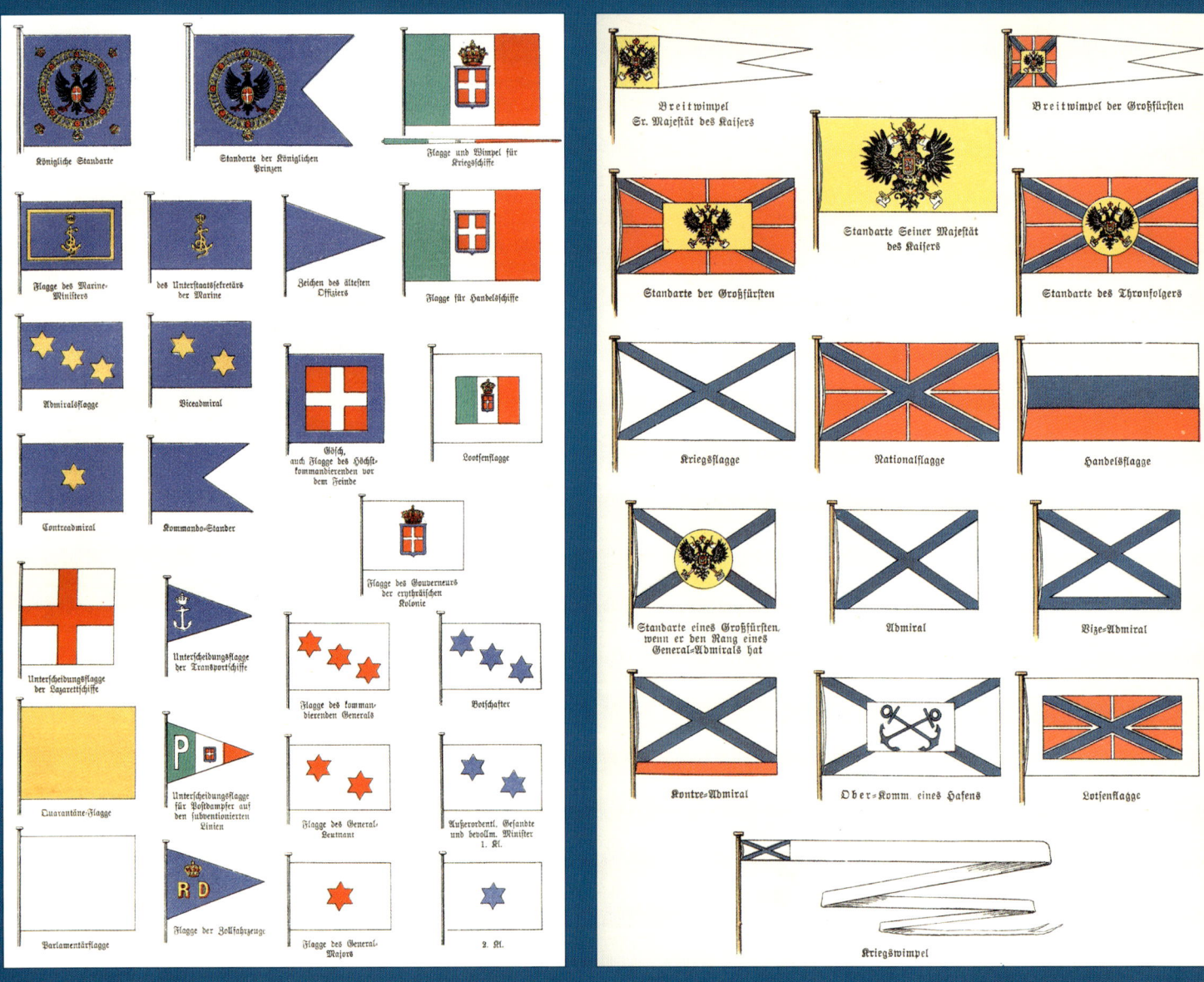

Italienische Kriegsflaggen am Ende des 19. Jahrhunderts

Russische Kriegsflaggen zu Beginn des 20. Jahrhunderts

Britische Marineflaggen zur Zeit des Ersten Weltkrieges

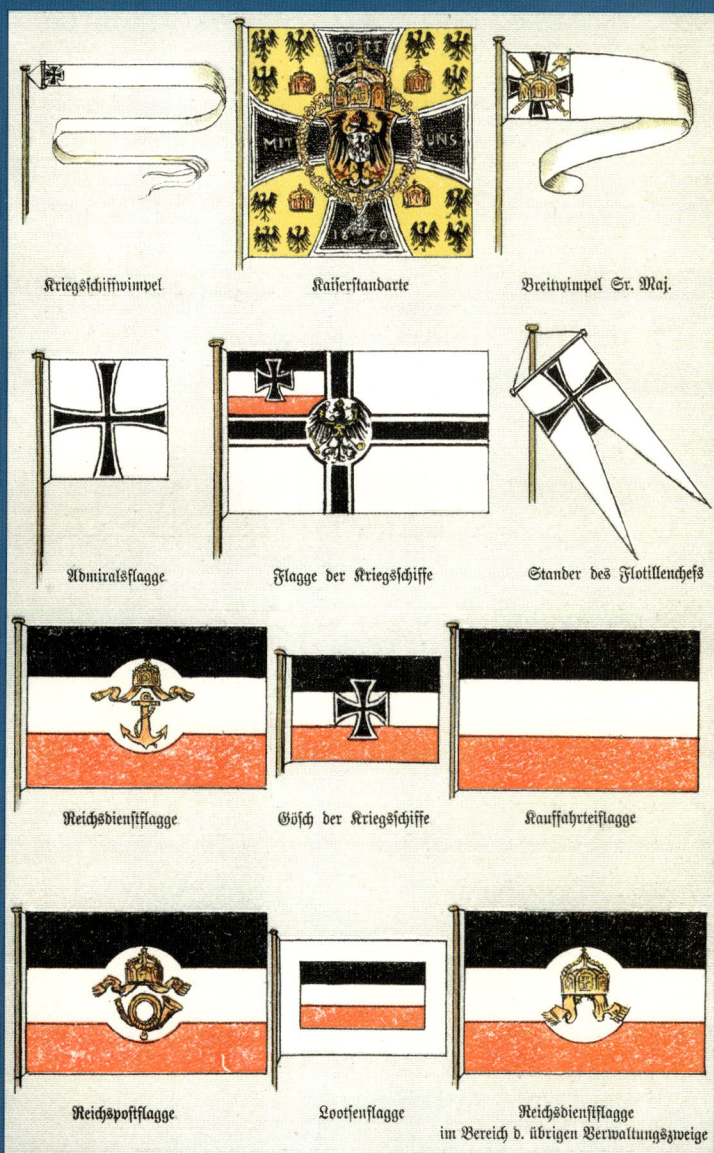

Deutsche Marineflaggen zur Zeit des Ersten Weltkrieges

Ärmelabzeichen russischer Exragenträger zu Beginn des 20. Jahrhunderts

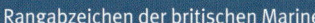

Rangabzeichen der britischen Marine

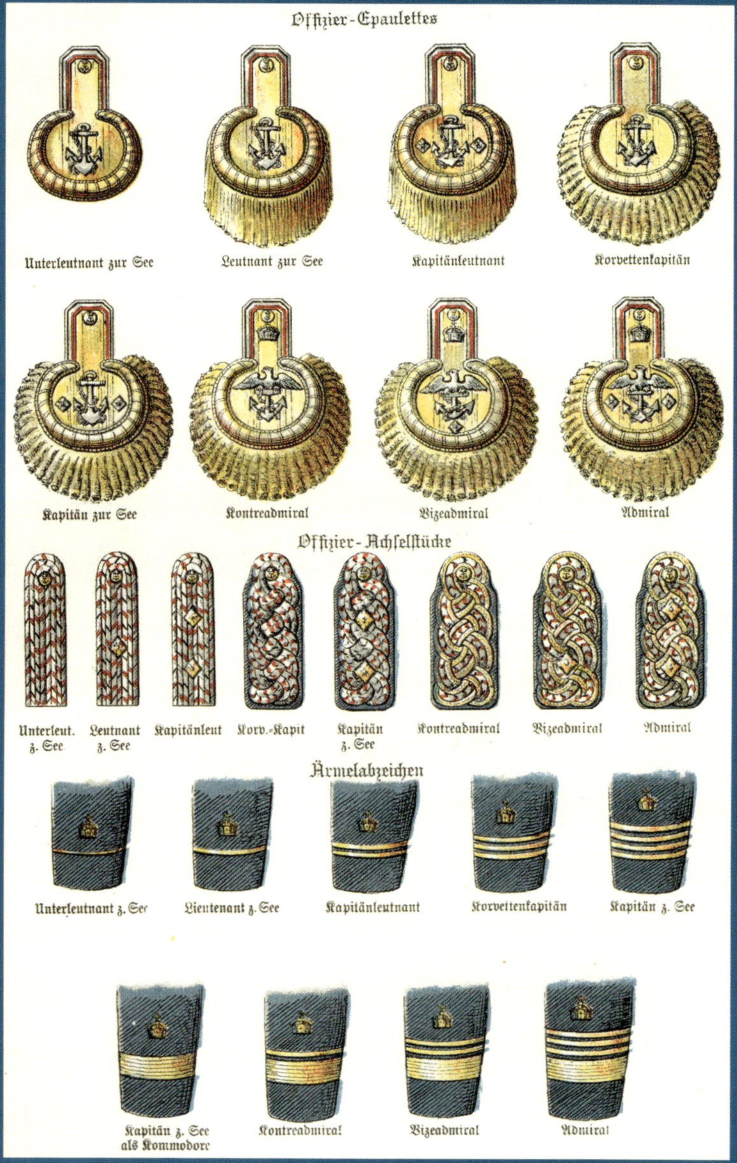

Rangabzeichen der deutschen Marine

Ärmelabzeichen deutscher Exkragenträger

Ärmelabzeichen britischer
Exkragenträger

Seitengewehr und
Portepée für Mannschaften

Säbel
für Offiziere

Weiße Offiziers-Mütze

Mützenband

Mannschaftsmütze

Bootsmann Feldwebel
Abzeichen auf der Achselklappe

Rock aus dunkelgrünem
Gardetuch

Quartiermeister-Abzeichen auf der
Achselklappe

Mannschafts-Achselklappen

1 Flotten-Equipage

2 Fl.-Equ.

3 Fl.-Equ.

Kaspische Fl.-Equ

Sibirische E.

Sweaborger
Flotten-Abteilung

Mannschafts-Ärmel-Abzeichen

Russisches Marineallerlei
zu Beginn des 20 Jahrhunderts

Das Schlachtschiff »Tirpitz« musste die meiste Zeit seiner Existenz in den norwegischen Fjorden vor den Angriffen der Alliierten geschützt werden. Nach dem Angriff der Kleinst-U-Boote griffen am 11./12. Februar 1944 15 sowjetische Bomber an und beschädigten das Schiff leicht. Am 3. April erzielten britische Flugzeuge 14 Volltreffer mit 1.600 Pfund Panzersprengbomben. 122 Tote und 316 Schwerverletzte sowie starke Beschädigungen waren zu verzeichnen. Ein Voll- und zwei Nahtreffer, am 15. September erzielt, machten die »Tirpitz« bewegungsunfähig. Beim Angriff vom 12. November wurden 8 m lange und 5.500 kg schwere Spezialbomben eingesetzt. Eine Reihe von Treffern brachte das Schiff zum Kentern.

Nach zwei vergeblichen Anläufen gelang es, die »Scharnhorst« nach Norwegen zu verlegen. Am 24. März erreichte sie gemeinsam mit der »Tirpitz« und »Lützow« den Altafjord.

Diese Kräftekonzentration blieb der alliierten Aufklärung natürlich nicht verborgen. Die Verbündeten beschlossen, in den hellen Sommermonaten keine Geleitzüge mehr laufen zu lassen. Tatsächlich trat eine Pause bis November 1943 ein.

Den deutschen Schiffen mangelte es an Zielen, aber auch an Treibstoff. Während der Sommermonate konnten sie deshalb nicht ein einziges Mal auslaufen. Der Ausbildungsstand sank unaufhaltsam. Als sich die Treibstofflage etwas besserte, genehmigte die Seekriegsleitung im Interesse der See- und Gefechtsausbildung einen relativ gefahrlosen Vorstoß gegen alliierte Einrichtungen auf Spitzbergen. Am 6. September verließen die »Tirpitz«, die »Scharnhorst« sowie neun Zerstörer ihre Liegeplätze. Beim Beschuss der Insel konnte die »Tirpitz« zum ersten, aber auch zum letzten Mal ihre Hauptkaliber gegen einen Gegner, der allerdings wehrlos war, einsetzen. Dieses Unternehmen war militärisch gesehen kaum notwendig, sollte aber Hitler gegenüber die Nützlichkeit der schweren Überwassereinheiten nachweisen.

Die Engländer, die seit der Indienststellung der »Tirpitz« Jagd auf sie machten, erreichten am 22. September den ersten Erfolg. Von sechs angesetzten Kleinst-U-Booten gelang es zwei, jeweils zwei Minen mit einem Gesamtgewicht von 8.000 kg unter das Schiff zu legen und zur Detonation zu bringen. Damit war das Schicksal des Schlachtschiffes besiegelt. Trotz fieberhafter Arbeit konnte die »Tirpitz« nicht wieder einsatzbereit gemacht werden.

Da die »Lützow« am 25. September zur Werftliegezeit nach Deutschland ablief, verblieb lediglich die »Scharnhorst« als einziges einsatzklares Großkampfschiff in Norwegen.

Auf Drängen der sowjetischen Regierung entschloss sich Anfang Oktober die britische Führung, die Geleittätigkeit wieder aufzunehmen. Ernsthafte Ausreden waren auch nicht mehr zu finden, denn es begann die Polarnacht, und mit einem Schlachtschiff musste die britische Flotte nach Lage der Dinge allemal fertig werden.

Für die deutsche Seite waren die Möglichkeiten zu Handlungen gegen die Geleitzüge tatsächlich mehr als beschränkt. Die in Norwegen befindlichen fünf Zerstörer konnten die Geleitsicherung allein nicht überwinden. Auch die »Scharnhorst« war dazu nicht in der Lage. Nur bei gemeinsamen Handlungen hatten diese Überwasserkräfte eine Chance, bestimmte Erfolge zu erzielen. Dabei wurde aber die »Scharnhorst« für die Zerstörer zum Schutzobjekt, was sie natürlich in ihrer Bewegungsfreiheit einschränkte. Es entstand ein Teufelskreis, der nicht zu durchbrechen war. Hinzu kam noch, dass nur eine unzureichende Anzahl von U-Booten zur Verfügung stand und die so dringend notwendige Luftaufklärung nur teilweise durchgeführt werden konnte.

Durch die deutsche Funkaufklärung wurden bereits im November und Anfang Dezember eine Reihe von Geleiten ausgemacht. So zum Beispiel JW 54 A, JW 54 B und RA 54 B. Nur beim letzten gelang es einem U-Boot, einen kurzzeitigen optischen Kontakt herzustellen. Aufgrund der beschränkten Aufklärungsmöglichkeiten konnte die deutsche Seite nicht eindeutig feststellen, ob die Alliierten starke Sicherungskräfte zum Einsatz brachten.

Aber das war für Dönitz bedeutungslos. Am 17. Dezember erklärte er seinen unterstellten Kommandeuren mit Blick auf den Einsatz der »Scharnhorst«: »Und eines sage ich Ihnen: Ist Gelegenheit für die Kampfgruppe gegeben, zu schlagen, so werde ich unter allen Umständen mit dieser Kampfgruppe an den Gegner gehen.«

Schon einen Tag später war die Gelegenheit da. Die Funkaufklärung meldete alliierte Schiffsbewegungen, welche am 22. Dezember als das Auslaufen eines Verbandes klassifiziert wurden. Um 10.45 Uhr mache eine Ju 88 die Gruppierung 100 sm nordöstlich der Färöer Inseln optisch aus und übermittelte: »40 Truppentransporter und Sicherungsfahrzeuge, vermutlich mit Flugzeugträger, Kurs 45 Grad, Fahrt 10 sm.«

Tatsächlich war der gesichtete Verband das am 20. Dezember mit 17 Frachtern und zwei Tankern aus Loch Ewe ausgelaufene Geleit JW 55 B. Die Sicherung bestand aus acht Zerstörern sowie vier kleineren Fahrzeugen.

Noch waren sich die Deutschen nicht im Klaren, ob es sich um eine Landungsaktion gegen Norwegen oder um eine Geleitüberführung handelte. Als aber am 23. Dezember der gegnerische

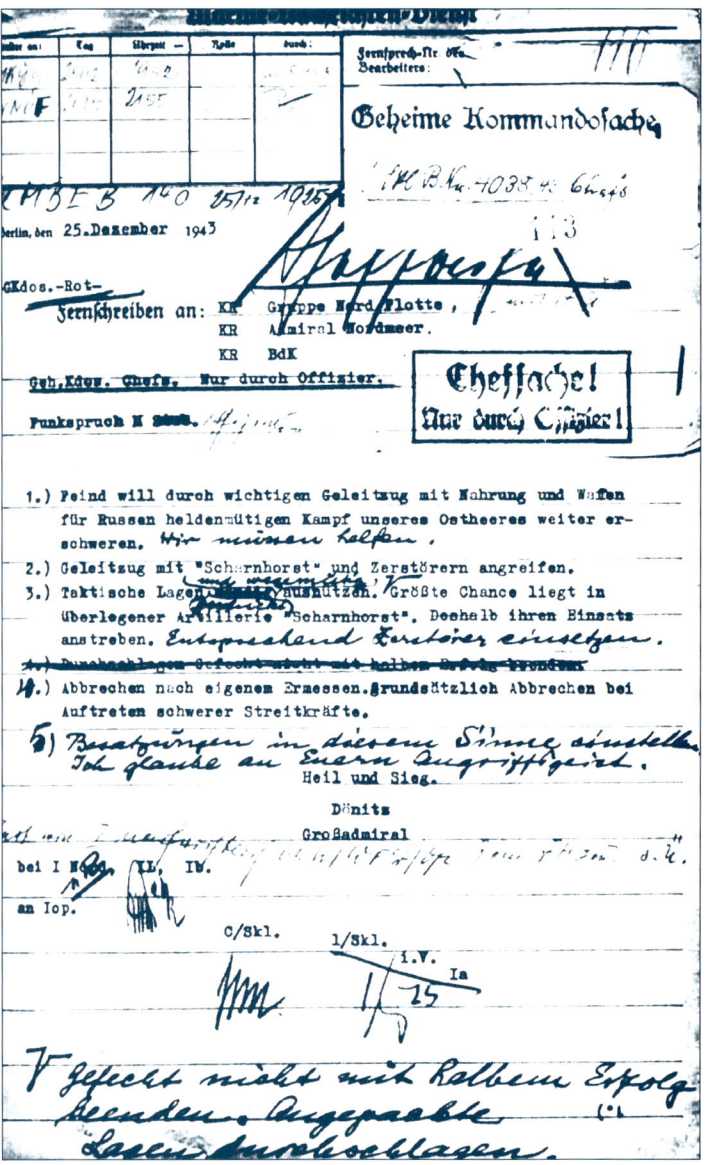

Der von Dönitz redigierte Angriffsbefehl für die »Scharnhorst«

Bugansicht des Schlachtschiffes »Scharnhorst«. Da sich die deutsche Führung darüber im Klaren war, dass unter den Bedingungen der Polarnacht der Einsatz der Artillerie kompliziert ist, wurden bereits Anfang 1943 Versuche mit Radarfeuerleitung durchgeführt. In einem Erprobungsbericht vom 30. April 1943 wurde der positive Verlauf der Versuche bestätigt. Große Schiffe konnten bis zu einer Entfernung von 10,8 sm, Zerstörer bis zu 6,5 sm und U-Boote bis zu 4,3 sm geortet werden. Die Wassersäulen der detonierenden Granaten zeigten die Radaranlagen noch auf eine Entfernung von 7,5 sm. Am 26. Dezember 1943 war die »Scharnhorst« allerdings fast »blind«.

Schiffsbestand relativ genau aufgeklärt wurde, war sich der Oberbefehlshaber der Marinegruppe Nord und Flottenchef, Generaladmiral Otto Schniewind, sicher, dass der gesichtete Verband ein Geleit in die sowjetischen Nordmeerhäfen war. Um zu weiteren Aufklärungsdaten zu kommen, befahl er die Entfaltung von acht U-Booten auf eine westlich der Bäreninsel liegende Linie. Sie war so berechnet, dass die U-Boote das Geleit einen Tagesmarsch vor Erreichen der Enge zwischen der Bäreninsel und dem Festland sichten mussten. Das Passieren der Enge wurde für den 26. Dezember erwartet. Obwohl auf die Unterstützung durch die Luftflotte 5 verzichtet werden musste, schien die Gelegenheit zum Angriff günstig. Auf ein so schwach gesichertes Geleit hatte die deutsche Seekriegsleitung schon lange gewartet. Die nun anlaufende Operation erhielt den Decknamen »Ostfront«.

Aber Schniewind äußerte in dieser unklaren Lage ernsthafte Bedenken zum Einsatz der »Scharnhorst«. Die Lichtverhältnisse für den Artillerieeinsatz waren ungünstig und Informationen über das eventuelle Vorhandensein von Deckungsgruppen fehlten. In verklausulierter Formulierung teilte er seine ablehnende Haltung der Seekriegsleitung mit. Aber diese wollte nicht verstehen. Auch die Wetterprognose für den 26. Dezember, Wind SW 6-8, Sicht 3-4 sm und zeitweise Regen, die den Artillerieeinsatz ebenso wie den von Aufklärungsflugzeugen erschwerte, wenn nicht gar ausschloss, brachte sie nicht vom geplanten Einsatz des Schlachtschiffes ab. Am 25. Dezember erteilte Dönitz um 19.52 Uhr den Angriffsbefehl. Schniewind protestierte erfolglos.

In der Zwischenzeit tat sich auf See, von der deutschen Aufklärung fast unbemerkt, Entscheidendes. Am 23. Dezember verließ der Konvoi RA 55 A im Bestand von 22 Schiffen sowie seiner Nahsicherung die Kolabucht. Die Fernsicherung übernahm die sogenannte »Force 1« unter dem Befehl von Vizeadmiral R. L. Burnett. Zu ihr gehörten der schwere Kreuzer »Norfolk« sowie die leichten Kreuzer »Belfast« und »Sheffield«. Das Geleit JW 55 B wurde durch die »Force 2« mit dem Schlachtschiff »Duke of York«, dem leichten Kreuzer »Jamaica« und vier Zerstörern gesichert. Diesen Verband sowie die gesamten Handlungen gegen die »Scharnhorst« führte der im Mai 1943 neu ernannte Oberbefehlshaber der Home Fleet, Admiral Sir Bruce Fraser, persönlich.

Da die britische Aufklärung alle gegnerischen Funksprüche entschlüsseln konnte, war Fraser, im Unterschied zur deutschen Führung, über alle Gegnerbewegungen genauestens informiert. Als sich der britische Admiral am 23. Dezember sicher war, dass die »Scharnhorst« auslaufen würde, ergaben seine Berechnungen, dass die »Force 2« vom Geleit JW 55 B zu weit entfernt stand, um entscheidend eingreifen zu können. Deshalb befahl er um 13.25 Uhr dem Konvoi über Funk, auf Gegenkurs zu gehen, um die Entfernung zu verringern. Dieser Befehl konnte aufgrund der herrschenden Wetterlage nicht ausgeführt werden. Aber durch Fahrtverminderung wurde das gleiche Resultat erreicht. Diese Episode wäre nicht erwähnenswert, wenn nicht vier deutsche Funkstellen diesen Befehl mitgehört und den Standort des Senders eingepeilt hätten. Sie ermittelten Frasers Position genau und meldeten sie weiter. Aber die Seekriegsleitung traute den Aufklärungsergebnissen nicht. Eine Überprüfung durch Flugzeuge unterblieb.

Am 25. Dezember, gegen 21.00 Uhr, hatte die »Scharnhorst« in Begleitung der Zerstörer »Z-29«, »Z-33«, »Z-34« und »Z-38« fast die offene See erreicht. Die Kampfgruppe stand unter dem Befehl von Konteradmiral Erich Bey, der sich an Bord des Schlachtschiffes befand.

Bereits 21.16 Uhr setzte Bey einen Funkspruch ab, der auf die durch das Wetter bedingten möglichen Einschränkungen des Waffeneinsatzes sowie auf Beschränkungen der Fahrtstufen hinwies. Aber Dönitz blieb stur. Obwohl fast alle Voraussetzungen für effektive Handlungen gegen den Konvoi JW 55 B fehlten, befahl er am 26. Dezember über Funk: »Wenn Zerstörer bei Kampfgruppe See nicht halten können, kommt Durchführung Aufgabe nach Art Kreuzerkrieges mit ›Scharnhorst‹ allein in Frage. Entscheidung hierfür liegt beim Befehlshaber Kampfgruppe.«

Dönitz hatte die Verantwortung für den weiteren Verlauf der Kampfhandlungen geschickt nach unten delegiert, sich selbst aber Hitler gegenüber zum wiederholten Mal als Durchhaltestratege empfohlen.

Den um 21.16 Uhr von Bey abgesetzten Funkspruch hörte die britische Funkaufklärung mit. Fraser erhielt darüber am nächsten Tag um 3.39 Uhr Mitteilung und wusste nun, dass sich die »Scharnhorst« in See befand. Um 4.01 Uhr befahl er dem Geleit JW 55 B, nach Norden auszuweichen und der »Force 1« mit Höchstfahrt auf das Geleit zu sammeln.

Auch Bey stellte Berechnungen an. Um 7.00 Uhr musste er einen Punkt erreichen, der genau vor dem Kurs des Geleits lag. Ungefähr eine halbe Stunde später ließ er den Verband auf 250 Grad gehen. Geplant war, dass die fünf Zerstörer in Dwarslinie, die eine Suchbreite von 20 sm gewährleistete, dem Konvoi entgegenlaufen. Die »Scharnhorst« sollte in einem Abstand von 10 sm folgen. Aber durch einen Fehler in der Signalübermittlung führten die Zerstörer das Manöver nicht exakt aus. Die Dwarslinie wurde falsch eingenommen und der Sichtkontakt zur »Scharnhorst« ging verloren.

Die Morgendämmerung begann um 8.27 Uhr. Aber dadurch sollten sich die Sichtverhältnisse nicht wesentlich verbessern. Schneestürme und tief hängende Wolken sorgten dafür, dass den ganzen Tag über fast völlige Dunkelheit herrschte.

Um 8.40 Uhr fasste die »Belfast« in einer Entfernung von 13,5 sm ein Ziel auf, das sich genau zwischen dem eigenen Standort und dem Konvoi befand. Nach Lage der Dinge konnte das nur die »Scharnhorst« sein. Zehn Minuten später hatte auch die »Sheffield« Radarkontakt. Um 9.21 Uhr sichtete sie das deutsche Schlachtschiff in einer Entfernung von 7 sm erstmals optisch. Wenn auch nicht mehr belegbar, so muss doch angenommen werden, dass auch die »Scharnhorst« die britischen Kampfschiffe mit Radar ortete. Diese begannen Leuchtgranaten zu schießen, um das Ziel zu beleuchten. Der Erfolg blieb gering.

Um 9.29 Uhr gab Burnett für seine Schiffe Feuerbefehl. Aber nur die »Norfolk« konnte ihn befolgen, denn die anderen Kreuzer lagen hinter ihr und hätten sie bei der Feuerführung gefährdet. Die »Scharnhorst« wich nach Süden aus. Die »Norfolk« folgte mit rund 30 kn und erzielte den ersten Treffer, der das vordere Funkmessgerät zerstörte. Um 9.40 Uhr wurde das Feuer eingestellt. 15 Minuten später ging die »Scharnhorst« auf Ostkurs. Offenbar wollte Bey im weiten Bogen auf die Nordseite des Geleites gelangen.

Stellung der Kräfte am 26. Dezember 1943 um 4.00 Uhr

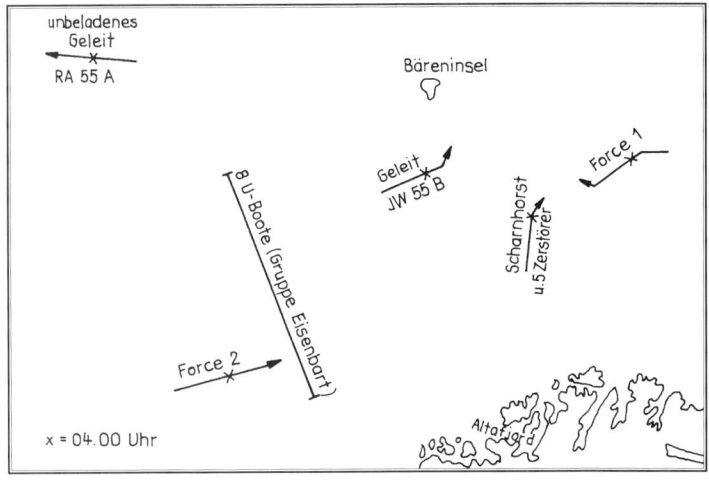

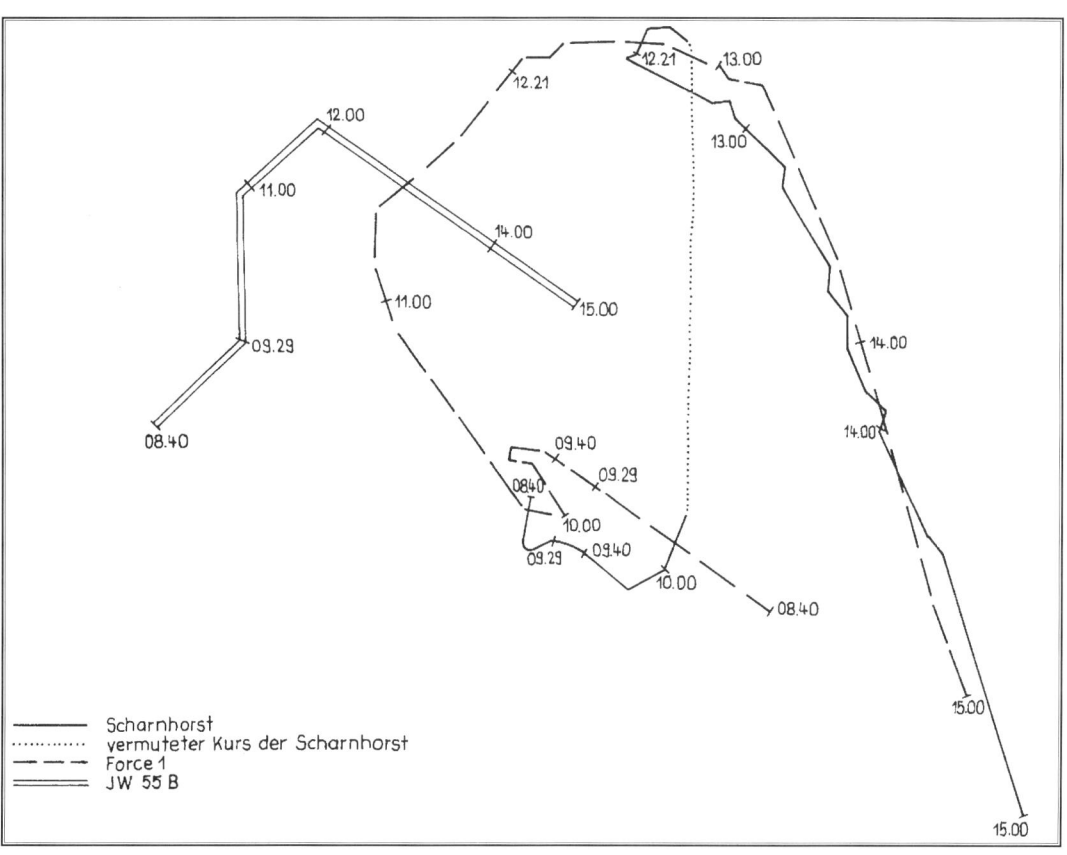

Verlauf der Kampfhandlungen am
26. Dezember 1943 von 8.40 Uhr bis
15.00 Uhr

Kurz bevor der Radarkontakt abriss, erkannte Burnett, dass das Schlachtschiff den Kurs nach Norden änderte und durchschaute die Absicht Beys. Die »Force 1« lief nun ebenfalls nach Norden, um zwischen den Konvoi und die »Scharnhorst« zu gelangen.

Das deutsche U-Boot »U-277« bekam um 9.45 Uhr optischen Kontakt mit dem Geleit. Den sofort abgesetzten Funkspruch hörten beide Seiten mit. Bey befahl um 10.27 Uhr seinen Zerstörern, auf nordöstliche Kurse zu gehen. Aber es war bereits zu spät. Sie standen zu weit weg, um sich noch mit dem Führerschiff vereinen zu können.

Auch Fraser manövrierte mit seinen Zerstörern. Bereits 10.24 Uhr zog er die 36. Zerstörerdivision mit ihren vier Einheiten vom Konvoi RA 55 A ab und schickte sie der »Force 1« zur Unterstützung. Der Oberbefehlshaber der Home Fleet war stark beunruhigt. Zum einen ging der Treibstoffvorrat der Zerstörer zur Neige und zum anderen war der Kontakt zum Gegner abgerissen.

Endlich meldete die »Sheffield«: »Gegner in Sicht.« Es war genau 12.21 Uhr. Zwei Minuten später eröffneten die Schiffe der »Force 1« auf einer Distanz von rund 6 sm das Feuer. Die inzwischen herangekommenen Zerstörer erhielten den Befehl zum Torpedoangriff. Bei See 6-7, Wind SSW 8 sowie Regen- und Schneeböen eine unerfüllbare Aufgabe. Die britischen Kreuzer schossen Breitseitenfeuer. Die »Scharnhorst« antwortete mit den beiden vorderen Türmen und erzielte zwei Treffer auf der »Norfolk«. Der Turm C sowie Funkmessgeräte fielen aus, nur eins arbeitete noch. Splitter durchsiebten die »Sheffield«. Das deutsche Schlachtschiff hatte sich eingeschossen. Nicht mehr erklärbar ist, warum Bey gerade in diesem Moment abdrehte und nur mit den achteren Türmen feuernd nach SO ablief. Die britischen Schiffe stellten um 12.41 Uhr das Feuer ein.

Inzwischen suchten die deutschen Zerstörer verzweifelt den gegnerischen Konvoi. Obwohl sie nur 10 sm an ihm vorbeiliefen, sichteten sie ihn nicht. Um 14.18 Uhr erhielten sie den knappen Befehl: »Einlaufen.«

Die »Scharnhorst« änderte ihren Kurs immer mehr nach Süden, wodurch sie der »Force 2« genau vor die Rohre lief. Es kann nur vermutet werden, dass Bey von der Existenz dieser Gruppierung wusste und mit diesem Kurs versuchte, die norwegischen Fjorde zu erreichen, um ihr zu entkommen.

Das Schlachtschiff »Duke of York« hatte eine maximale Wasserverdrängung von 45.360 ts. Die Höchstgeschwindigkeit betrug 27,5 kn. Zehn 35,6-cm-Geschütze bildeten die Hauptbewaffnung. Hinzu kamen noch 16 13,3-cm- und 76 4-cm-Geschütze. Das Schiff wurde am 4. November 1941 als drittes Schiff der King Georg V.-Klasse in Dienst gestellt. Nach verschiedenen Einsätzen im Atlantik verlegte es im Sommer 1945 in den Stillen Ozean, um an den Kämpfen gegen die Japaner teilzunehmen. Im April 1949 in die Reserve versetzt, wurde es 1958 abgewrackt.

Die verfolgende »Sheffield« blieb mit Wellenschaden liegen, aber die »Belfast« hielt den Radarkontakt zur »Scharnhorst«. Fraser war also immer über den Standort seines Gegners informiert.

Um 16.17 Uhr machte sein Flaggschiff, die »Duke of York«, in einer Entfernung von 22 sm die »Scharnhorst« mit Radar aus. Zehn Minuten später erfasste auch das Feuerleitradar das Ziel in einer Entfernung von 14 sm. Ungefähr zur gleichen Zeit muss auch das deutsche Schlachtschiff seinen Gegner mit dem noch intakten achteren Radargerät geortet haben, denn es drehte nach SO ab. Aber das half nichts mehr. Die Distanz zwischen den Gegnern verminderte sich zusehends. Die »Belfast« schoss Leuchtgranaten, um das Ziel für die »Duke of York« von hinten zu beleuchten. Fraser befahl seinen vier Begleitzerstörern zum Torpedoangriff abzulaufen. Die »Duke of York« und die »Jamaica« änderten ihren Kurs leicht nach Steuerbord, um die Breitseiten zum Einsatz zu bringen. Um 16.50 Uhr krachten die ersten Salven. Kurze Zeit danach lagen sie deckend. Nun versuchte die 4 kn schnellere »Scharnhorst« nach Norden zu entkommen. Aber dort standen die »Norfolk« und »Belfast«, welche ebenfalls das Feuer eröffneten. Die »Scharnhorst« wich nach Osten aus. Wegen der nun ständig größer werdenden Entfernung, mussten die beiden Kreuzer das Feuer um 17.15 Uhr einstellen.

Aber die »Duke of York« schoss weiter. Erst als um 18.24 Uhr die Distanz auf mehr als 10 sm anstieg, ließ Fraser das Feuer einstellen. Bis zu diesem Moment hatte das britische Schlachtschiff 52 Salven aus ihren zehn 35,6-cm-Geschützen abgegeben. 31 sollen deckend und 16 in einer Entfernung von weniger als 180 m zum Gegner gelegen haben.

Die genauen Ausmaße der Schäden auf der »Scharnhorst« sind nicht mehr zu ermitteln, aber sie müssen schwer gewesen sein. Die 28-cm-Granaten des deutschen Schlachtschiffes trafen hingegen nur die Masten der »Duke of York«, wobei sie nicht detonierten.

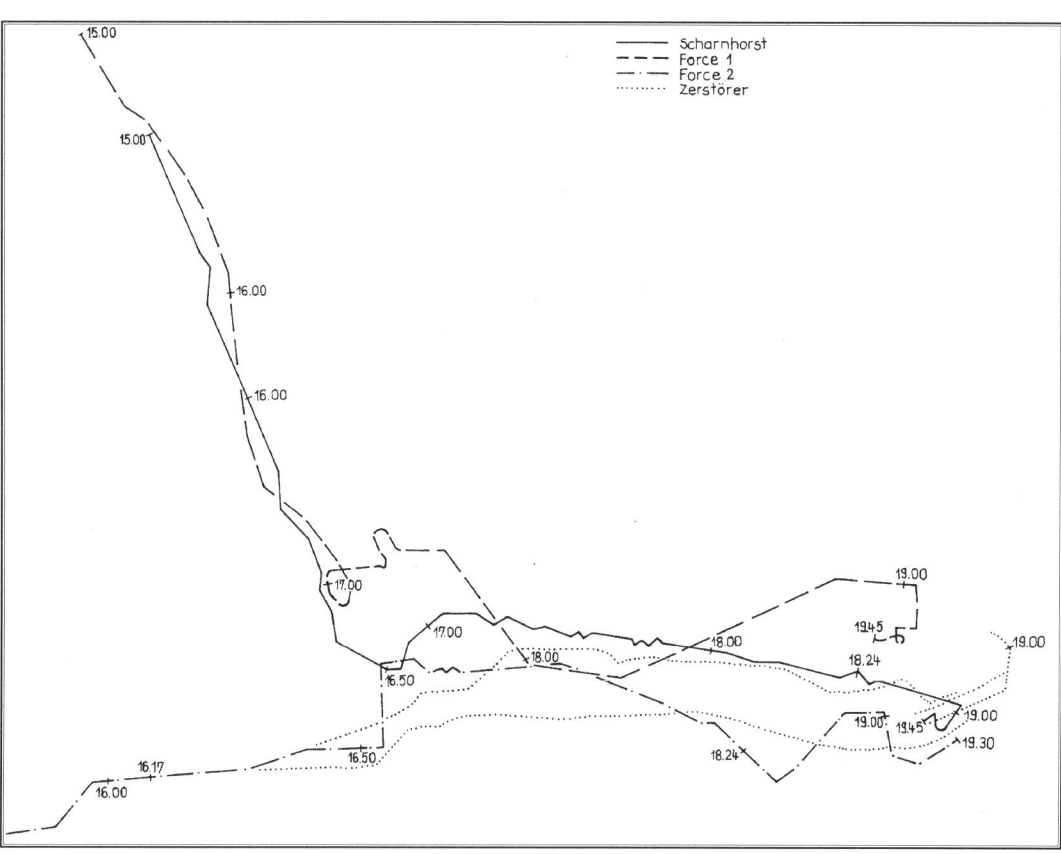

Verlauf der Kampfhandlungen am
26. Dezember 1943 von 15.00 Uhr bis
19.45 Uhr

Die Geschwindigkeit der »Scharnhorst« sank zunächst auf 15 kn und wenig später auf 8 kn. Jetzt konnten die Zerstörer angreifen.

Noch wehrte sich der Gegner mit seiner Mittelartillerie. Die »Savage« und »Saumarez« liefen mit der bei dieser Wetterlage höchst möglichen Geschwindigkeit an und schossen ihre Torpedos. Die »Scharnhorst« wich aus. Trotzdem traf einer. In diesem Moment tauchten die bis dahin unbemerkte »Scorpion« sowie die norwegische »Stord« an der anderen Bordseite des Schlachtschiffes auf. Sie schossen zwölf Torpedos. Mindestens drei trafen. Das Schicksal der »Scharnhorst« war damit besiegelt.

Kurz nach 19.00 Uhr hatten die »Duke of York« und »Jamaica« wieder ihre Schussdistanz erreicht. Das schon stark beschädigte deutsche Schiff musste einen wahren Feuerhagel über sich ergehen lassen. Innerhalb von 28 Minuten erhielt es wenigstens zehn schwere Treffer. Es ist erstaunlich, dass die »Scharnhorst« um 19.30 Uhr immer noch 5 kn Fahrt machte und die Mittelartillerie weiter feuerte.

Nun setzte Fraser zum Fangschuss an. Er befahl die »Belfast« und »Jamaica« sowie die vier Schiffe der 36. Zerstörerdivision zum Torpedoangriff. Von den 28 geschossenen Projektilen trafen zehn.

Um 19.45 Uhr kenterte die »Scharnhorst« über Steuerbord und sank auf der Position 72 Grad 16 Minuten Nord und 28 Grad 41 Minuten Ost. Sie riss 1.932 Mann mit in die Tiefe. Nur 36 konnten von den Briten aus der eisigen See geborgen werden. Damit war die ungleiche Seeschlacht zu Ende.

Das Geleit JW 55 B, um das es bei den Kämpfen eigentlich ging, lief am 27. Dezember ohne Verluste in die Kolabucht ein. Fraser wurde nach Kriegsende geadelt. Auf seiner Visitenkarte stand nun »Admiral Lord Fraser, Earl of Nordcape«.

Deutschland hatte sein letztes einsatzfähiges Schlachtschiff verloren. Vom 1. bis 3. Januar versuchten Hitler und Dönitz auf der Wolfsschanze das Geschehen zu analysieren. Für Hitler war Konteradmiral Bey schuld, der das Gefecht mit den Kreuzern abgebrochen hatte. Dönitz stimmte eifrig zu und führte als weiteren Grund die Überlegenheit der britischen Radargeräte an. Die Schlussfolgerung, dass ein Schlachtschiff und fünf Zerstörer auch bei bester Führung nicht gegen ein Schlachtschiff, vier Kreuzer sowie acht Zerstörer bestehen können, zogen sie nicht. Sie kamen auch nicht auf den Gedanken, dass der von ihnen gegebene Einsatzbefehl aufgrund der Kräftekonstellation und der Wetterlage militärisch sinnlos und moralisch verbrecherisch war. Dönitz befürwortete sogar den weiteren Einsatz von Großkampfschiffen gegen die alliierten Geleite. Er glaubte dazu die »Tirpitz« wieder flott zu bekommen und die »Prinz Eugen« nach Norwegen verlegen zu können.

Aber beides gelang ebenso wenig wie die Erreichung der größenwahnsinnigen Kriegsziele. Schon das Jahr 1943 brachte die strategische Wende im Verlauf des Zweiten Weltkrieges, und 1944 wirkte sich die ökonomische Überlegenheit der Alliierten erst richtig aus. Die deutsch-sowjetische Front verschlang Unsummen an Menschen und Material. Für die Kriegsmarine blieb dadurch immer weniger übrig. Die Vorstellungen Hitlers und seines Nachfolgers sollten ein Wunschtraum bleiben, den Millionen von Menschen mit ihrem Leben bezahlen mussten.

Fremd- und Fachworterläuterungen

Achsenmächte
Bezeichnung für die Teilnehmer (Deutschland, Italien, Japan) des am 27. September 1940 in Berlin abgeschlossenen Dreimächtepaktes.

Achtern
Ortsbestimmung für alles, was sich hinter der Mitte bzw. der Querachse eines Schiffes befindet.

Armierung
Bewaffnung oder auch Panzerung eines Schiffes.

Aviso
Kleines, schnelles Kampfschiff zur Lösung von Aufklärungs-, Vorposten-, Melde- und Verbindungsaufgaben sowie zur Depeschen- und Nachrichtenübermittlung.

Back
Aufbau auf dem Vorschiff oder auch Tisch an Bord.

Backbord
Linke Seite des Schiffes, vom Heck nach vorn gesehen.

Bereifte Kanone
Geschütz, bei dem das Rohr durch außen angebrachte Reifen verstärkt ist.

Detachieren
Entsenden von einem oder mehreren Schiffen zur Erfüllung von Aufgaben, die sie getrennt von der Flotte (Verband, Geschwader usw.) aber in deren Interesse lösen.

Dock
Anlage zum Anheben (Trockenlegen) und Absenken von Schiffen bei Ausbesserungs- und Instandhaltungsarbeiten.

Dreadnought
Vor und während des Ersten Weltkrieges gebräuchliche Bezeichnung für Großkampfschiffe. Abgeleitet vom Namen des ersten britischen Schiffes dieses Typs.

Dreysesches Zündnadelgewehr
Handfeuerwaffe mit gezogenem Lauf, deren patronierte Munition mittels einer auf eine Zündkapsel treffender Stahlnadel gezündet wird. 1835 von Nikolaus Dreyse

konstruiert. Einführung in die Truppe Ende der 40er Jahre des 19. Jahrhunderts. Kaliber 15,4 mm, Schussfolge 5 Schuss/min., Schussweite 1.200 m.

Dublieren
Umfassen einer gegnerischen Gefechtsformation von zwei Seiten.

Dwarslinie
Formation von Schiffen, bei der mehrere Schiffe auf gleichem Kurs und auf gleicher Höhe bei festgelegtem seitlichen Abstand nebeneinander laufen.

Enfilierfeuer
Breitseitenfeuer, das von vorn oder achtern in die Längsachse des gegnerischen Schiffes geführt wird.

Entente
1914 bis 1918 Bezeichnung für die gegen Deutschland, Österreich-Ungarn und später auch Bulgarien sowie die Türkei Krieg führenden Staaten.

Faden
Seemännisches Längenmaß. Entspricht 1,852 m.

Feuerlee
Position hinter einem schießenden Schiff.

Flaggenstell
Gesamtheit der Signalflaggen.

Flaggschiff
Schiff, auf dem sich der Kommandierende befindet.

Gezogenes Geschütz
Geschütz, in dessen Innenrohr Züge eingearbeitet sind, die dem Geschoss zur Stabilisierung des Fluges einen Drall verleihen.

Glattes Geschütz
Geschütz, dessen Innenrohr keine Züge besitzt.

Halbmondformation
Dwarslinie, bei der die beiden Flügel zurückgezogen sind.

Halsen
Segelmanöver, bei dem das Fahrzeug mit dem Heck durch den Wind geht.

Kabel

Nautisches Längenmaß. Entspricht 185,2 m.

Kalfatern

Wasserdichtes verschließen von Längs- und Querfugen der Holzplanken der Außenhaut, Aufbauten und freiliegenden Decks durch mit Pech oder Teer überstrichenen Werg.

Kauffahrteischiff

Verallgemeinernder Sammelbegriff für verschiedenartige Handelsschiffe.

Kappen

Durchtrennen von Trossen oder Leinen.

Karronade

Artilleriegeschütz für den Nahkampf mit kurzem, leichten Rohr und einem Kaliber von 120 bis 200 mm.

Keilformation

Formation von Schiffen, bei der sie zu beiden Seiten eines festgelegten Winkels und Abstandes angeordnet sind und in dessen Scheitelpunkt sich das Führerschiff befindet.

Kiellinie

Formation von Schiffen, bei der diese mit gleichem Abstand hintereinander laufen.

Kimm

Sichtbare Linie des Horizontes auf See.

kn

Knoten. Geschwindigkeit eines Schiffes in Seemeilen pro Stunde.

Konzentrierte Lagen

Zusammengefasstes Artilleriefeuer eines oder mehrerer Schiffe.

Krängen

Schräglage eines Schiffes nach einer Seite.

Land and Lease Act (Abkommen)

Am 11.3.1941 vom Kongress der USA verabschiedetes Gesetz, das den Präsidenten ermächtigte, Waffen, Munition, strategische Rohstoffe, Lebensmittel usw. zu übergeben, zu tauschen, zu verpachten oder auf anderer Weise den Regierungen solcher Länder zur Verfügung zu stellen, deren Verteidigung gegen eine Aggression für die USA lebenswichtig ist.

Laufendes Gefecht

Gefecht, bei dem sich die bekämpfenden Seiten in Kiellinie auf gleichem oder annähernd gleichem Kurs laufen.

Lee

Dem Wind abgekehrte Seite.

Leeposition

Position, die in bezug auf den Gegner auf der dem Wind abgekehrten Seite liegt.

Lenzmittel

Einrichtungen, die das in ein Schiff eingedrungene Wasser außenbords pumpen.

Luv

Dem Wind zugekehrte Seite

Luvposition

Position, die in Bezug auf den Gegner auf der dem Wind zugekehrten Seite liegt.

Marschformation

Anordnung der Schiffe eines Verbandes (Geschwaders, Gruppe usw.) nach Richtung und Abstand während der Überfahrt in das Gebiet der Kampfhandlungen. Sie soll die unkomplizierte Führung der Kräfte sowie den schnellen Übergang in die Gefechtsformation gewährleisten.

Melee

Schiffsgemenge. Unkoordinierter und ungeordneter Kampf von Schiffen gegeneinander nach Auflösung der Gefechtsformation.

Mittelmächte

1914 bis 1918 Bezeichnung für das Bündnis Deutschlands mit Österreich-Ungarn und später mit Bulgarien und der Türkei.

Passiergefecht

Gefecht, bei dem die sich bekämpfenden Seiten auf entgegengesetzten Kursen aneinander vorbeilaufen.

Pint

Englisches Raummaß. Entspricht 0,568 Liter.

Prise

Aufgebrachtes und weggenommenes gegnerisches Schiff mit seiner Ladung bzw. Transportschiff eines neutralen Staates, wenn es verbotene Waren für den Gegner an Bord hat oder ihm auf andere Weise Dienste leistet.

Rah

Runder Holz- oder Stahlbalken, der in der Mitte horizontal und drehbar am Mast angebracht ist und zur Befestigung der Segel dient.

Reede

Wasserfläche, die aufgrund ihrer Ausdehnung und Wassertiefe sowie eines guten Ankergrundes ein sicheres Liegen von Schiffen vor Anker oder an Bojen gewährleistet.

Rudergänger

Besatzungsmitglied, welches das Ruder bedient.

Salventakt

Auch Kadenz. Zeit zwischen zwei Schüssen oder Salven.

Samurai

(Jap.: Diensttuender) Militärischer Gefolgsmann in Japan. Beherrschten bis 1871 Land und Volk. Trotz Verlust ihrer Standesprivilegien lenkten sie noch lange Zeit die Geschicke des Landes. Ihr kriegerischer Geist und Ehrenkodex haben wesentlich den japanischen Nationalcharakter geprägt.

Schlingern

Rollbewegung eines Schiffes um seine Längsachse.

Schotteneinteilung

System von Längs- und Querwänden (Schotten), das ein Schiff in mehrere wasserdichte Abteilungen unterteilt.

Schwenkung

Kursänderung eines Schiffsverbandes, wobei alle Schiffe bis zum Schwenkungspunkt des Spitzenschiffes laufen und erst dann auf neuem Kurs in dessen Kielwasser folgt.

Signalbuch

Sammlung von festgelegten und vereinbarten Signalen, die mit Flaggen, Licht- oder Tonquellen übermittelt bzw. ausgetauscht werden können.

Sloop

Kleines schnelles Segelkriegsschiff mit leichter Bewaffnung.

sm

Seemeile. Nautisches Längenmaß. Entspricht 1.852 m.

Staffel (Steuerbord oder Backbord)

Formation von Schiffen, bei der sie in einem bestimmten Winkel nach Steuerbord oder Backbord zum Führerschiff laufen.

Stander

Signalflagge, die den Dienststellenhöchsten an Bord anzeigt.

Steuerbord

Rechte Seite eines Schiffes, vom Heck nach vorn gesehen.

Stückpforte

Öffnung in der Bordwand eines Segelkriegsschiffes, durch die die Geschütze herausragen. Sie konnten durch Lukendeckel geschlossen werden.

Takelage

Gesamtheit der Masten, Segel, Rahen, Stengen und Blöcke sowie des zu ihrer Bedienung notwendigen Tauwerks.

Tenno

Offizielle Bezeichnung des japanischen Kaisers.

Trimmen

Ausrichten der Längs- oder Querachse des Schiffes parallel zur Wasseroberfläche.

Trosse

Leine aus Pflanzenfasern, Stahldraht oder synthetischen Material.

ts

Tons. Entspricht 1.016 kg. Maßeinheit für die Typverdrängung von vollausgerüsteten Kriegsschiffen mit Besatzung aber ohne Brennstoff und Zusatzkesselspeisewasser.

Unze

(engl.: Ounce) Entspricht 28,3495 Gramm.

Bildnachweis

Archiv für Kunst und Geschichte: 95 u, 96 u;

Admiralität, London: 159;

Akademie der Bundeswehr, Strausberg: 27, 66, 82 o,
137 (2), 157 u;

Archiv Gerold, Pola 1896: 32, 36, 38, 39, 40, 41 ro, 41 ru,
43, 46 lo, 46 ro, 47;

Archiv der U.S.-Navy: 122 u, 123 u, 124 lo, 124 lu;

Archiv des Autors: Titelbild, 17 o, 17 u, 18 o, 18 u, 20 o, 23,
25 u, 26 u, 35, 44 o, 45, 52, 58 o, 59, 61, 62, 63, 64, 65,
66 o, 73, 77, 84 o, 87, 88, 89, 91, 92, 93, 96 o, 98 o, 99,
100 o , 101, 104, 108, 119, 121 o, 123 o, 128, 131, 132,
139, 140, 145, 146, 147, 151, 153, 155, 156 u, 158 u, 164,
169, 184, 185 o, 187;

Archiv Dr. Gerd Fesser, Jena: 67;

Archiv des Militärverlages der DDR: 53 ro, 57, 107, 129;

Archiv Heinz Bergschicker, Berlin: 110;

Archiv Internationaler Welt-Verlag, Berlin 1905: 14 o, 14 u,
51 l/r, 53 lo, 50, 54;

Archiv Union Deutsche Verlagsgesellschaft,
Stuttgart/Berlin/Leipzig: 30

Archiv Verlag der königlichen Hofbuchhandlung v. E. S.
Mittler & Sohn, Berlin: 60;

Archiv Weyer, Bruno, München 1905/1914: 74, 82 u, 94 lo,
94 ro, 94 m;

BA/MA Handakte »Scharnhorst«: 182;

Beiträge zur Geschichte der Technik und Industrie, Bd. 2,
Berlin 1910: 48;

Berliner Illustrirte Zeitung, XXIV. Jg./10. Januar 1915/Nr. 2:
80;

Bock, Adolf, Marinemaler: 20 o, 22, 97;

Deutsche Bücherei, Leipzig/Frankfurt a. Main: 10 , 31,
33 o, 55, 76, 79, 84, 85 lo, 85 ro, 95 o, 98 u, 100 u,
109 , 111, 112, 118, 120 o, 120 m, 120 u, 121 u, 122 o,
125, 133, 134 o, 134 m, 134 u, 135, 136 u, 136 o,

139 o, 141 o, 143 o, 142, 143, 149, 160, 165,
166 u, 167, 168 o, 181, 183, 186;

Engelien, Karl, Marinemaler: 81, 106;

Foss, D., Stuttgart/Berlin/Leipzig 1908: 11, 12, 25 o, 26 o,
56;

Herzog, A.: 102;

Illustrated London News: 24 u;

Imperial War Museum, London: 72 ro, 152, 154, 156 o,
157 o, 158 o;

Kaiserliche Japanische Marine, offizielle Gemälde: 13, 15,
19;

Library of Congress, Washington: 28;

Marine-Archiv, Berlin 1922: 75, 83;

Marine-Archiv, Berlin 1925: 21;

Marine-Archiv, Berlin 1935: 68;

Petersen, Prof. Hans, Marinemaler, München: 44 u;

Privatarchiv Erich Gröner: 137 (4);

Roberts, John: 11;

Rudloff, Prof. J., Berlin 1910: 42;

Sächsische Landesbibliothek – Staats- und Universitäts-
bibliothek Dresden, Abt. Deutsche Fotothek 1978: 34

Schall, Alfred, Berlin 1898: 49, 170, 171, 173, 174 l, 174 r,
175 r, 175 l, 176, 177 r, 177 l, 178, 179, 180;

Schall, Alfred, Berlin 1901: 172;

Sammlung A. Fraccaroli: 124 ro/ru;

Sammlung BfZ: 138;

Sammlung des Deutschen Schifffahrtsmuseums
Bremerhaven: 24 o;

Sammlung Karl-Theo Beer, Frankfurt: 71, 72 lo;

Zeitschrift »Ueberall«, 8. Jg./1905 – 1906/Nr. 40, S. 482: 37.

r = rechts; l = links; o = oben; u = unten; ro = rechts oben;
lo = links oben; ru = rechts unten; lu = links unten;
m = mitte

Trotz größter Sorgfalt ist es uns nicht in allen Fällen gelungen, zu den Abbildungen den Rechteinhaber zu ermitteln.
Berechtigte Ansprüche werden selbstverständlich über die üblichen Vereinbarungen abgegolten.